U0956546

A NARCO HISTORY

HOW THE UNITED STATES AND MEXICO
JOINTLY CREATED
THE "MEXICAN DRUG WAR"

毒品史

美国和墨西哥的百年恩怨

[墨] 卡门 · 博洛萨 [美] 迈克 · 华莱士 著 张艳蕊 温华 译

上海译文出版社

献给那些

死去的、失踪的、幸存的孩子

CALIFORNIA
San Diego
Mexicali
ARIZONA
NEW MEXICO
El Paso
Ciudad Juárez
Nogales
SONORA
CHIHUAHUA
TEXAS
Piedras Negras
Eagle Pass
COAHUILA
BAJA CALIFORNIA
Nuevo Laredo
Laredo
McAllen
Reynosa
Brownsville
Matamoros
SINALOA
Saltillo
Monterrey
DURANGO
Culiacán
San Fernando
TAMAULIPAS
1. GUANAJUATO
2. ESTADO DE MÉXICO
3. MORELOS
Mazatlán
Ciudad Victoria
Tampico
NAYARIT
YUCATÁN
1
Guadalajara
Santiago de Querétaro
San Miguel de Allende
HIDALGO
JALISCO
Cherán
Morelia
Uruapan
2
Mexico City
Heroica Veracruz
Apatzingán
Cuernavaca
MICHOACÁN
Tlatlaya
3
Iguala
TABASCO
Lázaro Cárdenas
GUERRERO
Chilpancingo
Ayotzinapa
Oaxaca
CHIAPAS
Acapulco

目 录

导言

四十三人事件

阿约特兹纳帕（Ayotzinapa）是个小村庄，位于墨西哥南部格雷罗州提克斯特拉（Tixtla）附近一个偏远多山的地区。格雷罗州有享誉美国的海港城市阿卡普尔科，那里从20世纪五六十年代以来就是著名的度假胜地，约翰·韦恩、伊丽莎白·泰勒、法兰克·辛纳屈和拉娜·透纳等一众明星曾蜂拥而至。但这个州却是个穷地方，而阿约特兹纳帕就位于其中最贫穷的地区。

村子围绕一个教师培训学校而建，建于1933年。把一座殖民时代的大种植园改造成了一所新学校，目的是对墨西哥农村与世隔绝的低收入人口开展教育。它是“师范学校”体系的一部分，这一体系旨在向人们灌输根植于墨西哥革命（1910—1920）的社会公平愿景。这类学校的任务是从文化和政治两方面教育学生，最终培养出能够改变社会的学生。阿约特兹纳帕的校友中，1950 年代的两名毕业生——卢西奥·卡巴纳斯（Lucio Cabañas）和赫纳罗·巴兹奎兹（Genaro Vázquez）——在六七十年代成为著名的农村游击队领袖。如今这所学校仍在纪念这一传统，其建筑以马克思和切·格瓦拉的壁画为特色，入口处刻有如下铭文：“向阵亡的同志致敬，他们没有被埋葬，而是成了种子，让自由的事业欣欣向荣。”

522 名学生（皆为男性，年龄在 18 至 24 岁之间，多为印第安人后裔）将大部分的激进能量都用来保护学校本身。人们普遍认为，当局想关掉它和其他 16 所乡村教师学校，完全无视格雷罗州 340 万人口中还有五分之一的人不会读写的事实。学生们每天获得 1 比索（约合 7 美分）作为个人花销，拨给食宿的资金少得可怜。为了活下去，许多食物是学生自己生产的，他们养小鸡，修缮破旧的建筑，腾出地方容纳没有床位的住宿生。

他们定期去往附近的城镇“传杯子”①，以此方式为学校集资。他们还举行示威游行，力求募集更多资金，争取为获得学位的毕业生创造更多的工作机会。2014 年，政府拨款呈下降趋势，学生们群起反抗。一名 19 岁的学生说：“如果我们不伸手要，就什么也不会有，除了残羹剩饭。”

偶尔，他们会从国有公司“借到”——其实是强行征用——商用

① pass the can，即取一个空杯子、罐子或者盘子，在人群中传递，人们接过之后会在里面放进钱币再传给下一个人，以此捐款集资。——译者

大巴。州政府并未提供足够的车辆，而去偏远的山城学校或者城里集资、示威，都有很长的一段路要走。更激进的是，他们还利用那些大巴封锁了从阿卡普尔科北边到首都墨西哥城的高速公路沿线的收费站。在这些临时路障上，他们高喊抗议口号，要求那些被激怒的南来北往的司机捐钱。因为他们最后会归还这些大巴（及司机），虽然上述举动惹恼了那些公司，但当局基本上保持了容忍。

2014 年 9 月 26 日，一个星期五下午，开学第二周的周末，大约 100 名学生——几乎都是新生——开始了他们的冒险之旅。这次行程的具体目标、进展乃至可怕的结局目前仍不太清楚，考虑到这件事曾引起举国上下乃至全世界的注意，如此局面着实耐人寻味。那天发生的事情的几乎每个方面都引起了争议——部分是因为多个目击者叙述往往出现罗生门效应，部分是因为政府的无能、腐败和说谎。对于当天发生在这群学生尤其是其中 43 人身上的事，这些叙述中并没有哪一种为人们普遍接受。下面的介绍参考了不少独立记者的发现（其中包括约翰·吉布勒和埃斯特班·伊拉德斯的调查），以及参与活动的学生的回忆和所谓肇事者的供认，还有官方调查机构提供的证据和分析。它是关于那 48 小时的“一段”历史，但不是“那段”历史，而且正如我们将看到的那样，这种叙述还将一直受到质疑。

2014 年 9 月 20 日，各师范学校学生在秘密会议上达成一致，决定于 10 月 2 日星期四在阿约特兹纳帕集合，然后一起向 240 英里车程外的墨西哥城进发。他们将在那里参加一年一度的示威活动，以纪念在

1968 年的示威活动中遇害的学生。运送学生大约需要 25 辆大巴，阿约特兹纳帕的村民答应全部“借给”他们。9 月 22 日，一群学生驾车下山，向西驶上通往格雷罗州首府奇尔潘辛戈的一条长约 10 英里的山间道路。奇尔潘辛戈城就在阿卡普尔科-墨西哥城的公路上。他们在那儿又借到了两辆大巴。但第二天去取车时遭到了联邦警察的阻击。9 月 25 日，他们奔向另一个防范不那么严的地点，又弄到了两辆车。但这远未达到他们的目标，于是他们决定次日派出一支人数更多的小分队。

这个任务交给了大约 100 名新生，他们刚入学两周，几乎没有时间修剪头发（一种成年仪式）。这支大军将由 8 个老练的，有 2 到 3 年钓车（bus-fishing）经验的老生指挥。学生们驾着两辆车往北驶向伊瓜拉市（人口为 11.8 万）。到达之前，以外号“猎刀”的伯纳多·弗洛雷斯为首的领导们决定兵分两路。一辆车右转，开上通往东边维楚科镇（人口为 2 万）的路，停在一个供去往伊瓜拉的汽车加油休息的路边饭馆。另一辆继续向北，停在一个公路收费站附近，阿约特兹纳帕的学生们在那里设下陷阱，成功地捕获了一辆开往伊瓜拉的大巴。10 名学生与司机达成协议，上了这第三辆车，开往市中心的公交车总站，约在晚上 8 点到达。

这群年轻人在那里遭遇了两次令人不快的意外。第一次意外是等乘客们下车后，司机说他要向巴士公司报告一下，并表示自己去去就来，不料却一去不返，而学生们发现大家被他锁在了车里。这群经验不足的年轻人惊慌失措，通知城外那辆巴士里的“猎刀”赶紧来帮忙。与此同时，学生们砸破车窗逃了出来。第二次意外是当地警察已经赶到并拿枪指着他们步步逼近。就在这千钧一发的时刻，第一批 50 人的增援到达，几分钟后，又来了 30 人，这样总人数差不多就有 90 人，这些人纷纷拾起路上的石块作为武器。警察决定撤退。但是，某些不寻常的手段显然在悄悄准备中。伊瓜拉警察和激进学生之间的敌意由来已久，虽然不能说双方从没爆发过枪战，却也不是家常便饭。但这群学生并不知道（尽管也有相反的观点认为他们此时已经知道），警察们之所以如此高度警惕，是因为距车站几个街区之外正在举行一场大型的公众集会，由市长何塞·路易斯·阿巴尔卡和他的夫人玛丽亚·德·罗斯·安杰利斯·皮内达·维拉主持。

这夫妇俩可不是等闲之辈。市长阿巴尔卡与一个名为“战士联盟”的武装贩毒团伙过从甚密，这个团伙曾是盛极一时的莱瓦贩毒集团的武装力量。当后者于 2009 年土崩瓦解时，把装备留给了“战士联盟”的人，这伙人接管了鸦片膏的生产和加工，并将其藏进商用大巴直接运往芝加哥。“战士联盟”还在伊瓜拉本地和整个格雷罗州从事其他犯罪活动来获利——特别是抢劫和敲诈。在当地，这个团伙可谓臭名昭著，因为他们会在夜间戴着面具出来为非作歹，强迫街上行人一小时内交出 1000 美元。为了控制格雷罗州的毒品交易，他们也和前莱瓦集团的一些残余分子争斗不断，特别是一个叫做“赤色分子”的团伙。他们之间旷日持久的枪战导致乡村地带多出了大片坟茔，并使得全国的凶杀案比例提升到每 10 万人 63 起，直追世界谋杀案之都洪都拉斯。

在市长阿巴尔卡与“战士联盟”之间牵线搭桥的主要是他的妻子。

市长夫人皮内达出身毒贩之家，她的父亲和三个兄弟曾与全盛时期的莱瓦集团合作过，后来成为“战士联盟”的人，其中两个兄弟在2009年的火拼中丧生。联邦警察于2010年以涉嫌“与毒品交易有关的犯罪行为”立案调查皮内达，后因不明原因而撤销。

早年，阿巴尔卡是从当地市场上的一个凉鞋推销员开始其商业生涯的，但他崛起神速，靠着神不知鬼不觉地积累起来的财富摇身变成了富人，坐拥不动产、多家珠宝店和一座购物中心（所用地皮是格雷罗州州政府为他大力游说国防部而获赠的）。他在2012年坐上了市长的位子，尽管有人警告说，让他掌权就意味着将整个城市移交给了犯罪团伙。而在阿巴尔卡上任几周后，人们就发现了一位抗议者的尸体。不久，新市长将11名亲戚塞进市政部门任职，又让自己的堂亲菲力普·弗洛雷斯当上了警察局长，坊间议论纷纷，都说这个部门如今实际上就是“战士联盟”的一个分部。此外，这位局长还对市民巧取豪夺，把伊瓜拉当做他们毒品交易的大本营，在市长需要时提供武力支持。

2013年5月，阿巴尔卡纵容警察迫害当地社会活动家阿图罗·赫尔南德斯·卡尔多纳，后者曾领导受不法侵害的农民和矿工在伊瓜拉举行过示威游行。据目击者称，阿巴尔卡一手安排了对赫尔南德斯·卡尔多纳的绑架和拷打，然后又在枪杀他之前亲口对他说：“你敢惹毛我，那我就杀了你乐一乐。”随后，与赫尔南德斯·卡尔多纳关系密切的阿约特兹纳帕学生在市政府前示威。当地天主教会的劳尔·贝拉主教也要求对这起谋杀进行调查，他甚至将此案提交到美国的一些人权组织。然而当局认定，根据宪法，市长可以免于被起诉，于是就此不了了之。这种对官员不予追责的做法早已正式化了。“屠夫们已然大权在握。”贝拉主教说，而我们确实很难觉察政府究竟是何时离场，让罪犯取而代之的。

至于市长夫人，问题就更严重了。当她与她的丈夫 2012 年执掌市政大权时，按照团伙中一个头目的说法，其实是皮内达成了伊瓜拉的“大管家”、这座城市的犯罪活动的组织者。不过，在白天扮演第一夫人时，皮内达乐于把自己装扮成女慈善家。她有数不清的照片，都是她与受她恩惠者的合影。2014 年 9 月 26 日，作为国家出资设立的组织——墨西哥国家整体家庭发展系统（National System for Integral Family Development）地方分会主席的她，按理是要做年度报告的。据许多观察者称，她还打算利用这个机会为她丈夫连任市长发起一个拉票活动。庆典在城中的市民广场举行，紧接着是一个露天派对。为了看起来观众如潮，他们弄来了 4000 个“群众演员”，这些人只要到场并鼓掌就能拿到报酬。正当这一集会进行到高潮时，有消息传来，说阿约特兹纳帕的学生又进城了，极有可能准备毁掉这个对她而言重要的日子。这位飞扬跋扈的第一夫人——其做派是玛丽·安托瓦内特和玛琳菲森[1]（迪士尼动画片里的经典大反派）的结合——对学生们深恶痛绝，此前曾对他们恶言相向，一张口就是“贱坯”“罪犯”“骗子”“投机分子”之类的话。之后，要么是她，要么是市长下达了命令——

① 前者是法国王后、路易十六的妻子，以挥霍无度闻名，后被送上断头台。后者就是电影《沉睡魔咒》中安吉丽娜·朱莉所饰演的黑魔后。——译者

“阻止他们，控制他们，给他们点颜色看看!”

与此同时，在客运总站，集结起来的100名学生舍弃了被砸碎车窗的大巴，又强征了两辆新车。考虑到警察肯定会去而复返，他们决定尽快出城。四辆大巴组成的车队向北进发，开上了一条南北向的主街，迎着逐渐拥挤的车流直奔市民广场。[①] 他们似乎打算在快到广场时右拐，往东直奔通往佩里费利克的道口，沿着这条环形公路可以回到阿约特兹纳帕。在警车开始涌入这片区域前，只有一辆大巴成功了，其余三辆则失去了机会，只好向前狂奔，穿过刚刚终止庆祝活动的广场，驶向公路的另一个入口。警察在他们的两侧和后面紧追不放，对空中鸣枪示警，直到其他巡逻车在前方截住车队，在靠近匝道口的地方形成一道路障对三辆大巴进行合围。

然后，他们扣动扳机，大开杀戒。后加入的这些人是邻镇的考库拉警察局派来的援兵，考库拉警察局也是“战士联盟”的产物，甚至比伊瓜拉警察局有过之而无不及。此外，还有两辆无牌车出现在现场，车上下来的是一些身穿黑色突击队制服的蒙面人，几乎可以肯定是“战士联盟”的成员。他们开始用半自动武器射击，学生们或死或伤，有25到30人遭到围捕（主要是车队最后一辆大巴上的人）并被警车

---

① 很奇怪，车队没有左转上欧蒂米奥·平松，再左转上阿尔瓦罗·奥布雷贡将军街，然后朝南过9个街区上公路，而宁可往北开进拥挤又危险的市中心。但也许在至关重要的枢纽上有某种障碍吧。这些事情总是在事后，在距离风暴中心一段距离之后才看得更清楚。

带走。

其余的人四散逃入夜幕中，寻找藏身之处。有些人得到了当地居民的救助，一位上了年纪的妇女收留了一群学生，一位“绅士”救了另一群；有些人则惨遭拒绝。一小队学生带着一个受伤的同志进了附近诊所，医生答应打电话叫救护车，暗地里却通知了军队。第 27 步兵营之所以在伊瓜拉有驻军，原因之一就是为了对付像“战士联盟”这样的暴徒，但他们用行动证明自己其实是无能为力的。大约午夜时分，他们全副武装地现身，命令学生靠墙站成一排，记下他们的信息并拍了照，还没收了他们的手机，威胁要将他们移交给市警察局，并声称“你们有种挑事，就要有胆承担后果”。但最终他们还是把学生放了。

与他们的同学胡里奥・塞萨・蒙德拉贡相比，所有这些从被困大巴中逃出来的学生都太幸运了。蒙德拉贡被称为“埃尔・奇兰嘎”，意思是他来自墨西哥城，这样的家乡对于一个阿约特兹纳帕学生来说可不算常见。在那个黑夜的某一刻，他被一群陌生人抓住了。这些人折磨他，剜出他的双眼，撕下他的脸皮，然后开枪射杀了他，并将他弃尸街头。①

与此同时，那辆落单的大巴也遭到了与中埋伏的三辆车相同的噩

---

① 众多未解之谜中的一个是，如果那天晚上凶手们那么做是想掩盖罪行，为什么又将残缺的尸体弃置街头，表明自己与此事有干系？正如我们将阐述的那样，毒贩处理受害者尸体的一贯做法，要么是将其公之于众——把尸体吊在高速路桥上，或扔到市政厅台阶上，或录下整个杀人过程；要么是藏匿尸体，通常是丢进万人坑掩埋，或用强酸将其溶解，或将其烧成灰。这个案例的古怪之处在于这两种他们都做了。

运。就在它即将开上公路胜利大逃亡之时，警察包围了他们并开枪射击。一些学生大声呼喊，说他们不是罪犯，然而这些以为警察可能认错了人的学生得到的却是这样的回答："我们才不在乎呢!"另一些学生投石块还击，但在更多的巡逻车到达后，他们开始四散逃跑。有些得以逃脱，有两个被杀，还有几个受了伤，约有10人被抓获并被塞进了警车。

大约同一时间，在城里的另一处完全不一样的地方，一辆同样装满年轻人的大巴也遭到了警察的射击，警察以为他们也是阿约特兹纳帕来的。其实他们是从奇尔潘辛戈来的足球运动员，在胜了伊瓜拉市的球队后，正在回家庆祝的途中。车上有2人身亡（司机与一名乘客），数人受伤。警察发现认错人之后，叫来了救护车。

至此，警察已经杀死6人，伤23人。

在整个骚乱过程中，格雷罗州州长安吉尔·阿吉雷都在接电话，听州政府官员汇报伊瓜拉发生的枪杀事件。州长是否与伊瓜拉市市长讨论过此事，尚不得而知，但他与市长夫人谈过那天发生的事。人们说这两人有私情；皮内达似乎也在通过某种渠道向阿吉雷的州长竞选活动提供资金。最终，州长决定对警察的攻击行为不予干涉，如果有人问起，他就说这件事并不属于他的管辖范围。

市长则声称对那晚的事毫不知情，他承认自己听说了学生当时在破坏市中心的安静祥和，但坚称自己只对警察下过一个命令，那就是对学生的"挑衅行为"置之不理。阿巴尔卡辩称此事不可能与他有关，因为大巴枪击事件发生时，他妻子的派对正进行到高潮。他说“我当时在跳舞”，甚至大段大段地哼唱起了他和妻子跳舞时的曲子；还说之后他就回家了，睡得很香。事实上，他和皮内达整个晚上都在处理这件事，他的手机上有10条通话记录，她的则有25条，最后一通是凌晨三点的。

那天晚上电话不断的人还有希尔达多，又名“埃尔·卡波·吉尔”洛佩兹，“战士联盟”的二号人物，是伊瓜拉警察局和考库拉警察局之间的联络人。在卡波·吉尔的安排下，抓获的学生被送到了他位于洛马·戴尔·考约特的家，那是伊瓜拉西面的一个小村庄，在通往考库拉的路上。他联系了自己的上司卡萨鲁比亚斯·萨尔加多，“战士联盟”的大老板。他发了条短信说“那些‘赤色分子’在攻击我们!”——这为那天晚上的混乱场面又增加了一重复杂性。卡波·吉尔也许对“赤色分子”可能发起的袭击特别敏感，他的父亲就死在这个敌对帮派的手上。但是，鉴于与他保持联系的警察并没有这种妄想，很难看出在这件事上他是如何形成这种看法的。无论如何，卡萨鲁比亚斯用黑莓手机回复了一条短信：“阻止他们，要不惜一切代价。”

此刻，事态的控制权转移到了歹徒手里。两个警察局的人在送来两批学生之后离开。有30人是在大巴车队里被抓的，还有10人是在第二个对峙地点被捕的。学生们被绳子或电线五花大绑，塞进了两辆皮卡、一辆尼桑和一辆可载重3.5吨的福特。大多数人都被堆在福特车上，像叠罗汉似的，有5人放不下便被塞进了尼桑。然后，这两辆皮卡由16人的摩托车队夹道护送，前往考库拉。在一条通往垃圾场的崎岖不平的土路上，两辆车分道扬镳，最终在12点半到1点之间到达目的地。当时，天上下着毛毛细雨——整晚降水量不过7毫米——到处漆黑一片，唯一的亮光来自皮卡和摩托车车灯。

16名歹徒将学生们拖出了皮卡，拉到峡谷边缘的空地上。约15人已经死在路上，显然是窒息而死。还有大约30人活着，哭喊声此起彼伏。据一个认罪的行凶者交代，这些学生后来"被审问"了。"战士联盟"宣称他们必须弄清楚这些学生是否与"赤色分子"有关，学生们当然否认，直到其中一人屈打成招，"供认不讳"。大约在凌晨两点的时候，他们一个接着一个倒在了枪下。（我们不知道这些学生后来是否都被杀死了，只能希望不是如此。）

随后，尸体被扔进了峡谷，在谷底像柴堆一样层层叠叠。高高的尸体堆被浇上了柴油和汽油并放火焚烧。熊熊的火焰从那天晚上一直烧到周六，也就是9月27日下午，大概烧了15小时。垃圾堆里那些易燃物——纸张、塑料、木板、树枝、轮胎，还有摩托车源源不断运来的柴油，使得大火迟迟不灭，直到所有尸体化为灰烬，一些没来得及烧尽的骨渣也被碾成了齑粉。"人们永远都不会找到他们的。"卡波·吉尔给卡萨鲁比亚斯发了这样一条短信。

在总结以上叙述之前，我们必须指出，这一说法受到了一些人的质疑，后者的叙述与之相反，但听起来甚至比这个还要恐怖。他们说学生们其实是被军队抓住的，然后被带到了步兵的营房杀死，并用军队里的专业级焚尸炉毁尸灭迹。持这种说法的人并未给出具体情节——可能是因为卷入转交学生一事的是军人而不是歹徒——他们也知道，坚持这种说法就得承认政府的最高层必然在事后对其进行了精心掩盖。

这件事本身并不难以置信。当地军队与左翼分子长期不和，几十年前阿约特兹纳帕的毕业生、游击队员卢西奥·卡巴纳斯之死军队也确实难辞其咎，但那是在他顽强抵抗军方的大规模军事行动数年之后，而且他的所作所为令军方颜面扫地。最近几年，他们一直被指控对老百姓过分使用暴力，而且不分青红皂白，还动用酷刑，尤其是在大肆屠杀之后破坏犯罪现场以掩盖罪行。还有一个问题是，在这样一个市镇上，一个涉毒的市政当局是如何与驻军相安无事地存在下去的。

可以想象，他们逮捕了那些他们认为危险的激进分子，也许只是为了“给他们点颜色看看”，而后来，当他们意识到这么做可能会带来政治上的麻烦时，就决定彻底消灭学生，嫁祸歹徒。联邦政府当局亦有不光彩的历史记录，当他们承认官方的不法行为时很可能参与了掩盖罪行，包括用酷刑逼迫被抓的歹徒顶包。

这个版本的故事已被广大墨西哥人所接受，民众一直要求军方开放营区接受调查。考虑到如此庞大的阴谋必须有相当多的人参与，而且相关证据也完全缺失，我们认为这种叙述并不能令人信服。但如果它真的被证实了，并且军方和联邦政府应为这场大屠杀负责，其后果将难以估量。即便它不是真的，人们对它的深信不疑可能也说明了大部分人与现有秩序之间的隔阂是多么深。

上述所有关于歹徒实施屠杀的恐怖细节，在 6 个星期之后，当主要行凶者被抓获并认罪后才曝光。在这些学生下落不明的那段日子里，从 9 月 27 日开始，在悲痛欲绝的学生父母的要求下，开展了对失踪的 43 人的搜救工作，这些父母苦苦期盼自己的孩子“只是”被绑架并藏匿了。“他们被抓走时还活着，我们想要他们活着回来。”这样的渴望在父母们的嘴边反复念叨着。

9 月 28 日，伊瓜拉警察局全体 280 名警员接受了讯问，随后有 22 人被收押。其中 16 人被发现曾使用枪支，被逮捕后押往最高安全级别的监狱，以谋杀重罪起诉。

9 月 29 日，市长阿巴尔卡否认与警察的袭击行为有任何瓜葛，并且拒不承认自己说“没有人给我除掉这个惹事的牧师吗?”等于是在下命令，让人“给他们点颜色看看”。但在第二天，市长请求休假 30 天并获得批准，他立即带着妻子和堂亲——那位警察局长溜之大吉。

10 月 4 日，对伊瓜拉附近村庄进行梳理的搜寻者发现了三个万人坑，埋有 28 具尸体（后来更正为 34 具）。但是 10 月 14 日官方宣布，DNA 检测表明其中并没有失踪的学生。这些人到底是谁成了人们心头的新谜团，很快，当埋着数目不明的尸体的万人坑被一个个发现时，谜团就合而为一了。其他家庭现在也来要求调查，想看看他们失踪的亲人是否在这些被发掘出的尸骨当中。（“已经找到 6 个万人坑了，”一位震惊不已的专栏作家写道，“他们竟然还没有找到要找的那个。”）

次日，也就是 10 月 5 日，由 250 名联邦警察组成的一支小分队——国家警察部队的精英——解除了所有伊瓜拉警察的职务并接管了他们的工作。10 月 6 日，早已开始在阿约特兹纳帕守夜的父母们看到，这一事件的冲击波与人们的抗议浪潮还在扩散。总统恩里克·佩尼亚·涅托代表国家承诺会加大搜索力度，将行凶者绳之以法。在最初的枪击中从警察枪口下逃生的学生们举行了记者招待会，讲述了大巴车队所遭遇的袭击。格雷罗的一支游击队，即成立于 1990 年代中期，近年来已经很不活跃的大众革命军（EPR），也上 YouTube 声援学生，并许诺会采取行动，号召人们表现出“民众的正义”。

10 月 8 日，该校学生举行了第一次大规模的示威游行；同一天，柏林、布宜诺斯艾利斯、伦敦、旧金山、洛杉矶、纽约、芝加哥、蒙特利尔、巴塞罗那、马德里、布鲁塞尔和曼彻斯特等地也举行了抗议活动声援他们。10 月 13 日，蒙面的抗议者袭击并烧毁了奇尔潘辛戈的一座州政府办公大楼。10 月 16 日，墨西哥全国学生罢课，总统佩尼亚·涅托宣布找到失踪的学生是政府的头等大事。之后的几天内，联邦政府派了特警去控制格雷罗州其他 13 个黑帮猖獗的自治市。数以千计的安全部队人员使用马匹、货车、坦克、直升机、摩托艇和潜水设备对当地村庄进行了地毯式搜索。在格雷罗州的阿卡普尔科，成千上万的学生、老师和挥舞着砍刀的农夫要求州长阿吉雷为他对此案的作为或者不作为引咎辞职。同一天，在墨西哥城附近的公路上，联邦部队抓获了卡萨鲁比亚斯——“战士联盟”的头号人物。

10 月 22 日，墨西哥总检察长赫苏斯·穆里罗·卡拉姆宣布，根据暴徒的供认，市长和他的妻子的确曾下令拦截那些大巴。当天晚些时候，伊瓜拉有数千人举行和平游行，要求让失踪的学生活着回来，数十名蒙面的抗议者突然脱离游行队伍向市政厅投掷燃烧弹。在墨西哥城，逾5万人举行了和平示威活动。

第二天，即10月23日，州长阿吉雷迫于其所属党派与公众舆论的压力而辞职，但他并未被指控犯有任何罪行。10月27日，当局逮捕了“战士联盟”的另外4名成员。他们的供述将大家的注意力引向了那个已被陆军和海军封锁的垃圾场。法医小组赶赴现场开始调查。

10月29日，学生们的父母与总统佩尼亚·涅托在位于洛斯皮诺斯的总统官邸举行了四小时的会谈，随后在城里的一个人权中心召开新闻发布会。一位父亲发表声明：“我们不是任他们随心所欲、肆意宰杀的羔羊。”他坚决要求找到那些孩子，“因为我是墨西哥公民，我有这个权利”。

11月4日，联邦警察追踪到了市长夫妇的藏身之处，就在墨西哥城里一个工人阶级居住的街区。阿巴尔卡承认自己在这样的压力之下已经崩溃，皮内达则一如既往的傲慢，轻蔑地命令逮捕她的警察“把你的手拿开”，还说：“你好大的胆子！”夫妻二人锒铛入狱，至于他们对讯问是如何作答的，当局并没有公之于众。

最终，在11月7日，之前接见过学生父母的总检察长穆里罗召开了正式的记者招待会，说明了迄今为止的调查结果，现场气氛凝重。根据参与此次大屠杀的几个暴徒的供词，他公布了细节，充实了我们前面叙述中提到的此案基本脉络，他对有关暴行的额外说明令闻者心惊。

大火熄灭之后，刽子手们受命去将灰烬和碎骨（后者要先砸成粉末）之类的残余物冷却，然后全部装进一个黑色大垃圾袋，丢进附近的圣胡安河。第一个人似乎经验不足，把两个袋子完完整整地从桥上扔进了下面的激流中。他的同伙解释说他们应该把袋子里的东西倒进河里，而其余的几袋就是这么做的。但正是这个失误让海军潜水员打捞到了一些残余。父母们不信任墨西哥官方，要求由独立机构来收集这些极小骨渣上包含的DNA信息，承担这项工作的法医专家组来自阿根廷，曾搜寻过在独裁者统治之下消失的人的残骸。相关材料还被送往奥地利茵斯布鲁克大学的一些世界级实验室。穆里罗说，官方目前仍将学生们定为“失踪”，案件还在处理过程中。

12月，奥地利方面宣布在一片骸骨上发现的DNA来自亚历山大·莫罗·贝南西奥，他是43名失踪者之一。阿根廷的法医小组接受了分析结果，但也指出因为这些残余物并不在提供给他们的材料中，所以他们无法认可政府的说法，说尸体是在垃圾场焚烧的。

2015年1月，总检察长穆里罗·卡拉姆宣布此案结案，认为没有发现什么新信息以至于需要修改之前的官方说法。许多受害者父母则坚信，既然43名失踪学生中有42人的生死缺乏法医证据，那他们的儿子就有可能还活着。他们要求将此案移交国际刑事法庭来裁决。

阿约特兹纳帕发生的事令墨西哥举国震惊，全国各地爆发了大规模的示威游行。大学与技术学校的学生纷纷大声疾呼，为学生兄弟的命运愤愤不平，不仅艺术家、演员、作家、律师——各行各业的人团结一致，走上街头；连天主教会的主教们也大胆直言（就像教皇方济各[①]一样）。从大屠杀发生到真相大白，其间有痛苦难熬的六个星期，希望渐渐渺茫，怒火却不断蔓延，对市、州、联邦政府当局的抗议和愤怒也随之愈演愈烈。不仅政客个人的信誉极大地受损，各大政党也遭到了强烈谴责。主要的左翼反对党——民主革命党（PRD）更是名誉扫地，因为阿巴尔卡和阿吉雷都是代表该党被推选出来担任公职的。总统佩尼亚·涅托执掌的墨西哥革命制度党（PRI）也受到抨击，因其对学生命运的关心姗姗来迟，更因其打击犯罪行为时的无能或不情愿。民众举行大型集会，强烈要求总统下台。这些抗议绝大部分都是和平的，但有些也诉诸了暴力，比如有人在墨西哥城的总统官邸大门前纵火，还有人侵袭了阿卡普尔科国际机场。一些批评家对这些骚乱活动予以谴责，并对阿约特兹纳帕人嗤之以鼻，认为他们本身就是彻头彻尾的捣乱分子，不值得引起社会上的轩然大波。但是民众中间绝大多数人的反应仍然是震惊、羞耻、悲伤和愤怒。

这样的反应有点令人费解。并不是说大屠杀不会引起类似反应，而是因为在一连串恐怖事件中，它是最近才出现的反应。且不说受害者的身份——穷苦的农村小伙决心成为教师，改变他们自己以及他们所在社区的命运，这不单单是一场杀戮狂欢，更是腐败和犯罪联手酿成的惨剧，这在墨西哥近代史上并不常见。

集体屠杀（一个案例中出现300具尸体）；残酷折磨（一名受害者的脸皮被剥下，缝到足球上）；市长、州长与武装贩毒团伙勾结；猖獗

① 天主教第266任教宗，就宗教自由、移民改革等问题发表过观点，备受瞩目，但也被天主教保守派指控散播异教观点。——译者

的绑架勒索；警察效命于利用毒品的巨额利润行贿的贩毒集团；不止一个警察局被全员逮捕；刑事司法体系除了让罪犯逍遥法外，毫无作为；高层政府官员不是无能就是漠不关心；乃至民间抗议活动的爆发——所有这一切在近十几年来已经司空见惯。

你以为只有 43 具尸体吗？2000 年以来，已有超过 10 万人被杀害。万人坑？已经有好多个几万人凭空消失了，其中很多人可能就腐烂在这些深坑里。觉得处决他们的方式太残忍？每 10 万名死者中大约有 2000 人是被斩首的。

那么，为什么这一次全国各地会民意沸腾呢？其中一个原因是父母们决心不达目的绝不罢休，他们不允许这样的暴行在数不胜数的杀戮与残害事件中不了了之。还有一个原因在于，人们受够了多年来的残害与虐待，这一切毫无疑问是因为腐败和犯罪的毒瘤蔓延所致。“我们愤怒是因为这并非孤立事件，”为这 43 名学生抗议请愿的一位女士说，“我们当中很多人都已为人父母，我们看到了这个国家非常丑恶的一面，我们要抗争。”

本书接下来将要介绍的便是墨西哥人民这段饱受欺压祸害的漫长历史，力求为读者，特别是美国读者提供一个大致的背景，以便大家理解此次事件何以会在墨西哥全国引发众怒。我们的叙述大部分是关于众所周知的墨西哥毒品战争的，它通常可以追溯到 2006 年，当时墨西哥军队受命打击那些牢牢控制着墨西哥大片国土的大型毒品集团。大部分美国人都知道，过去 10 年间（2006—2015），格兰德河下游一直在发生可怕的事。他们已经看到了不时传出的血淋淋的大屠杀惨剧，还有毒贩头目被抓，记者被杀的消息；也许还读到了美国国务院发布的旅行警示，提醒他们在墨西哥一不小心就可能会被谋杀和绑架（小心也是一样）。然而要想把握这场毒品战争的范围和性质仍是困难的。

在我们看来，这43名学生的故事需要放入相关背景中去理解，而这场毒品战争也是一样。我们认为，如果人们只是细究通常限定的那一小段时间里发生的事，也将无法真正窥见全貌。这10年有着漫长而复杂的故事背景，它血腥的结局需要置于上个世纪（1914—2015）的情境中去审视。

此外，我们还认为“墨西哥毒品战争”这一叫法极大地误导了大家。因为它转移了人们的注意力，使大家忽视了美国创造并亲自在其中扮演的角色。美国人以为格兰德河下游那些血淋淋的新闻来自一个完全不同的世界，这种想法可以理解，因为它们的确来自一个遥远的战场，描述的是“墨西哥”打击毒品的战争——想必是墨西哥自己造成的，因而责任全在墨西哥。但我们认为这一叫法用词不当，因为它所指称的这一复杂现象是墨西哥和美国在过去一百年间共同造成的。

美国人可能意识到，美国每年消耗的非法毒品——可卡因、海洛因、大麻、甲基苯丙胺[①]——绝大部分来自墨西哥。有些人还知道，贩毒集团间的火拼或者对抗墨西哥政府时所用的武器，绝大部分是从美

① 俗称冰毒。——译者

国流入的。但他们对于目前的局势在多大程度上可以追溯到很久以前美国既对毒品需求旺盛又禁止毒品买卖、使用的那种情况，也许就没那么清楚了。一如 1919 年的禁酒令伴随着政客与执法机关的过度腐败，推动了美国的有组织犯罪；禁毒令早在 1914 年（与禁酒令不同的是它从未被废除）就催生了墨西哥的贩毒产业链，由此产生的巨大利润则被用来贿赂墨西哥政客，腐蚀执法机关。

墨西哥也并不是一个不走运的无助的受害者。这个国家的军队欣然为外国佬提供墨西哥政府所禁止的帮助，并获利颇丰。但是当美国政府开始对其邻国施压，试图（但失败了）截断穿越两国边境（有些地方还没界定清楚）的毒品洪流时，最终却引发了“墨西哥毒品战争”，不仅导致数以万计的墨西哥人丧生，还刺激了腐败和犯罪的大爆发。

这些判断构成了本书的基本结构。首先，我们将概览一个世纪以来的美墨关系，看一下双方是如何在彼此的政治、经济和观念发生巨变的大背景下形成毒品贸易，又是如何努力对其进行抑制的。接着，我们将沿着近十年来毒品战争的进展给出更多细节，其间，暴力冲突如海啸般席卷整个墨西哥。最后，我们将回到这里，重新审视这 43 名学生的故事，希望届时大家会对此有更多的理解。至于美墨两国各自的历史以及共同的历史将如何翻开新的一页，我们会在结论中表明一些看法。我们将特别指出，墨西哥人被“四十三人事件”激起的怒火以及其后致力于根本改变的决心，也许最应该指向对墨西哥政治、经济和刑事司法体系必要的重建，还有对历史悠久的刑事定罪制度的终结，我们认为当前局势在很大程度上应归咎于这一制度的存在。

卡门·博洛萨 & 迈克·华莱士

于 布鲁克林/科约阿坎

2015 年 1 月

一

1910年代—1930年代

我们的叙述将以格兰德河北部为起点，这里不仅是人们对墨西哥毒品永不餍足的需求的源头，也是斩断墨西哥毒品贻害的起点。在美国，使用和销售各种影响精神活动的毒品——尤其是鸦片、大麻、可卡因——在19世纪到20世纪初就已经完全合法化了。实际上，贩毒早已成了大生意。制药厂和专利药品公司将鸦片的衍生物（吗啡、鸦片酊、海洛因）加入各种疾病的家庭疗法中，鸦片制剂成为少数几种有效的止痛手段之一。最有代表性的鸦片使用者是中产阶级的白人中年妇女。可卡因也被添加到药用和消遣性的商品中，从香烟到软饮。可口可乐直到1903年还在以古柯叶为原料。

从1890年代开始，到1900年代以及1910年代，各类相关人士逐渐坚定了决心，他们推动了对麻醉品的刑事定罪，同时使酒精饮料被宣布为不合法。这些禁毒人士包括：新近了解到鸦片这种添加剂的致瘾性的医生（而如今已有阿司匹林作为有效替代）；专揭丑闻的记者，他们谴责一些公司用毒品引顾客上钩，使其对公司产品不能自拔；焦虑的各类激进分子，比如宣称是可卡因驱使黑鬼强暴白人妇女的南方白人，指控华人用鸦片引诱白人妇女的排华分子。正如大卫·马斯托所指出的，禁毒人士之所以那样做并不是出于对毒品本身的恐惧，而是出于对使用毒品的社会群体的恐惧。

最初，有几个州通过了禁毒令。之后在1906年，《纯净食品与药品法》[①] 要求制造商列出他们含麻醉品产品的成分，以警示许多一直在稀里糊涂地给孩子喂鸦片制剂的主妇。1909年，《吸食鸦片禁令》[②] 成功地禁止了从大部分华人那里学来的摄入这种毒品的方式——以致鸦片馆歇业倒闭——同时避免了美国白人将其作为药品来使用。而1909年提出这项动议，也是因为美国商人渴望打破欧洲人（尤其是英格兰）对有利可图的中国市场的控制，在人们看来（这么想没错），查禁鸦片将有助于同中国政府搞好关系，后者当时正在努力根除1840年代以来在英国人枪口的推动下，全国各地泛滥的吸食鸦片现象。

这些禁令产生了一些意想不到的结果。稀缺抬高了价格，从而引来了贩毒分子，也导致从前抽鸦片烟的瘾君子转向了更强效、更危险的衍生品，比如吗啡和海洛因。对此，禁毒人士的反应是收紧限制。

---

① 即 Dure Food and Drug Act。——译者
② 即 Smoking Opium Exclusion Act。——译者

他们还推动了国际刑事定罪，在1912年的《海牙公约》[1] 中成功地说服了几个国家对鸦片和可卡因采取限制。在美国，他们于1914年通过了《哈里森法案》，对所有非药用的鸦片制剂和可卡因予以禁止，尽管大麻类产品不在其中，它被（正确地）判定为相对无害。

美国已经对毒品宣战。

随之而来的短缺和飞涨的价格，让新一代不法之徒盯上了这桩生意（“幸运儿”卢西亚诺1916年第一次被捕，就是因为兜售鸦片）。1919年通过的美国宪法第十八修正案和《沃尔斯泰德法案》，禁止酒精饮料的生产、分销和零售，这导致供应商的生意一夜之间从合法变成了非法，继而在美国匪帮的企业家精神指引下产生了现代有组织犯罪，这一过程又因制造、引进、持有海洛因在1924年入刑而进一步加速。入刑迅速激发出了另一个地下市场。纽约犯罪头目阿诺德·罗特施泰因在其门徒卢西亚诺的提醒下，意识到了其中的丰厚利润——2000美元一公斤的海洛因分装零售后可得30万美元——于是在1920年代中期放弃贩卖私酒，转而从欧洲进口鸦片和海洛因。为掩护其批发业务，罗特施泰因买下了一个声誉良好的商业公司作为掩护，此后开始通过铁路向全国市场分发货物。

美国对毒品的旺盛需求也引起了墨西哥的注意。美国的气候并不适合罂粟的大面积种植，而墨西哥所处的纬度却能为仙人掌（生长在

① 又称《海牙禁烟公约》。——译者

低海拔）和罂粟（海拔高一些）提供完美的温度条件。位于西马德雷山脉的“金三角”地区，是锡那罗亚州、杜兰戈州和奇瓦瓦州三州的交汇之处，这里的条件对于鸦片种植而言尤为理想。正是在这里，罂粟生产蓬勃发展。这些罂粟是1880年代由华人移民带来的，他们或被迫离开美国，或漂洋过海来到锡那罗亚州，而该州沿墨西哥的太平洋海岸线长达400英里。大部分华人在铁路和煤矿工作，但有些华人农民家庭则开始从事鸦片和大麻的生产。随着美国在1882年通过了露骨的歧视性的《排华法案》，并在1892年和1902年两次延长其期限、禁止继续移民之后，从事鸦片和大麻生产的人也多了起来。20世纪头十年，居住在墨西哥的华人数量翻了5倍（从2660人增加到13203人），而且有更多人选择从事鸦片种植。在1910年到1920年的墨西哥革命期间以及革命之后，许多因战乱而赤贫的墨西哥农民也加入了他们的行列。

此后几十年间，华人移民及其后代建成了一个粗疏的贩毒网。罂粟丰收的季节，他们从罂粟种子里提取出鸦片膏（即树脂，乳胶状）之后，通过位于锡那罗亚的城镇和墨西哥西北部边境城市（比如著名的蒂华纳）的一系列基地，将生鸦片或熟鸦片转运到美国（主要是洛杉矶）的华人经销商手里。越来越多的墨西哥农民、中产阶级市民以及一些富有的商人投身于这桩买卖。入行很容易，并不需要多少启动资金；也没有多大的风险：机会多的是，因此谁都不必以暴力来保住自己的市场份额。

美国的边境线——距离墨西哥北部360英里的地方——不但靠近锡那罗亚的毒贩和生产者（因鸦片膏“goma”而得名“gomeros”），

而且是出了名的漏洞百出。自从美墨战争（1846—1848）用极端的方式重新划定了边界之后，这里便长期如此。新边界将大片蕴藏着金、煤、铁和铜的土地以及肥沃的农田划到了美国一边，其中包括加利福尼亚州、新墨西哥州、亚利桑那州、内华达州、犹他州和科罗拉多州的全部或一部分。新划定的边界（1853年美国又买下了一些，因而扩大了）绵延2000英里，成了这个星球上最长的边界之一。它从太平洋沿岸的蒂华纳开始，经过沙漠和干旱山地到华雷斯市，算起来差不多是半程，然后从这里拐向东南，沿布拉沃河（墨西哥人以此称呼格兰德河）而下直到墨西哥湾。

几乎就在边界确定的同时，越界问题也或多或少地出现了。1850年代，偷渡过来的奴隶们穿越边界奔向自由，因为墨西哥已经废除了奴隶制，可以给予那些没有跟着北极星（到加拿大）而是在南十字星的指引下前来的逃跑者以公民身份。1860年代，美国南方邦联偷运玉米到墨西哥，再转运至欧洲；军火走私贩则将军火运进来帮贝尼托·胡亚雷斯①与法国人作战。南北两边来的偷牛贼都在边界上游荡，他们偷盗牲畜，然后将它们赶过边境改头换面，卖掉赚钱。从墨西哥酿酒厂向北流进美国的特基拉酒（tequila）、珀卡酒（pulque）、麦斯卡尔酒（mescal）② 和朗姆酒的生意也迅速兴旺起来，开始是躲避税务人

---

① 后来成为墨西哥总统。——译者

② 这三种都可称为龙舌兰酒，都是以龙舌兰为原料，但彼此有所不同。简单而言，tequila用的是龙舌兰草的茎部蒸馏而成，是墨西哥的特产，以其产地小镇而得名。pulque是龙舌兰茎部的汁制成，只发酵不蒸馏，微酸。mescal是压榨后发酵的烈酒。——译者

员，后来则是躲避执法人员。

还有人的来回流动。穿越边界是件轻而易举的事，因为官方对墨西哥人往北迁徙并无限制或配额，即便是在1920年代美国施行了严苛的配额法之后，拉丁美洲人仍是不受限制的。1924年，美国成立了边境巡逻队，主要针对那些试图绕开设在大西洋和太平洋上屏障的欧洲人或亚洲人。1900年代初，每年约有6万墨西哥人应农雇主的要求进入美国，其中绝大部分人会在冬天回到家乡。墨西哥革命引发了移民潮，因而这个数字在1910年代翻了一番。

从1882年开始在锡那罗亚的马萨特兰和索诺拉的诺加莱斯之间运行的索诺拉铁路，在1898年时向北延伸，与美国南太平洋铁路网成为一体，并且向南扩展到瓜达拉哈拉，此后，墨西哥人和墨西哥农产品的通行就更方便了。更名为墨西哥南太平洋铁路之后，它在墨西哥国内和北部边境上运送了上百万乘客及百万吨的货物。

鸦片也进入了这些繁忙的路线。最靠近山中那块锡那罗亚的鸦片种植基地的三个交通枢纽是蒂华纳、墨西卡利（这两处都横跨墨西哥的下加利福尼亚和美国加州的边界）和诺加莱斯，索诺拉州则在诺加莱斯与亚利桑那州接壤。一些运输渠道也在墨西哥的中心——即主要大城市华雷斯，它位于新墨西哥州和得克萨斯州南部的奇瓦瓦州——建立起来。再往东面，一些运输中转站也在三个沿河的中等规模城镇发展起来，从拉雷多到雷诺萨，最后是墨西哥湾上的马塔莫罗斯。

并非所有的毒品都穿州过境，有些是在墨西哥本土消费的。在19世纪和20世纪早期，精神药物在墨西哥普遍用于医疗和消遣。抽鸦片烟是少数华人的主要消遣；吗啡、海洛因和可卡因则是中产阶级艺术家和知识分子的偏爱；而大麻俘获的基本上都是穷人。但毒品的使用并不是个普遍现象。任何一个地方的摄入量都远不及美国本土的水平。

其原因之一在于墨西哥不像美国，它有着承自西班牙的悠久传统，对毒品使用一直保持警惕。长期以来，他们对于酒精类、佩奥特碱①以及其他用于许多仪式（在宗教法庭看来这些仪式从神学角度讲很可疑）的精神类物质，还有著名的像颠茄、天仙子、毒芹、洋地黄、曼陀罗这样有潜在危险的草药的消费，一直实行不同程度的管制。

最令官员们不悦的一种毒品居然是大麻——以当代视角来看，这着实令人惊讶。大麻并非本土植物，16世纪时它由西班牙皇家引入，因为大麻纤维是航海业运用广泛的一种纤维，极为适于制作船帆和绳索。渐渐地，人们可以从本地药剂师那儿弄到大麻，到了波菲利奥统治时期（独裁者波菲利奥·迪亚兹1876年到1911年在位），下层人士尤其是士兵和囚犯以此作为药物。大麻还因其能够引发暂时性精神错乱和疯狂暴力而为人们所知。人们确实掌握了几百个证据充分的案例，特别是发生在监狱和军营里的案例，它们证明了大麻能让人发狂，变得极度暴力，即使面对远比自己强大的敌人也不会后退。但艾萨克·坎波斯给出了一种颇有说服力的观点，他认为这更多应归因于环境而

① 从仙人掌中提取的致幻剂。——译者

不是大麻。大麻的作用与大多数精神刺激类药物一样，取决于使用时的环境，其中包括社会上流行的观念。在高度紧张的情况下，为捍卫个人尊严（和安全）常常需要小题大做，此时服用大麻会导致偏执多疑而非怡然自得，还会提高个人的攻击性，这种情况没什么好惊讶的。

在波菲利奥统治时期，一个由州、地方、联邦三方面拼凑而成的法律逐渐形成。1883年，大麻和鸦片进入了一份列有20多种只能凭处方在药房而非草药店购买的药品名单之中。这项规定主要针对的并非以消遣为目的的使用者，而是旨在减少意外（或有意）中毒者的数量。这项法令在第一版《联邦卫生法典》（1891）中得到了重申。1896年，就连对毒品一向友好的锡那罗亚州首府库拉亚坎也禁止在无处方的情况下出售或使用大麻。墨西哥城市政当局也在1908年重申了这一决定，尽管只是宣布种植和贸易为非法，而拥有一罐或将其作为礼物赠与他人都不算违法。到1910年代，墨西哥仍有相当多的人支持限制性政策，但数量并未达到压倒性多数，而大部分毒品依然能凭医生处方在药房买到。

革命运动壮大了禁毒人士的力量。1917年，整个国家依然受到一连串令人晕眩的事件的不良影响——执政多年的波菲利奥·迪亚兹在1911年的选举中败给了弗朗西斯科·马德罗；而马德罗在1913年被维多利亚诺·韦尔塔赶下台并谋杀；维奴斯提亚诺·卡兰萨、阿尔瓦罗·奥布雷贡、埃米利亚诺·萨帕塔和弗朗西斯科·潘乔·比利亚联手发动了反对韦尔塔的行动，这一行动得到了美国的帮助与煽动，因而很快占领了韦拉克鲁斯；韦尔塔在1914年倒台；自由派改革家卡兰萨 1914 年夺取政权，次年他的政府获得美国的承认，1917 年他当选为总统。就在接下来那段（仅仅相对而言）安宁稳定的窗口期，卡兰萨及其继任者们推动了墨西哥对毒品贸易态度的改变，这一改变是与布拉沃河北部的事态发展相呼应的。

1912 年，弗朗西斯科·马德罗的政府加入了《海牙公约》（但墨西哥直到 1925 年才承认它）。这么做，部分原因是仍处在动荡之中的政权感到有必要与由美国主导的国际运动保持一致。但实际上，墨西哥已经先于美国走上了监管制度之路，在反对大麻方面它也是遥遥领先。

这一问题在随后的革命风暴中被搁置，但卡兰萨甫一掌权，主张限制的人就采取了进一步措施。决心恢复政治秩序的卡兰萨召集了制宪会议，会议于 1916 年 12 月在克雷塔罗市举行。相对温和的卡兰萨一派与试图像政治变革那样进行社会和经济变革的年轻激进派之间的斗争，大多数情况下都是后者取胜，他们利用宪法的关键条款彻底剥夺了天主教会的特权，为土地改革奠定了基础，确立了国家对地下矿藏的所有权，扩大了受教育者的范围，创建了强有力的行政部门。

不过，在毒品政策上双方略有分歧。1917 年 1 月，卡兰萨的私人医生若泽·马利亚·罗得里格斯准将满怀激情地指出，墨西哥在“国家间的竞争”中陷入了危险境地，因为墨西哥这一“民族”在波菲利奥的统治下已经变得“孱弱”而“堕落”。一些代表甚至指控独裁者的政府企图通过酒精和毒品、赌博与卖淫来麻痹和迷惑人民。严厉的改革派精英们将酗酒、鸦片成瘾、吸食大麻与下层社会的文盲及印第安原住民——“落后”的社会阶层（错误地）联系在了一起。毒品被视为阻挠人们成为新模范公民的障碍，而这些新公民本可以把墨西哥建设成一个现代化的、进步而文明的国家。

罗得里格斯对宪法提出了一条修改意见，建议授权国会禁止“销售毒害个人并且令（墨西哥）种族退化的物质”。他提到了酒类、鸦片、吗啡、乙醚、可卡因和大麻（称后者是“我国人民最有害无益的癖好之一”）。他还要求在这一革命性章程中写入一条：联邦公共卫生部门对公共卫生问题的建议具有法律效力。这一要求获得了批准。新宪法于 1917 年通过，1918 年成立了以罗得里格斯为领导的公共卫生部门。随后，他开始推行严厉的措施，在卡兰萨执政的最后日子里，该部门公布了“关于种植及买卖弱化种族之产品的法令”。这些法令规定，未经特别许可，严禁种植鸦片或提取其麻醉性汁液；彻底禁止全国范围内的大麻生产和销售；药品批发商必须获得特别许可才能进口鸦片制剂或可卡因；这些进口商只能将此类药品卖给特许经营的药品零售商，或者得到特许有权接受这些药品并开出处方的医生们。

墨西哥已经向毒品宣战。

然而，由于阿尔瓦罗·奥布雷贡将军和普鲁塔克·伊莱亚斯·卡耶斯将军武装反对卡兰萨政府，这些法令还没来得及实施，新一轮的革命暴乱便发生了。1920 年 5 月，因叛军迫近，卡兰萨离开首都前往韦拉克鲁斯，但被人杀死（或是自杀）在半道上。奥布雷贡被选为他的继任者，与此同时，墨西哥进入了（又是相对的）一个平静期。1923 年，奥布雷贡将总统权力以和平的方式传给了与他并肩战斗的卡耶斯，后者在执政期间（1924—1928）恢复了对非法物品迟到的打击。

卡耶斯决心实现宪法中已经体现但尚未完全实施的革命目标。在准备过程中，他于 1923 年访问了欧洲，研究当时的社会主义实践。他还特别咨询了德国社会民主党，并与土耳其“国父”凯末尔通信，后者当时正着手进行一个类似的政治、经济、文化改革计划，试图将前奥斯曼帝国改造成现代化、世俗化的民族国家。尤其要指出的是，卡耶斯开始无情地实施宪法中对天主教特权的削减：打破教会对教育体系的垄断，禁止在教堂之外的地方举行宗教仪式，并把教堂本身划为国家资产。此举激起了信奉天主教的农民的强烈反抗，卷入这场残酷的“基督战争”（1926—1929）的农民最终有 7 万到 9 万人丧生。

卡耶斯所有的反教权主义行动都旨在对墨西哥人民进行道德改良。与他的革命先辈一样，他将打击毒品使用视为实现目标的一种方式。原本他最憎恶的是酗酒，在担任索诺拉州州长时，他曾通过法令禁止进口、制造或销售含酒精的饮品，违者将被处以 5 年监禁。他甚至立即处决了一个可怜的醉汉以彰显自己的决心。当上总统后，他又开始打击毒品。

1925 年 2 月，《纽约时报》在一篇题为“卡耶斯下令向毒品宣战”的报道中说，这位新总统已宣布他将“惩治墨西哥所有的制毒贩毒者和吸毒者”。而且，他已经解雇了一些警察，因为这些人“近来以保护进口商为幌子与毒品交易有所瓜葛”。后续报道对卡耶斯的宣言赞誉有加，认为他将“清除”来自边境小镇的毒贩，关闭墨西哥城的零售商店，追查从亚洲和欧洲过来的转运渠道（鸦片和海洛因有时藏在鱼腹里由日本船只运抵阿卡普尔科及西海岸的其他港口，有时是从德国、比利时和法国运到坦皮科、韦拉克鲁斯这样的东海岸港口）。此外，政府也严厉打击鸦片种植，在纳亚里特州和杜兰戈州捣毁了华人种植的几百亩罂粟，并且追捕大麻生产商。

“墨西哥在取缔大麻。”1925 年 12 月，《纽约时报》的一篇报道这样宣称。文中不仅讲述了公共卫生局的稽查员如何兢兢业业地逮捕农民、烧毁庄稼，还解释说，墨西哥的传统观点认为大麻的叶子会“引起心智错乱”，往往令成瘾者精神失常，布拉沃河北部一个新出现的说法是：“科学家们说，它的作用可能比任何麻醉品或毒品更可怕。”路易斯·阿斯托加指出，在 1931 年，毒品消费和交易被定为联邦罪行①。

卡耶斯亦着手对国家政治结构进行重大改革，这将对毒品战争产生重大影响，尽管是以自相矛盾的方式。1928 年，他提议将所有派别团结到一个包容的政治实体，即国民革命党（PNR）之中，以便结束专制独裁，因为将军们为了争权夺利而争斗不休。国民革命党于次年成立，它允许即将离任的总统与其他党派的领袖协商选定继任者，从而解决了令人伤脑筋的总统更迭问题。因为宣布这种结果有点像天使报喜（Annunciation）的世俗版本，这一程序便被称为“钦点”。而总统的任期也从 4 年变为 6 年（这段时期被称为 sexenio）。改选是严格禁止的，因此阻止了波菲利奥式独裁“选举”重演的任何可能。

考虑到其他大多数拉美国家的命运，这已经是不小的成就了。墨

① 一般指最严重的犯罪行为。——译者

西哥不会再有终身独裁者，未来也不会出现索摩查家族[1]或特鲁西略家族[2]。然而，卡耶斯并未完全按照自己的蓝图来实施。在他的任期结束后，他挑选并控制了法律意义上的他的三个继任者，每位继任者在位都只有两年，这样一来，他就成了在幕后操纵的实际上的最高领导人。1934 年，他指定拉萨罗·卡德纳斯做总统，甚至为他选好了内阁。但在 1936 年，卡德纳斯最终把卡耶斯的那一套付诸实践，半夜将卡耶斯从家中带走，弄到圣地亚哥去流放。

卡德纳斯任总统时，正是大萧条时期，他的任期（1934—1940）与富兰克林·罗斯福的两个任期重叠。卡德纳斯拓展并深化了墨西哥革命的遗产：将石油和铁路国有化；将 4500 万英亩的种植园土地重新分配给农民；复兴了公共土地制度[3]（由个人拥有并耕种，但没有所有权，不能买卖，以防大片监护征赋土地[4]再聚集）；拓展社会服务、增设世俗学校；支持工人为提高薪资而进行的罢工。他还力图将社会核心部门组建成统一的实体，就像墨西哥工人联盟（CTM），这是一个众多工会的集合，旨在为农民、商人、职业人士、军人和其他人提供平等权利。这些组织后来都并入了国民革命党，后者在 1938 年更名为

① 对尼加拉瓜实行 40 余年独裁统治的家族。——译者

② 在多米尼加实行军事独裁统治的、集买办性和资产阶级性的大家族集团。——译者

③ 是一部分未耕种的、公共使用的土地；在某些情况下，它也被认为是由国家或城市拥有的财产。在墨西哥，公共土地是由集体使用的农村财产，这对于该国的农业生活非常重要。——译者

④ 旧时北美西班牙殖民地于 1503 年制定并实施的监护征赋制规定，可将土地或村庄及其印第安人一起赐封给西班牙士兵或殖民者，然后向其征税。——译者

墨西哥革命党（PRM）。由此，墨西哥政治秩序的基础已经从上层精英转变为普罗大众。仅仅一年，墨西哥革命党便宣布其党员已达430万人。

但墨西哥革命党并不是一个讲民主的党派。新政治体系以绝对优势将权力集中到从该党选出的总统手中，使立法和司法部门沦为橡皮图章。敌对和争议都在党内解决，随后展现给外部世界的是一条统一战线。内部派系斗争由任免权来节制，联邦政府和州政府机构只给忠诚、顺从的墨西哥革命党党徒提供合约、工作、政治晋升、教育机会与社会服务。工会与农会的领导操纵选票并压制普通成员的抗议，作为交换，领导获得个人好处，选民获得让步。

对于这种一党制的挑战被武力和选举舞弊破坏了。1940年，激进的卡德纳斯在历经动乱后决定寻求稳定，于是选择了一位温和的继任者——曼努埃尔·阿维拉·卡马乔。另一个更为激进的派别则决定提名一位有相当多支持者的反对派候选人。但是，劳工联盟与军队联手操纵投票；墨西哥革命党的党徒挑起巷战，导致数十人被杀，几百人受伤；而该党宣称其候选人以荒唐的99%的大支持率胜出。（上述这些人的行为都是在效仿美国政治家开创的做法，一个堪称典范的例子便是纽约的坦慕尼协会，从1830年代起，该协会就一直雇用帮派分子驱赶支持反对派的选民，利用“重复投票者”提前投票并反复投票，还偷走投票箱以便清除对其不利的选票。）

1943年，当墨西哥革命党的政治精英首次面对真正独立的反对党时，又做了许多同样的事。1939年，由经济学家、墨西哥银行前行长、墨西哥国立大学前校长曼纽尔·戈麦斯·莫林领导的一群保守派人士创建了一个反对党——国家行动党（PAN）。由于商人和天主教徒与统治集团势均力敌，他们反对卡德纳斯的反教权主义、土地改革、征用石油公司，反对执政党的政治垄断（尽管国家行动党的民主形象因其同情佛朗哥政权而蒙尘）。

1943年，当这一新政党首次举办活动宣传其候选人时，国民革命党派小流氓去他们的会场捣乱，并且部署了屡试不爽的选举舞弊办法。当国家行动党质疑选举结果时，国民革命党的领导者便让（在他们控制之下的）官方认证机构将所有有争议的席位都判给了他们这一边。1946年，该党的大佬们采取了更老谋深算的策略，允许一部分获胜的反对党代表入众议院任职，并在一些市政厅担任市长。但他们自己则始终把持着总统职位、参议院议席和32个州长职位，而且一把持就是数十年。他们确信自己已经稳坐墨西哥政坛的头把交椅，这反映在他们的最后一次改名之举上。1946年，阿维拉·卡马乔将国民革命党更名为革命制度党（PRI）。革命已然被制度化了，这个政党宣布自己是永远的革命代理人。

然而，革命制度党并不像它宣称的那样坚如磐石，其权力的金字塔并不完美。如果说他们对国家核心的控制并不算彻底，那么他们对外围的掌控尽管有力，却也存在更多妥协。许多外围地带的州长一如当年他们在波菲利奥·迪亚兹统治下一样，仍是雄霸一方的地头蛇，只要他们听命于革命制度党，向权力的金字塔顶端输送选票和资源，就可以在自己的领地内为所欲为。这些人中许多都是前政府的将军，因为被派往外省而免于一死，这使得政客们可以逐步缩小政治中心的官员的权力，进一步将国家非军事化。

地头蛇的特权之一就是在服从总统意志的前提下，随心所欲地从事各种逐利的冒险活动，特别是非法生意。毒品交易正是这样一种可以得到“革命大家庭”的当权者允许的生意，而北方几个最靠近美国的州彻底抓住了这一机会。毒品的种植和贸易因而被纳入政治体系，尽管官方表面上在限制这种事的发生。更准确地说，正是因为那些限制——对毒品交易进行刑事定罪——才让政客们占了上风，为自己从中获利大开方便之门。地方警察和军队则可以因保证不干涉毒品交易而得到毒贩的进贡。与此同时，他们通过预先阻止潜在竞争者插手交易——因而抑制了辖区内的暴力冲突——并禁止经营者本人参与政治活动，对这类交易进行监管。

埃斯特班·坎图上校，大概是墨西哥第一个搞敲诈勒索、大发不义之财的人，1911 年革命伊始，他被派往边境小镇墨西卡利，保卫下加利福尼亚州北部，以防美国入侵。1914 年，他任命自己为州长，继续主持针对旅游者的副业（卖淫、赌博），并允许鸦片商把他们的货物销售到美国。坎图称霸一方，直到 1920 年，被派往该州重申联邦政府权威的阿贝拉多·罗德里格斯将军终结了他的好梦。而坎图之所以能在当地掌权这么久，原因之一在于墨西卡利的地理位置比较偏远，而这个国家的中心地带正忙于革命。按照保罗·肯尼等人的说法，罗德里格斯或多或少拾起了坎图留下的生意，他通过向禁酒令时期饥渴的北部帮派提供酒类和毒品而获利颇丰，到1930年，统治下加利福尼亚州已达10年之久的他已经成了百万富翁。

在1920年代，贩卖私酒甚至比贩毒更有利可图。墨西哥并未像美国那样在全国禁酒，各州既有的类似法律在急于从北方清教徒那里敛财的过程中被彻底抛到了一边。在美国属非法的酿酒厂和啤酒厂都蜂拥到南部，沿着美墨边境重新开张。在边境线这边关门的酒吧，越过边境之后生意兴隆。当美国酿酒厂和零售商按要求将他们的存货运送出国时，单是肯塔基一地的酿酒厂通过铁路运到南方的威士忌就达3900万加仑，主要是运到华雷斯，再从这里迅速走私回到北方。墨西哥资本家也抓住这个时机，开始沿边境建起啤酒厂，以满足美国那边难以餍足的饥渴。这类液体违禁品多由经过改装的汽车运输，其侧面的面板和后座下的水箱能装下100加仑。（海关人员会敲击可疑的汽车，听听有没有液体流动的声音。）另外一些走私者则用船将货物运过河，贿赂墨西哥当局提供武装保护以对付河那边的美国边境巡逻队，不时还会引发两国间的枪战。

随着禁酒令在1933年撤销，好日子戛然而止。但是，美国政府通过消除酒类的超级利润而拿走的东西，又因其对大麻入刑而归还给了墨西哥。1937年的《大麻税法》① 对经济作物征收惩罚性重税，将大麻从自由市场赶进了黑市，使得大麻更为稀缺，利润也更高了。将大麻加入先前的精神类违禁药品清单，可以归结为美国联邦麻醉品管理

---

① 即 The Marijuana Tax Act。——译者

局（FBN）的官方行为，以及局长哈里·安斯林格出于自我保护所做的个人决定。为避免该机构被政府并入一个更大的机构（以及解雇安斯林格本人），这位联邦麻醉品管理局的头头收集了有关大麻会使人陷入疯狂并产生暴力倾向的新闻报道，以证明大麻是种极其危险的毒品，需要由一个独立的联邦机构来监管。① 他倡导的入刑运动也得到了西南各州的支持，据鲍尔德拉马与罗德里格斯描述，这些地方在经济繁荣的 1920 年代曾热情欢迎墨西哥的农业工人和矿工，但在经济萧条的 1930 年代又将他们大规模地强制及非法驱逐出境。据估计，这些被赶到墨西哥那边的人约有数十万到一百万人，其中不少是美国公民。在驱逐他们的理由中，有一条是墨西哥人使用“烈性大麻”。立法者将毒品与某类“危险”人口联系起来——除了可卡因与黑人、鸦片与华人，还有大麻与墨西哥人——再次宣布他们有罪。②

安斯林格成功地创造出了一个需要新产品的新市场，这种产品在墨西哥较易于种植。但安斯林格对布拉沃河南部的影响要更为深远：他继续直接干涉墨西哥事务，而且绝不手软，从而导致了一场重大事件的决定性转变。

---

① 在这位行政长官的恐怖报道剪贴簿上，许多内容都是先由墨西哥城的一份英文报《墨西哥先驱报》报道，然后被美国那些耸人听闻的报纸转载和传播的（因为《先驱报》有美联社特许）。不过，安斯林格的大惊小怪的确符合美国人的口味，他们认为大麻会释放性压抑，导致强奸与谋杀的发生。

② 在边境南部，华人也被迫在大萧条期间迁徙，被长期以来嫉妒他们成功的墨西哥人驱离了鸦片生意。这个过程始于 1920 年代，当时卡耶斯及重要政治家都支持由墨西哥新闻界挑起的排外运动。将亚洲人塞进货车，用船运出州界，再接管他们的家园、财产和生意，在这样一波激进的暴力运动后，这一过程渐渐加速了。

1937 年，墨西哥毒品政策的制定及实施与卡兰萨时代以来的情况一样，仍然掌握在公共卫生部门手中，因为卡德纳斯拒绝将相关权力转交给总检察长；而卫生部门此时走上了与安斯林格截然相反的道路。墨西哥联邦麻醉品管理部（卫生部门的一部分）的领导者利奥波德·萨拉查·比涅格拉博士曾是内科医生，因其在墨西哥城的毒瘾治疗医院工作多年以及对毒品影响的广泛研究获得高度评价。1938 年 10 月，他发表了一篇论文，题为“大麻的迷思”。他认为，大麻是一种相对无害的物质，（与流行的说法和科学观点相反）它不会导致精神错乱，也不会激发暴力与犯罪行为；墨西哥应该撤销其禁令，甚而建立一个由政府监管的毒品分销专卖机构，通过官方授权的药房（或者官方注册医生）为瘾君子有偿提供维持其毒瘾所需剂量的毒品，以逐渐根除犯罪行为。他还倡导通过公共卫生运动来教育民众，使其了解什么是真正具有危害性的毒品（比如酒精）；以及发展毒瘾治疗体系。他公开批评美国的打击毒品政策，认为其惩罚不当、根本不可行，“不可能阻断毒品交易”，并声称这“不仅因为警察与特工的腐败，也因为某些毒贩的贿赂手段与政治影响”。公共卫生当局支持他的提议，第一家诊所随后开张。

安斯林格勃然大怒并迅速反击，对墨西哥所有医用毒品实行禁运①（他的办公室被授权这么做）。他还发起了诋毁萨拉查·比涅格拉

---

① 后来，有迹象表明巴蒂斯塔可能允许“幸运儿”卢西亚诺留在哈瓦那时，安斯林格便有更多理由对古巴实行禁运。卢西亚诺从西西里逃亡至哈瓦那，希望与梅耶·兰斯基及其他人合作，使古巴成为战后复苏的海洛因贸易的主要中转站。最终，巴蒂斯塔屈服了，赶走了这个黑手党头目。

巴蒂斯塔，古巴军事领导人，1940 年至 1944 年任古巴总统，实行独裁统治。——译者

的运动，说后者的计划是“异想天开”而且“是非不分”，并强调毒瘾并非可以治疗的疾病，而是“应当根除和摧毁的罪恶”。由于墨西哥精英圈子里盛行着反对大麻的态度，安斯林格的攻击获得了很多人的支持，特别是在他说服美国国务院对此额外施压之后，诊所与合法化机制被迅速地扼杀了。

安斯林格还将战火烧到了离家更近的地方。1938 年，大麻被禁后不久，一位有力的反禁毒运动人士——纽约市市长费欧雷罗·拉·瓜尔迪亚，委托久负盛名的纽约医学会进行毒品研究。经过大量研究，医学会中杰出的大麻委员会得出结论（与萨拉查·比涅格拉相同）——这种毒品与犯罪、暴力或性侵并无关系；也没有任何证据表明它正在学生中间散播；而且也不会令人上瘾。实际上，该委员会认为，将大麻与其他真正有害的毒品区分开可能更有裨益。这份报告于 1941 年完成，1944 年发表。拉·瓜尔迪亚利用其发现，呼吁重新审议 1937 年的法律，但战时的市长有更紧迫的事务要处理，没有采取进一步行动。如此一来，安斯林格得以继续把持这一联邦事务领域。①

① 很快，就像卡鲁思和罗指出的，随着冷战到来，安斯林格将毒品成瘾与红色威胁联系在一起，5 年内联邦麻醉品管理局的预算翻了一倍。

二

1940年代—1950年代

二战期间，锡那罗亚的鸦片出口急剧增长。一些人说，这是因为美国说服了墨西哥政府大开绿灯，以便弄到吗啡给受伤的士兵，来自土耳其的传统供应渠道已被切断。另一些人则坚称，没有证据表明双方有这样的交易，但也同意鸦片贸易确实很兴旺，大麻生产亦是如此，因为绳、索制造以及其他方面对大麻需求很大。战后，大麻出口量下降，但鸦片贸易一直繁荣到1950年代，鸦片贩子们也开始离开此前设在山里的据点。为了销售他们的作物，农民企业家们在锡那罗亚州首府库拉亚坎开起了商店。毒贩之间或毒贩与警察之间开始出现激烈的对抗，当地报纸担心城镇变成“芝加哥的翻版，到处是穿着凉鞋的黑帮”。

一方面是为了应对首都以外地区的混乱，另一方面也是因为注意到了美国对战后毒品交易增长的抱怨，总统米盖尔·阿莱曼（1946—1952）领导下的革命制度党与前总统卡德纳斯的公共卫生计划分道扬镳，毅然采取惩罚性的禁毒制度，并将执法权集中于联邦政府之手。1947 年，米盖尔·阿莱曼总统将反毒扫毒的执法权移交给总检察长办公室（PGR），其辅助执法权交给联邦司法警察（PJF）。

然而情况很快变得明朗起来，革命制度党的大佬和他们在总检察长办公室的代理人并不打算努力消除毒品生意。相反，他们采取了当地"酋长"一直实行的集中起来统一管理的做法，建立起某种公私合作的关系。联邦警察将负责监督毒贩的生意，即协调、指导甚至通过暴力手段约束他们日益增长的竞争倾向。与此同时，他们将为国家创造一笔稳定的收入，当然也为自己的口袋、为他们在总检察长办公室的上级以及权力阶梯或该党权力顶峰的人带去好处（并不仅仅是偶尔的好处）。革命制度党所寻求的并不是根除，而是控制，是建立一种（有利可图的）"革命制度党的和平"（Pax Priista）。

就在同一年，1947 年，主要是在美国当局的教唆下，米盖尔·阿莱曼政府创建了国家安全理事会（DFS），其性质有点像政治警察，也有点像国家安全局。作为介于美国联邦调查局和新近成立的美国中央情报局之间的某种形态，它将与后者展开极为密切的合作，这是冷战开始后墨西哥与美国结盟的一个标志。美国中央情报局将依靠墨西哥国家安全理事会的间谍获取情报，包括苏联的、东欧的以及后来古巴的官员在墨西哥的一举一动。革命制度党则雇用这些人充当秘密警察，让他们负责监视并镇压国内持不同政见者、民粹分子、工会会员、马克思主义者、共产党人以及其他“暗中搞颠覆的破坏分子”。

通过将扫毒行动作为镇压社会运动和革命制度党的政治对手的一种策略，国家安全理事会迅速进入了总检察长办公室的势力范围。在控制毒品流向美国并从中获利方面，国家安全理事会也开始主动与总检察长办公室串通一气。作为革命制度党的参议员，阿莱曼总统的好友及顾问卡洛斯·塞拉诺上校对于设立国家安全理事会有过帮助（斯蒂芬·尼布洛如是说），并且对其运作一直拥有相当大的权力。美国中央情报局则认为他是个“寡廉鲜耻之徒，积极从事诸如贩毒之类的各种非法活动”，但这并不妨碍他们与之合作。国家安全理事会的实际领导马塞利诺·伊纽瑞塔上校曾受训于美国联邦调查局，他和他的首席代表也受到了美国国家安全局的怀疑，因为他们与大麻和鸦片的流通有很深的瓜葛。

1948 年，墨西哥政府宣布要发起一场摧毁非法罂粟作物的“伟大战役”。警察部门首次得到了一队士兵的支持，在锡那罗亚州展开了行动。1950 年代，此项运动蔓延至下加利福尼亚、索诺拉、贾利斯科、杜兰戈、莫雷洛斯、瓜纳华托和尤卡坦等州。与它设定的斩草除根的目标相比，此项运动在很大程度上是种徒劳。非法种植散布于墨西哥广阔的国土上，种植者常常贿赂官员，让他们放过自己的作物。尽管如此，这一运动仍然影响广泛。联邦政府成功地将毒品政策执行权从当地“酋长”的手中夺回，纳入国家层面，以便让毒贩看清楚谁才是他们的新老板。此举还有个不曾意料到的结果，那就是毒品贸易的集中化。当地毒贩很快就意识到，生意的存亡及兴旺与否不但离不开市、州两级政府当局的保护，还应与联邦武装部门——联邦警察、军队、国家安全理事会和革命制度党的官员达成协议。反过来，这也需要他们凝聚成更大的组织，将地盘拓展到锡那罗亚的腹地之外，去拥抱整个国家。

三

1960 年代—1970 年代

20 世纪六七十年代，毒品交易在美国、欧洲及中东的壮大进一步推动了毒品产业的扩张。

大麻这种过去只是美国人中相当小的一撮人（主要是嬉皮士、城市黑人和墨西哥人）才沾染的东西，如今成了大众消费品。消费的繁荣立即对墨西哥种植者产生了影响，使他们获得了稳定的价格与平稳的需求，以及豆类、玉米这些传统作物无法匹敌的市场优势。单靠锡那罗亚已经无法满足那迅速增长的需求，农民们开始在相邻的杜兰戈州种植大麻，接着是哈利斯科州，然后是瓦哈卡和格雷罗这样的南方州，最终使大麻生产从锡那罗亚一个州的低调行为转变为遍布 12 个州的大规模国家产业。到 1975 年时，整个墨西哥供应的大麻占布拉沃河北部全部大麻消费的 95%。

鸦片世界中也在发生着同样的转变。直到此时，占统治地位的“法国贩毒网”还一直靠科西嘉黑帮将在土耳其合法购买的生鸦片运到马赛的实验室，将其提炼为海洛因，然后运往纽约，在那里黑手党将毒品注入美洲大陆的商业流通体系之中。这个复杂体系的建立可以追溯到 1947 年，就像阿尔弗雷德·麦考伊已经证明的那样，多亏了当时才创立不久的美国中央情报局，在科西嘉黑帮与法国共产党对马赛码头控制权的争夺战中支持了黑帮。到 1960 年代末，美国 80%到 90%的海洛因都是通过这个网络流入的，此时，对共产党的忧虑早已消退，对海洛因贩子的忧虑却在增长，同时打击毒品的力量也占据了上风。1972 年，在美国的鼓励下，土耳其禁止了鸦片种植。虽然他们在 1974 年撤销了禁令，但此时相关产业的满目萧条已经严重抑制了这个网络，引发了美国东海岸城市的海洛因短缺。

这个时期还有一大标志就是蔚为壮观的腐败案。1971 年，电影《法国贩毒网》反映了警察在纽约破获毒品的一起真实案件，片中，缴获的海洛因绝大部分都从纽约警察局证物保管部门神秘消失，被人以面粉和玉米淀粉掉包。后来，又有一批重 300 磅、价值 730 万美元的库存海洛因和可卡因流出警局，成了美国历史上最大的一宗盗窃案。纽约警察局特别调查组的大批精英（人们口中的“城市王子”）都因腐败被撤职查办。

联邦政府官员也遭到了腐败的侵蚀。就像道格拉斯·瓦伦丁指出的那样，安斯林格治下的美国联邦麻醉品管理局因贪腐而千疮百孔。

他一直紧盯着事态的发展，直到1962年退休时才放松警惕，没承想问题却在1968年的一次调查中爆了出来，有证据表明，该管理局本身就是海洛因的主要供应者和保护人。这份报告虽未公开，但正如爱德华·爱泼斯坦所言，实际上，纽约分局的每一位雇员都受到了起诉并被判有罪，随后遭到解雇或者被迫辞职。安斯林格手下的其余人等在1968年被并入美国司法部管辖下的麻醉品及危险药品管理局(BNDD)。很快，这个继任机构也充斥着腐败现象，其数量之多迫使局长只好求助于中央情报局，请他们来帮这个“被欺诈与腐败因素严重渗透，据信与毒品走私产业关系密切”的机构清理门户，中央情报局同意了。墨西哥的情况也是一样，美国麻醉品及危险药品管理局的办事处与墨西哥当地黑手党达成了合作关系，定期收受他们的贿赂，只逮捕大型犯罪集团指定的毒贩，这样既可以让联邦官员积累起可观的逮捕记录，获得快速升迁，又能为那些帮派清除不必要的竞争者。

由于法国贩毒网被切断，毒贩们开始向别处寻找批发供应商。墨西哥便是一个明摆着的选择，因为它毗邻美国，国家安全理事会愿意为毒贩保驾护航，而且墨西哥的地理和气候条件都很理想，可以生产出优质产品，还有大批贫困的底层农业工人可以雇用。于是，地点迅速切换到了墨西哥。一种类似柏油的棕色海洛因——“墨西哥泥巴”开始流入北方。根据1972年的估计，墨西哥供应的海洛因占美国市场的10%到20%；到了1975年，这一数字已高达70%到90%，同时这个市场本身的规模也翻了一番（威廉·沃克尔在其《美国的毒品控制》一书中如是说）。

起初，来自墨西哥的走私情况比欧洲的更分散，因此警察打击起来也更困难。无数不起眼的走私者组成了许许多多小规模的团伙越境经营，即便被抓住，其代价也可以降至最低。涌入锡那罗亚腹地的美元让那些种植者发了财，使他们逐渐被人们称为 narcotraficantes 或 narcos，亦即西班牙语中的“毒贩”，这一称呼意味着他们地位的提升，从单纯的鸦片种植者变成了富有的国际走私者。于是，这些人开始表现出一种与其新地位相匹配的行事风格，在库拉亚坎，他们打造了一个名为“铁拉布兰卡”的街区，盖满了招摇炫耀的房子。

不过，一项打破常规之举是他们的总部设在了杜兰戈。埃雷拉兄弟会从 1950 年代起就经营这桩买卖，已经在芝加哥建立了一个前哨站，人员由不断壮大的庞大帮派的其他成员组成。现在，由于美国方面的需求高涨，这个前哨站开始膨胀为大型组织，并且到 1970 年代末，每年经手毒品 10 吨以上，零售总额达 20 亿美元。埃雷拉兄弟会的海洛因大部分会藏在密封的汽油桶里，从杜兰戈运往芝加哥（49 个小时不间断行驶）。作为这条“海洛因高速路”的终点站，“风之城”芝加哥最终取代了纽约长期以来在批发市场上的统治地位：大约三分之一的货物留在了芝加哥，其余的则通过商业航班运往全国。在杜兰戈，这个如今被称为“墨西哥贩毒网”的组织由 15 个彼此有关的墨西哥家族监督，在族长杰米·埃雷拉·内瓦雷斯的领导下高效运作。管理人员负责监督农民的雇用、罂粟种子的分配、新种植区的开发、鸦片膏的收集、实验室的管理、鸦片的收割与运输。收益会返回墨西哥——以现金的方式用同样的汽油桶走私回墨西哥，后来日益通过电汇（使用汇票和西联汇款）转入杜兰戈城的金融机构，其数量之大相当于美国任何工业城镇的一家全资子公司的收益。除去工资、贿赂（卢普莎与施莱格尔估计每年有1亿美元）之后的净收入被投资于牧场、地产、牛奶场、公寓和度假村的发展。毒品贸易虽然违法，对墨西哥经济来说却有巨大的好处。

在北方，理查德·尼克松总统任职期间（1969—1974），美国耗费了大把力量去对抗持续涌入的毒品。尼克松重启了哈里·安斯林格的打击毒品的计划。精神药物再次与一个不安的社会群体联系起来——这一次，大量的美国年轻人开始抽大麻，在看午夜电影——安斯林格时代的《大麻狂热》[①]（1936）时放声大笑，兴奋到飘飘欲仙。即便是尼克松也不相信大麻会驱使人去强奸、杀人，但他仍像许多文化保守主义者那样，认为大麻确实在让社会变得越来越糟，而这将危及美国文化本身。

1969年7月14日，尼克松就“控制毒品与危险药品”问题向国会提交了一份特别咨文，称“毒品滥用”正在“全国范围内对千百万美国人的健康与安全构成严重威胁”。而总统相信，美国人尚未充分认识到“形势的严峻性”，因此“联邦政府需要紧急协商一项国家政策，以妥善处理这个不断妨害美国公共福利的威胁”。

与此同时，尼克松派出行政官员去墨西哥，劝说对方向大麻和鸦

---

① *Reefer Madness*，一部根据经典的反大麻公益影片改编的作品，讲述了一个少年受大麻的影响而堕落的故事。此刻边吸食大麻边看这部电影是种讽刺。——译者

片作物喷洒除草剂。墨西哥当局拒绝了这项提议，就连那些同情尼克松计划的人也担心此举会造成生态恶果：他们提到了越战中使用橙剂所产生的可怕的副作用。受挫的尼克松在 1969 年 9 月发起了一个阻断毒品的计划（Operation Intercept），由总检察长约翰·米切尔监督、G. 戈登·利迪（两人后来因“水门事件”而出名）策划安排，目的是（不打招呼地）恐吓墨西哥乖乖接受此事。2000 名稽查员开始一丝不苟地彻查每一辆过境的汽车，搜查（有时是脱衣搜查）每个人、每辆车、每件行李（包括手提包和饭盒），由此造成交通堵塞长达数十英里，实际上等于关闭了边境。在经历了痛苦的 20 天并饱受各方的猛烈攻击和抱怨之后，尼克松叫停了此次行动。但就像安斯林格的做法一样，它已经奏效了。墨西哥以强硬手段发起了另一场“伟大战役”（就像 1948 年那次一样），这一次他们恭顺地将其命名为“合作行动”。尽管如此，墨西哥（将这次联合行动称为 CANADOR，大麻和鸦片的首字母缩写）仍然可以通过加强自身在手动扫毒方面的努力来阻止美国提出的在空中喷洒除草剂的要求。墨西哥士兵获准用棍棒或砍刀去除鸦片和大麻作物，其代价是允许美国执法部门进入墨西哥，监督他们的操作。[①]

此时，尼克松转向了立法行动，1970 年通过了《药物滥用综合预

① 这一回合的结果出乎意料，毒贩发现如果无法穿过陆地边境，不如从空中飞越。很快，他们就建起了空中运输系统。“合作行动”清除了较弱的走私者，却壮大了规模更大、财力更强的贩毒团伙，比如埃雷拉兄弟会。而在美国，相当多的年轻人对于大麻的短期紧缺的反应也令大家措手不及，他们转而用起了致幻药 LSD。

防控制法案》[①]。这一法案巩固了联邦政府之前的地位，强化了联邦禁毒特工的权力。其第二部分——《受管制药品法案》——为打击毒品的行动提供了法律依据。随着竞选连任的临近，尼克松艰难前行，挑起了美国社会广泛的道德恐慌。他无视美国大麻与药品滥用委员会（他自己于1971年建立的）发现的令人尴尬的结论——其报告称，没有证据表明大麻是有害的或者会让人上瘾，并且建议将持有大麻非罪化，（在当年6月）以被过分夸大的统计数字为依据，坚称“贩毒是公众的头号敌人”，对此“我们必须举全部政府部门、全国乃至全世界之力予以打击”。

1973年，尼克松在再次安然入主白宫（他以为）后，下令建立美国缉毒署（DEA）。这个由腐败不堪的麻醉品及危险药品管理局和其他一些机关合并成立的机构，被赋予的使命是“建立一个统一的指挥部，发动一场全面打击毒品威胁的全球性战争”。尼克松于1974年辞职，但美国缉毒署却比它的创建者存在得长久，其存在的目的就是对毒品展开持久战。成立之初，美国缉毒署有1470名特工，一年的预算不足7500万美元。而今它拥有5235名特工，在国内设有227家办事处，在62个国家设有驻外办事处，每年预算约有25亿美元。

尽管尼克松羞辱了墨西哥，但他在墨西哥并非无人支持，尤其是墨西哥总统古斯塔沃·迪亚斯·奥尔德斯（1964—1970），其对于尼克

---

① 即 Comprehensive Drug Abuse Prevention and Control Act。——译者

松有关文化影响力的观点颇为赞同。奥尔德斯总统个人极其厌恶抽大麻的墨西哥学生，称那些大学是“藏污纳垢之所”。但是，与尼克松一样，他对毒品有着更深的忧虑，这不仅源于其强硬的个人作风，还因为他察觉到了毒品对革命制度党权力的挑战。年轻一代中，许多人将一党制国家视为专制者，认为在其精心粉饰的社会主义外表之下，实际上是一个威权主义政府。与尼克松一样，偏执的奥尔德斯总统将政见分歧视为共产党的阴谋，并攻击那些呼吁民主改革的人——作家、记者、编辑、愤愤不平的工人，尤其是学生。

1966 年，奥尔德斯总统派空降兵占领了一些大学，这些学校的学生曾经举行过示威活动。1968 年，就在墨西哥要举办夏季奥运会的几周前，不听话的街头抗议者威胁要抹黑墨西哥在国际社会的形象，被激怒的迪亚斯·奥尔德斯命令全副武装的卡车驱散宪法广场上的数千露营者，当时的场景令人想起了与苏联坦克对峙的布拉格年轻人。接着，迪亚斯·奥尔德斯精心策划了对毗邻墨西哥城的特拉特洛科（Tlatelolco）文化广场上的示威学生的大屠杀，他下令军队、警察及准军事武装放开手脚，用步枪、火箭筒、机关枪从各个方向向人群开火。2000 人被包围，被剥去衣服毒打；其中一些人失踪，估计死者多达 300 人，由于尸体被卡车运走并焚烧，这一数字并不准确。此次屠杀激起了墨西哥全国上下以及国际社会的愤慨。

1970 年，美国肯特州立大学的学生因抗议尼克松将越南战争扩大至柬埔寨而遭到警察开枪射击，尽管此次事件激起了超过 400 万学生的全国大罢课，但比起特拉特洛科大屠杀实在是小菜一碟（在俄亥俄有 4 人被杀，9 人受伤）。同样，“地下气象预报员”[①] 的出现以及他们在 1970 年代早期搞的爆炸活动，是墨西哥城市游击队转向以武力对抗他们认为残忍而又麻木的统治者而采取的一种相应的行动。由于墨西哥农业部门的危机不断增长，农村出现了叛乱，这种情况是美国那边所没有的。

在格雷罗州山区，毕业于阿约特兹纳帕学校的卢西奥·卡巴纳斯，从教师转变成了革命者，他打造了一小支被称为“穷人党”的武装力量，致力于绑架、抢银行，为武装暴动提供资金。到 1971 年为止，新一任总统路易斯·埃切维利亚（1971—1976）已经向该地区派出了 1.2 万人的部队。虽然他与智利和古巴的社会主义政府之间建立了更为紧密的联系，又为臭名昭著的“秃鹰计划”[②] 的受害者提供庇护，但他仍然坚决反对游击队在墨西哥发展壮大，还派国家安全理事会的特工向各种左派组织渗透。1974 年，在卢西奥·卡巴纳斯绑架了一位千万富翁、革命制度党参议员兼州长候选人之后，总统将该地区的军队

---

① Weather Underground. 1960 年代，美国涌现出大量左翼激进组织，其中“学生争取民主社会”（Students For Democratic Society，简称 SDS）是反战先锋，从中分化出来的“地下气象预报员”更是激进中的极端，悍然打出推翻美国政府的旗帜，宣传“把越战带回美国本土”的行动纲领，号召暴力革命，砸烂资本主义。“气象预报员”的名称来自鲍勃·迪伦的歌词“你不需要气象预报员来了解天气”。他们的典型行动，是一系列事先张扬的大规模爆炸，攻击目标直指象征美国国家机器的机构和建筑，如国会大厦、银行、石油财团、联邦调查局等，其核心成员被视为恐怖分子。——译者

② 1970 年代，南美洲的阿根廷、巴西、智利、玻利维亚和乌拉圭等国的军人政府秘密地频繁接触，决定在间谍、信息、镇压左派、审讯政治犯等方面展开合作。——译者

人数增加到了2.4万人。部队在当地展开了扫荡式围捕，刑讯逼供，秘密处决了一些人。仅在阿托亚克-德阿尔瓦雷斯一市，军队就让约400人人间蒸发。卡巴纳斯本人也在这一年死于与军队的枪战中。

埃切维利亚总统与美国的关系并不特别亲密，他一直极不情愿扩大其前任遗留下来的“合作运动”（即CANADOR）。但在1976年9月，正当埃切维利亚准备将总统权力移交给他选择的继任者若泽·洛佩兹·波蒂略（1976—1982）时，他的政府却这么做了。这一突然转变，部分是因为美国的坚持；部分是因为对毒品产业的规模迅速膨胀的担忧，它后来覆盖了近60万平方公里的地区，包括大约30万片鸦片田，其中有些面积超过了40亩；还有部分原因是出于对与贩毒有关的暴力不断升级的警惕。在库拉亚坎，街头枪战已是家常便饭，锡那罗亚的报纸上充斥着对日益增长的毒品威胁的抱怨。革命制度党也因农业土地上爆发的动乱感到惊惶不安：大规模的土地征收与绝望的农民对当局的武装反抗，还有日益加深的农业危机所带来的巨大压力。这两个问题实际上是一体的，因为千千万万的农民已经置身于毒品经济之中，准备拿起武器捍卫他们新的经济命脉。

政府决定展开彻底的地面打击，批准他们此前拒绝美国采取的空中喷洒药物行动，同时授权美国低空侦察目标地区。新上任的洛佩兹·波蒂略政府，其目标是“彻底铲除鸦片种植，并尽力与美国及其他国家开展最大范围的合作”。墨西哥总检察长预计，毒品运输将在半年内终结，而他们没有公开表明的是在禁毒运动的掩护下镇压农民叛乱的决心。很快，这一计划被更名为“秃鹰计划”，以此为代号的这场由美国支持的政治迫害与暗杀运动，1975 年后由南美国家的一群右翼独裁者实施，其对象是游击队、不同政见者、学生、社会活动家、工会与学者。在这场长达 10 年的“肮脏战争”中，上万人遇害或失踪。墨西哥方面的行动由约瑟·赫尔南德斯·托雷多负责，正是他下令军队在特拉特洛科实施了大屠杀。

1977 年初，一万名战士对位于锡那罗亚、杜兰戈与奇瓦瓦三地交界的金三角地区发动猛攻。他们袭击村庄，踢开房门，拖走了数百名年轻人，对其中一些人进行了殴打和折磨（电击、火烧、往鼻子里灌辣椒水），上百人从此销声匿迹。军队还洗劫民宅，强奸妇女，掠夺财物，这些行为又加剧了农民的武装反抗。而在空中，美国提供的飞机开始向鸦片作物喷洒 2，4－D 酸[①]，向大麻作物喷洒有毒除草剂“百草枯”。最终毁掉了成千上万块土地和农田，查获了数百公斤毒品。

美国缉毒署和当时的吉米·卡特政府（1977—1980）为墨西哥的“模范行动”大唱赞歌，实际上“秃鹰计划”也的确极大限制了穿过边境进入美国的毒品数量。至 1979 年为止，进入美国的海洛因数量几乎少了一半，但这场胜利多多少少有些暧昧，因为供货者对短缺的反应是抬高价格（1 毫克的市价从 1976 年的 1.26 美元，涨到了 1979 年的 2.25 美元），而这反过来又拉高了犯罪率，因为吸毒者为满足自己更加

---

① 即二氯苯氧乙酸。——译者

昂贵的嗜好什么事都干得出来。[1]

不曾预料到的后果还在继续发酵。当“秃鹰计划”冲击锡那罗亚时，毒贩的大头目们居然毫发无伤地幸存了下来，只是挪了个地方。[2]他们将生意从山沟里转移到墨西哥第二大城市：贾利斯科州的瓜达拉哈拉。他们在那里买下了富丽堂皇的别墅，以更大规模继续经营他们的买卖。“秃鹰计划”在无意间通过剔除小鱼，使毒品交易更加集中了，也使那些有能力收买警察、军队、国家安全理事会及革命制度党政客的大鱼的实力得到了壮大。

也许，最近这次“伟大战役”的主要成果就是巩固了 1940 年代、1950 年代、1960 年代初步建立起来的“市场体系”。“秃鹰计划”也提醒了黑帮谁才是老大，而当该行动在 1970 年代末变得懈怠时，毒品生意又恢复到了之前的水平，并且进行得更加有条不紊。一些政府机构（特别是国家安全理事会，其立下的军令状就是打击毒品交易）在战略过境点设立了非官方批准的交易通道，毒品必须通过这些通道进入美国。控制“市场体系”的并不是犯罪分子，而是一个个检查站，联邦警察或军队在此迎接毒贩们的到来，也在此收受贿赂或者搜查（偶尔

① 1979 年，埃雷拉兄弟的组织遭到直接打击，但是，尽管查获了 39 公斤的海洛因，还有三个芝加哥的头目被抓，毒贩的大头目和这个组织本身却一直活动至 1980 年代，直到 1988 年的“杜兰戈行动”使杰米·埃雷拉、内瓦雷斯落网。然而当时，该组织的下一代已经开始多元化经营可卡因和冰毒，并一直在顶风作案。

② “秃鹰计划”中，种植园的主人已经得到政府的默许，在他们的田地里插上旗子，提醒飞行员不要喷洒药物，只能洒水和肥料；当时一直是干旱天气，因而有人认为是天气而并非清除毒品行动造成了毒品产量的急剧下降。

也杀死）任何不肯交钱的人。这个体系也使得他们可以囤积缴获的毒品，从而证明他们正在与毒品犯罪英勇斗争。实际上，国家的监管使毒品处于控制之下，弱化了其中的暴力，而同时又让监管者们获利丰厚。

在受监管者保护的区域，毒品中间商的野心不断膨胀。有些人开始组织更大规模，甚至超过其承受能力的经营活动。他们不再从小型家庭农场购入大麻，而是建起了属于自己的超大型种植园。其中一位最大胆的创新者就是拉斐尔·卡罗·昆特罗，一个来自锡那罗亚毒品王国的中心——巴迪拉瓜托的毒贩。卡罗·昆特罗出生于1952年，曾像他父亲一样以畜牧业为生，后来转行去开卡车，之后又在一个豆类和玉米的种植园里务工。1970年代中期，他搬到相邻的奇瓦瓦州，开始在他兄弟的农场里种大麻。随后的5年里，他扩大了经营规模，买下了当地的一些农场，积累了一笔财富。到1980年代早期，他经营起了一个巨大的水牛农场——一片2500亩的沙地，约7000名工人在此劳作，实际上这里的情况如同奴隶制下的种植园，地里种植的无边无际的大麻作物需要25个足球场大小的棚屋才能晾干。其年产量——价值80亿美元——大得足以满足美国市场一年的全部需求。到1981年，卡罗·昆特罗已经能够轻松支付巨额贿赂给奇瓦瓦州警察部门的指挥官、当地政客、军队，尤其是米盖尔·纳萨尔·哈罗。这个卑鄙的家伙，因其在1968年特拉特洛科大屠杀中的所作所为而臭名昭著，又凭借他那支“白色旅”（White Brigade）死亡小队在“肮脏战争”中发挥的作用，于1978年被任命为国家安全理事会的领导。1980年代早期，卡罗·昆特罗紧跟产业集中化的新潮流，与另外两个一直努力开辟全新的毒品阵地的重要人物结盟。这一次又得感谢他们的北方邻居。

1970 年代和 1980 年代，可卡因如野火般在美国大地上蔓延。如果说人们通过大麻表达政治上的不满、反传统、和平、爱和宽慰，那么可卡因这种迪斯科毒品则象征着魅力、速度、性、生意和金钱。大量的金钱——因为可卡因的利润远高于大麻，能带来数十亿美元的交易。一开始，这些利润并未流到墨西哥人手里，而是进了哥伦比亚人的腰包，因为这个国家的气候非常适宜古柯叶生长。哥伦比亚人不仅从事生产，还负责运送。麦德林（Medellín）的匪帮将大部分可卡因直接运往佛罗里达，他们跨越 900 英里的直线距离将货物空投到海上，再让人从那里找到货物，乘快艇上岸——禁酒令期间，走私的酒就是从停靠在朗姆酒线（Rum Row）① 上的货船里运进来的，就在距离海岸 3 英里的海上。

哥伦比亚人很有先见之明，他们在 1970 年代初就启动了一项飞行员计划，致力于发展一条跨越墨西哥的备用路线。开始，他们依靠两个非墨西哥人来运作这一计划。他们的直接联系人是个洪都拉斯人，名叫朱安·雷蒙·马塔·巴列斯特罗斯，他将可卡因运到墨西哥，再从那里转手给古巴裔美国人阿尔贝托·西西里·法尔孔，一个以蒂华纳为据点的歹徒，由他将货物运过边境。西西里·法尔孔绝非寻常的

① 美国禁酒令时期的一个专有名词，指的是一艘满载酒的船只，必须停泊在美国海岸线之外。在 1924 年 4 月 21 日之前，海上的限制是 3 英里。——译者

黑帮分子，他在1959年卡斯特罗访美之后离开古巴，来到迈阿密，在那里接受了中央情报局的训练，参加对他前祖国的偷袭和武器运送。根据斯科特和马歇尔的说法，他在1972年又转移到了墨西哥，凭借与国家安全理事会的关系——墨西哥的国家安全理事会与美国的中央情报局之间形成了密切的合作——他建立起了一项业务：将马塔的哥伦比亚货物卸到美国加州。就在埃切维利亚总统和尼克松总统加大打击大麻与鸦片的力度的同时，一个年产值50亿美元的可卡因帝国随着美墨两国银行提供的洗钱业务诞生了。实际上，西西里·法尔孔在蒂华纳的经营基地“圆屋”（The Roundhouse），就是由国家安全理事会一伙配备了AK－47自动步枪的特工来保卫的。

在美国缉毒署的特工1976年渗透进这个组织后，西西里·法尔孔的好日子到头了。美国缉毒署教训了他手下的几个毒贩，又让墨西哥方面逮捕了他。这不是国家安全理事会与中央情报局在合作中第一次各自心怀鬼胎，也不是最后一次。定罪后，西西里·法尔孔被打发到监狱去了却残生，成了第一个被拿下的大毒枭。毕竟，他是个外国人嘛。

西西里·法尔孔已成历史，马塔又与锡那罗亚黑帮中冉冉升起的明星们培养起了感情。其中包括拉斐尔·卡罗·昆特罗（人称“大麻主宰者”）、欧内斯托·丰塞卡·卡里略，还有地位最高的米盖尔·安赫尔·菲利克斯·盖拉多。1946年出生的菲利克斯·盖拉多，是个土生土长的库拉亚坎人，曾加入锡那罗亚的司法警察队伍，担任州长的保镖，然后悄悄地干起了毒品买卖，在“秃鹰计划”之后离开锡那罗亚去了瓜达拉哈拉。1970年代中期，马塔的贩毒网甫一建成，他与他的同伴就成了墨西哥运送哥伦比亚可卡因的头号人物。然而，直到1980年代初，他们的转运量总计只占美国可卡因消费的30%。将他们推向超光速发展阶段的，是罗纳德·里根1980年的总统大选。

四
1980年代

里根将自己打扮成一个尊重法律和秩序的人，准备逆转吉米·卡特任内一系列懦弱无能的政策，不过，卡特确实把这个国家从尼克松的狂热中拉了出来。中产阶级父母越来越没兴趣让自己的孩子远离大麻，只有极少数人坚持认为大麻是有害的。对于这种情况，卡特的反应与里根不同，后者与安斯林格一脉相承，也断言大麻“极有可能是美国最危险的毒品”。但卡特很不走运，吸食可卡因的人在他眼皮底下爆炸式增长，以至于里根顺利地成了尼克松转世，刚一上任就重启了打击毒品的战争。1982 年 1 月，里根成立了南佛罗里达毒品稽查队，面对面地迎战可卡因巨头们。该机构由副总统乔治·H·W. 布什领导，吸收了陆军和海军力量，旨在打击迈阿密的毒品犯罪行为。

他们的行动奏效了。侦察机与武装直升机截断了哥伦比亚—佛罗里达之间业已形成的广泛的贩毒网。缉毒行动让麦德林的毒贩头目们损失了上亿美元，但他们有个现成的补救方法：哥伦比亚人放弃了自己直接运货的业务，然后加大了经过墨西哥通道的货物量。起初，利润主要流回了南美洲。据《福布斯》杂志估计，麦德林的头号走私犯巴勃罗·埃斯科瓦尔的个人身家约 90 亿美元，这使他成了有史以来最富有的罪犯。但是渐渐地，墨西哥人从仅仅从事高回报的走私服务，转而要求进行更充分的合作。很快，菲利克斯·盖拉多、丰塞卡·卡里略与卡罗·昆特罗提供的可卡因就占到了不断扩大的美国市场的 90%，这些钱洗白后，一年利润估计有 50 亿。仅在一个月内，就有 2000 万美元通过美国银行的圣地亚哥分行汇入他们的腰包。

到了 1984 年，美国缉毒署在提到三足鼎立的哥伦比亚贩毒集团时，开始称他们为“瓜达拉哈拉卡特尔”、“麦德林卡特尔”和“卡利卡特尔”。虽然这种称呼让人联想到这些组织具有惊人的财富和权力，但还是有些误导。“卡特尔”通常是指一个由多家公司或多个国家组成的大财团，旨在消除竞争和不受欢迎的对手，避免价格战和利润缩水。石油输出国组织——“欧佩克”（OPEC）就是那个时代价格垄断组织的头号例子。瓜达拉哈拉人确实建立了联盟——实际上，他们形成了垄断——但他们联合的只是单干的黑帮分子或者小帮派，并非大型的政治或经济组织。这个名字还是就此保留了下来，尽管该联盟的成员并不买账。

“卡特尔”还存在着另一层意思上的误导，即它忽略了墨西哥政府在其中所处的中心地位。瓜达拉哈拉卡特尔的繁荣，很大程度上是因为它受到了米盖尔·纳萨尔·哈罗（1978—1982）及其继任者约瑟·安东尼奥·索利亚·佩雷斯（1982—1985）领导的国家安全理事会的保护。国家安全理事会是黑帮的保护伞，他们利用墨西哥警察的无线电系统拦截美国警察的监视信息，以确保装有毒品的卡车安全通过边境；他们大肆分发国家安全理事会的徽章（美国缉毒署的特工很难不注意到，他们每次逮捕的高级毒贩都携带着国家安全理事会的证件）。纳萨尔·哈罗卖力地为瓜达拉哈拉集团效劳，最终因为贪婪而自食其果。1981 年，联邦调查局在圣地亚哥逮捕了他，因为他向美国走私汽车，这是其毒品生意附带的一宗没必要的生意。的确，是中央情报局提拔了他，坚称他“是其墨西哥城办事处一个必不可少的、关键的联络人”，但纳萨尔·哈罗公然辜负了他们的期待，自然要被处理掉。其继任者索利亚·佩雷斯最初证明了自己足以胜任这个职位，但后来情况有点尴尬，并且他还因下令杀害一位杰出记者被判处 35 年监禁。

事实证明，瓜达拉哈拉集团从别国——罗纳德·里根的政府——得到了更为关键的支持，但这一次并非无心（就像关闭“迈阿密走廊”所带来的预料之外的后果），而绝对是有意为之。

从 1982 年开始，中央情报局和白宫的官员们（比如奥利弗·诺思和艾利奥特·艾布拉姆斯）一直在想办法绕开美国国会对进一步援助尼加拉瓜反政府军的禁令，这支受到美国支持的准军事武装试图推翻尼加拉瓜的桑定（Sandinista）政府。他们想到了一个办法，就是通过墨西哥毒贩偷偷运送武器给这支反政府军。在那段时间里，菲利克斯·盖拉多每个月都会把 4 吨可卡因运进美国，然后以大杀伤力武器、现金、飞机和飞行员等方式向反政府军提供“人道主义援助”。而卡罗·昆特罗的一个农场实际上成了训练基地，由国家安全理事会——中央情报局信任的墨西哥分支机构——管理。作为回报，华盛顿方面采取了相反的态度，允许墨西哥加工的大量强效可卡因（crack cocaine）涌入美国城市街头，这种极易上瘾且销量巨大的毒品对贫困社区造成了严重破坏，还爆发了争夺市场份额的枪战，导致犯罪率飙升。

美国缉毒署因为国家安全理事会和中央情报局与实力日益壮大的贩毒卡特尔之间走得很近而越来越沮丧。缉毒署特工恩里克·“基基”·卡马雷纳，自从 1980 年起就一直在瓜达拉哈拉工作，曾一再向华盛顿抱怨黑帮们受到的庇护。1984 年 11 月，他成功说服国家安全理事会的对头——联邦司法警察突袭了水牛农场。当 450 人乘坐直升机摧毁田地、烧掉一万吨大麻之后，怒不可遏的卡特尔头目们绑架了卡马雷纳，先折磨，然后杀害了他。其尸体最后在米切肯州某个养猪场的一个浅坟里被人发现。

美国缉毒署震怒。首先，他们开始追查凶手。卡罗·昆特罗挥舞着他的国家安全理事会徽章，在瓜达拉哈拉机场逃过一劫，最终在哥斯达黎加被抓获，经过审判、定罪，被判入狱。索利亚·佩雷斯则因为给他发了徽章而被解雇，丰塞卡·卡里略也步了卡罗·昆特罗的后尘，至此，只有菲利克斯·盖拉多仍未被找到。接着，美国缉毒署向媒体披露了国家安全理事会与坏蛋们沆瀣一气的真相，这些真相一直被隐瞒着。当然，美国方面自始至终都是知情的，之所以秘而不宣，是因为在里根政府任期内，中央情报局的“反共牌”压住了美国缉毒署的“反毒牌”。此外，美国缉毒署还曝光了涉案的革命制度党资深政客的腐败行径，对该党形象和声誉造成了沉重打击。因此，米盖尔·德·拉·马德里政府（1982—1988）解散了国家安全理事会，把一些特工和警察部门的指挥官送进了监狱，但还有很多人只是换了身制服，转而去其他联邦机构任职，比如早已成立的联邦司法警察或是中央情报局的墨西哥版本——国家安全研究中心（CISEN）。

卡马雷纳遇害的丑闻，提升了缉毒署在美国政府中的政治地位，不但使其扩张为一个庞大的官僚机构，还促成了 1986 年的《反毒品滥用法》[①] 的通过。该法案要求美国缉毒署的分支机构每年提交一次报告，证明所有接受美国援助的国家都在全力配合美国的禁毒工作，或者在自行采取充分有效的措施。（如此一来，作为世界上最大的毒品消费国的美国又自命为法官，就这个美国自己都未能解决的问题对别国的情况指手画脚。）如果被问到的这个国家不符合美国的要求——墨西哥显然就是这样一个国家——它就会被美国从所有对外援助项目中排除掉。更糟糕的是（尤其是对墨西哥而言），美国将对这个国家向多边发展银行（例如国际货币基金组织［IMF］）申请的所有贷款请求提出反对，而这一点对那个国家来说无疑是致命的。

也正是在 1986 年，随着强效可卡因的飞速泛滥，“伊朗门事件”

---

① 即 Anti-Drug Abuse Act。——译者

的丑闻曝光，再加上美国中期选举的临近，里根提高了他宣传禁毒战的调门。“我的同龄人会记得，当美国在第二次世界大战中遭到袭击时，我们是如何积极行动起来的，”他大声疾呼道，“现在，我们面临着另一场争取自由的战争!”他签署了《国家安全决策指令》[①]，宣布毒品交易对国家安全构成了威胁。这份指令准许美国国防部介入各种各样的禁毒活动中，尤其是发生在美墨边境上的。

墨西哥总统德·拉·马德里老老实实地依样而行，也宣布毒品交易是对墨西哥国家安全的威胁，授权军队扩大其对于禁毒行动的参与。在这件事上，他别无选择。墨西哥已经陷入全面的经济危机，做出保证，从而获得贷款，目前已变得至关重要。在全力应对经济危机的过程中，德·拉·马德里将在这个国家的经济与政策领域发动一场深刻的变革，这场变革会对从事毒品生意的组织产生极大影响。

自1930年代卡德纳斯执政以来，革命制度党就一直实行干涉主义的发展政策，试图促进墨西哥的工业化，并通过征收关税、限制外资所有权、投资能源与交通领域的基础建设、补贴农民、提供充分的社会服务，使国家经济实现更大程度的自给自足。总的来说，他们做得不坏：从1940年到1970年，国民生产总值增长了6倍。在1970年至1976年的6年任期内，埃切维利亚总统通过将600多家企业——电影公司、汽车制造厂、酒店、出版机构——国有化，以及承担重大的公

① 即 National Security Decision Directive。——译者

共工程建设（公路、排水系统），尤其是墨西哥城的，极大地扩大了国有经济的发展。在这一国有化过程中，许多项目都获得了国际货币基金组织或世界银行的贷款支持，国家债务也因此增加了 3 倍。埃切维利亚总统之所以敢如此大手大脚，是因为 1972 年在塔巴斯科州大草原发现了储量巨大的油田——那里很快被称为“小科威特”，之后又在坎佩切湾的浅海地带发现了储量更大的油田。这些资源的潜在价值因 1973 年欧佩克成功地推高了全球油价而急剧提升。

不过，这个国家还是没能逃脱 1970 年代中期爆发的全球经济衰退的影响，它导致对墨西哥工业出口的需求下降。1976 年，埃切维利亚总统被迫让比索贬值。当比索贬值一半，通货膨胀大幅飙升，资本纷纷外逃以寻找更安全的地方。在洛佩兹·波蒂略的 6 年任期里，救星出现了——油田的喷油井投入运行。到 1979 年，仅坎佩切湾油田一天就可生产 150 万桶原油。国有石油垄断企业——墨西哥国家石油公司（PEMEX）这下可以停止进口石油并开始出口了。企业收入从 1976 年的 5 亿美元攀升到 1981 年的 130 亿美元，后面这个数字是受到了又一轮石油价格上涨的推动，因为 1979 年伊朗爆发革命暂时缩减了石油产量。

另一笔意外之财接踵而至。当美国银行家到达墨西哥城时，他们的手提箱里塞满了急于借给这个石油储量丰富的国家的石油美元①。

① 石油美元（petrodollar）是欧佩克的石油生产国得到的增值收入，他们将其交给美国和欧洲的银行家代理投资。在墨西哥，第一国家城市银行的瓦尔特·惠斯顿掌握着这只钱袋子——靠这笔钱的巨额数目和流动赚取了巨大的收益——他认为，既然国家不可能破产，这笔危险的贷款就万无一失。

截至1981年，这里已探明的石油储量预计为2000亿桶（《财富》杂志有篇文章题目是“银行家们为什么突然爱上了墨西哥”）。洛佩兹·波蒂略很乐意以石油换取资金，撬动墨西哥未来的发展，他还在革命制度党的国家主导发展战略上下了双倍赌注。

大量的公共支出流向了生产型企业，墨西哥国家石油公司就是其中一个。1977年到1980年期间，石油公司得到了126亿美元的国际贷款，相当于墨西哥全部外债的37%，这笔钱被用于海上钻井平台的建设和运转，以及建造岸上的加工设备，扩建炼油厂，继续进行石油勘探，购买国外的生产资料和专业技术。这些投入使得墨西哥的石油产量从1977年的4亿桶，提高到1980年19亿桶。另一些则投入铁路、公路及制造业，帮助墨西哥经济实现了每年8%的增长。

但是，大部分支出被浪费在了欠考虑的项目、经常性支出上，而非资本支出以及官僚机构自私自利的扩张（及其薪资）上。其中一些公然用于裙带关系或腐败中。这种腐败，就像谚语所说的那样，鱼从头臭起。原因之一是革命制度党的体制几乎赋予其法老式总统以无限的权力。洛佩兹·波蒂略把自己的亲戚（妻子、姐妹、儿子）都塞进了政府高层，让一个情妇做了旅游部长，并吹嘘这一切。“我儿子就是我裙带关系的骄傲。”他得意地宣称。

洛佩兹·波蒂略的密友、工程师乔治·迪亚斯·塞拉诺坐上了墨西哥国家石油公司的头把交椅。在成功地扩大了新油田的开发的同时，迪亚斯·塞拉诺与这家公司的许多高管一样，也将手伸向了公司利润。后来，他因此入狱5年。洛佩兹·波蒂略总统当年学校里的室友——

“黑人”阿图罗·杜拉佐，被任命为墨西哥城的警察局长。在他之前的6年总统任期里，杜拉佐是墨西哥城首府贝尼托-华雷斯国际机场的警长，在他的帮助下，该机场成为哥伦比亚可卡因的重要转运点。现在，他又将全市2.8万人的警察部队改造成一个贩毒网，先把可卡因小包分发给旅长们，再由他们卖给下属去消费，并出售给公众。在杜拉佐1978年至1982年任职期间，警察肆无忌惮地强奸妇女，后者很快明白绝不能向警察求助。实际上，一看到有警察走过来，她们就往相反方向跑去。

墨西哥的外债稳步增加，从1976年的200亿，到1982年的近590亿。但是一开始它似乎还能应付，后来就难以招架了，主要是因为局势发展超出了其可控范围。1970年代中期，美国的通货膨胀又让墨西哥的经济衰退雪上加霜，很大程度上是因为欧佩克成功地提高了原油价格。为了像福特总统（1974—1977）呼吁的那样“立刻打垮通货膨胀”，保罗·沃克担任主席的美国联邦储备银行1979年开始提高利率，最终将基本利率从12%提高到21%。到1980年，高利率导致了更严重的衰退，通货膨胀的确下降了，但它的实现靠的是将失业率抬高到1930年代大萧条以来从未出现过的程度。

沃克在美国造成的这次经济衰退，对墨西哥产生了更具破坏性的影响，因为短期贷款的滚动利率几乎翻了一番。到1982年，单单是付利息，一年就不止80亿美元。更糟的是，随着支出猛增，收入却下降了。原油价格下跌，是因为全球经济衰退使得需求减少，而伊朗石油回归市场又使供应增加。1981年到1982年之间，墨西哥石油价格从

78 美元一桶跌至 32 美元一桶。与此同时，墨西哥的资本又因比索对美元的贬值而外逃。在 1982 年 1 月到 6 月间，120 亿美元逃离墨西哥，导致比索不得不一再贬值，从 20 比 1 降到 50 比 1，再到 150 比 1。

墨西哥明确表示它将不再支付利息，美国银行吓坏了。如果墨西哥破产，全美最大的 13 家银行将共计损失 600 亿，即他们共同资本的 48%。并且，一旦墨西哥破产，绝大多数拉美国家也会跟着垮台，这很可能会引发整个国际金融体系的崩溃。于是，美国拿出了数十亿美元的一揽子贷款和信贷，并拟订了一个非官方的债务延期计划。世界银行与国际货币基金组织也被拉进来，向墨西哥提供紧急贷款，以使其恢复对美国银行债务的偿还，从它们的鲁莽行为中把它们拯救出来。这些机构采用了 1975 年“纽约财政危机”中制定的方案，现在对墨西哥实施“结构性调整”。债权人要求将公共服务私有化，削减政府的社会项目，对外资扩大开放，集中力量偿还贷款和利息。这种粗暴的干涉被赋予了一种意识形态光环，使人重新认识到了市场对于国家的固有优势，只不过这次它被重新包装成了“新自由主义”。

执行上述要求的使命落在了米盖尔·德·拉·马德里总统（1978—1982）的肩上。他曾是洛佩兹·波蒂略任内的计划与预算部部长，是革命制度党的技术官僚中名声较好的一位。德·拉·马德里并非从该党的群众政治组织中脱颖而出，而是崛起于金融和石油机构。他不需要被动地走上这条新自由主义道路，在哈佛大学肯尼迪政府学院时，他已经领悟了其中的教义。他认为，国家机构是墨西哥的负担，应该甩掉，连同革命制度党遗留下来的许多项目和意识形态一起丢弃。

但他无意抛弃一党制，甚而还打算利用革命制度党来个180度的大转变。德·拉·马德里对许多规模较小的国有企业进行了私有化，削减基础设施的投入，降低关税，不向精英征税，鼓励外商投资。他还削减政府对农业部门的补贴，令其采取以出口为导向的模式并开始种植庄稼，不是为了养活墨西哥人，而是为了还外国债权人的债。

第一轮休克疗法付出了可怕的代价。经济触底，停滞不前达10年之久。许多行业陷入崩溃，至少失去了80万个工作岗位。农民们背井离乡，从凋敝的乡村成群涌入失业率高企的墨西哥城。实际工资因通货膨胀高达100%而直线下降。到1987年，据墨西哥政府估计，半数以上的人口营养不良。与此同时，债务从1982年占GDP的30%，增加到1987年的60%。1980年代因此成了“失落的十年”，上百万生命被葬送。

屋漏偏逢连夜雨。1985年，大约一万人死于墨西哥城的8.1级大地震，墨西哥城也几乎毁于一旦。国力疲软的早期迹象，部分是由于思想上的麻痹，政府除了愚蠢地拒绝了美国及其他国家提供的援助外，对这场灾难并没有采取有力的应对措施，而在低估死亡人数上倒是尽了全力。是墨西哥平民，尤其是青年和妇女，扛起了救灾的重担，为幸存者提供食物和基本的庇护所。之后，他们开始要求城市重建。各种民间组织在更广的范围内涌现出来，铸成旨在反对经济紧缩计划的社会运动。人们反抗被逐出自己的家园，反对侵吞土地，要求政府提供公共物品。人们对革命制度党威权统治的长期不满，现在因为对其效率低下和思想上的反复而更加愤怒。很快，这股怒火将被引向推翻革命制度党政权的政治运动。

五

1988年

1987年，德·拉·马德里总统选择卡洛斯·萨利纳斯·德·戈塔里作为自己的接班人，后者曾任计划与预算部部长，在总统以新自由主义攻击墨西哥革命遗留下来的社会契约时，一直是他在出谋划策。作为革命制度党准世袭领导阶层中的一员——他的父亲毕业于哈佛大学，曾在1960年代担任商务部部长——萨利纳斯于1978年获得了哈佛大学政治学博士学位，1982年加入德·拉·马德里内阁，成为最年轻的阁员。正是这个人力主将人们的实际工资砍掉一半，使失业率几乎飙升至18%，而他确信还可以采取更多类似措施。墨西哥臃肿的政府机关也应该裁员，经济应该放松管制，以便更符合外国银行与投资者的要求。

由技术官僚把持革命制度党的高级指挥权并不是没有争议的。一批党员站出来抗议技术官僚消解了墨西哥革命的社会成就，废除了宪法中规定的权利。他们还谴责党内民主的缺失，提议将工作重点从经济自由化转变为政治自由化，这是他们一直坚持的主张，革命制度党中的新自由主义派本应支持他们，然而当权者显然并无此意。

这一派的领袖是夸特莫克·卡德纳斯，拉萨罗·卡德纳斯的儿子，也是该党最显赫的家族的后代。此外，他还担任党内重要职务——联邦参议员、米切肯州州长。然而也正是他发起了民主运动，要求改革总统提名制度，一针见血地道出了新自由主义精英的核心观点。

尽管卡德纳斯的名字取自一位阿兹特克皇帝，但他似乎并不太可能胜任这项任务。然而书生气而又保守的他，却领导一大批心怀不满的革命制度党党员脱党，与几个已有的左派小党联合起来，拼凑出了一个“全国民主阵线”（NDF），并作为该党代表进入总统候选人名单。他的事业迅速吸引了各方支持，包括地震之后出现的民间社会活动家，还有对生活水平一落千丈感到愤怒的工农组织，以及那些认为革命制度党听命于国际资本破坏墨西哥国家主权的人。

尽管几乎没有资金，没有正式员工，没有大众媒体愿意报道他们，集会也受到警察的阻挠，但在 1988 年 2 月，“全国民主阵线”的活动还是开始引起大家的关注。在卡德纳斯去北方农业区的一次旅行中，每到一处都受到成千上万狂热农民的热烈欢迎，他们把他高高举起抛向空中。1936 年，他的父亲曾在这里推行大规模的土地改革。（当革命制度党候选人萨利纳斯来到该地区时，却被嘲笑并被泼了水。）3 月，在纪念其父将油田国有化 50 周年时，10 万名支持者在宪法广场热烈欢迎卡德纳斯演讲。6 月，墨西哥社会党撤回了其总统候选人，支持卡德纳斯竞选，宪法广场的一次集会吸引了前所未闻的 20 万人，包括合作农场的成员、城市街区组织、学生、劳工、女权主义者、环保组织及原住民组织。在蒂华纳、瓦哈卡、阿卡普尔科和韦拉克鲁斯，他同样引来了潮水般的人群。（为了与之竞争，革命制度党用大巴运来了被批准全薪休假的公职人员，还花钱请来了贫困家庭。）

距离 7 月 6 日的大选还有几周，卡德纳斯的民众支持率激增，革命制度党派出打手，变本加厉地搞破坏。大选之日前 4 天，卡德纳斯的首席竞选助手及多年好友，一直负责阻截臭名昭著的革命制度党在大选之日使坏的弗朗西斯科·奥万多遭到近距离射杀，身中 4 枪，同时遇害的还有他的一名助理。支持者们聚集在内政部门前高喊："凶手！"卡德纳斯谴责了这一"政治罪行"，但也呼吁其支持者保持克制。

大选当天，革命制度党控制了选票机制，政府开始清点选票并将数据输入联邦选举委员会（IFE）的计算机系统，后者是由美国优利公司（UNISYS）提供的。就在这时，正如米盖尔·德·拉·马德里在他 2004 年的自传中承认的那样，他接到报告说初选结果对革命制度党极为不利，公众要求公布选举结果。

"我开始担心全国的选举结果都是一样的，"他承认，"而革命制度党会丢掉总统的位子。"于是，公众被告知计算机系统崩溃了，选举结果的公布将被迫推迟。一周后，官方宣布萨利纳斯以 52%的得票获胜，全国民主阵线得票 31%，国家行动党得票 17%。3 年后，选票被烧毁，这场骗局唯一的铁证灰飞烟灭。

估计有超过25万的民众自发聚集在宪法广场上，举行了该国有史以来最大规模的示威游行。他们高举着萨利纳斯秃顶大耳的肖像喊道："你这个骗子、秃子，你输掉了大选!"他们唱着"我们要拽着他的耳朵把他揪出来"，高呼"卡德纳斯总统万岁!"以表达对他们的候选人的拥护。示威活动持续了好几个月。

但在9月10日，革命制度党仍以微弱多数在国会通过萨利纳斯的总统任命。8个月后的1989年5月5日，该党绝大多数党员与已经组成"全国民主阵线"的一些社会组织建立了民主革命党（PRD），由夸特莫克·卡德纳斯担任主席。

六

1990 年代

卡洛斯·萨利纳斯的执政（1988—1994）建立在德·拉·马德里引入的新自由主义政策之上，如今，这一反复无常的反革命路线付诸实施了。在他任期内，更大的国营企业以极低的价格被出售，被他私有化的 80 多家企业当中，有电信公司、两家航空公司、国有钢铁公司、化肥和糖业公司、铁路公司以及 1982 年实行国有化的商业银行。在此过程中，诞生了一批新的墨西哥大亨。1987 年，福布斯的亿万富豪排行榜上只有一个墨西哥人，到 1994 年萨利纳斯卸任时，已经有了 24 个。

相反，工人利益却遭到严重破坏。当国有企业被私有化时，工人与企业达成的集体协议被废除，工人福利被取消，并被要求服从“弹性”工作制。萨利纳斯还疏远了该党与长期隶属于它的工会的关系，并下令对一些更激进好战的组织发动了一系列攻击。与此同时，维持基本粮食价格不变的国家补贴突然被取消。而牛奶、玉米饼、汽油、电力以及公共交通的价格猛涨的同时，工资却在大幅下降。提供基础公共服务，是后革命时代的政府长期以来的一项措施，此时也同样遭到削减，这样，能享受到免费医疗和教育的人就更少了。

新自由主义对农业劳动力造成的打击尤其具有破坏性，部分原因是由于《北美自由贸易协定》（NAFTA）的签订。与萨利纳斯进行谈判的是老布什（1988—1992），而该协定的生效却是在比尔·克林顿（1993—2000）的任内。对于加入该协定，美国提出的一个主要条件是，墨西哥废止其《宪法》第 27 条所规定的土地改革，而这一规定是墨西哥革命的主要遗产。村社（Ejido）的公共土地现在可以进行分割，转变为私有财产。主要农作物的价格管制被废除，农业进口关税和配额被取消，支持小规模农户的补贴也被撤销了。所有这一切使得美国的农业综合企业（它们对意识形态分歧并无良心不安，而且仍在享受着大量的补贴）能够以低于成本的价格出口玉米及其他谷物。墨西哥农民无法与之竞争。这一切农民都看在眼里，特别是恰帕斯的印第安人，这些害怕失去他们共同土地的人组成了萨帕塔民族解放军[①]。就在 1994 年 1 月 1 日，《北美自由贸易协定》生效的这一天，他们正式对墨西哥政府宣战。

---

① 即 Zapatista Army of National Liberation。——译者

在极不平等的两个合作伙伴之间建立一个假定为平等的贸易关系，其结果就是美国农业综合企业将成千上万的墨西哥农民逐出了他们自己的市场。在《北美自由贸易协定》签订后，玉米的价格下降了大约50%，而生活陷入贫困的墨西哥农民数量增加了三分之一。随后，在遵照《北美自由贸易协定》而行的6年里，200万农民舍弃了自己的土地。他们成群结队地离开乡间小屋，或者前往墨西哥城新兴的人口聚集区，或者去蒂华纳和华雷斯不断扩大的贫民窟，或者在边境地带的装配厂打工，或者前往美国。（因为预料到了流离失所的农民的到来，《北美自由贸易协定》通过在工业出口部门提供新的就业机会，排除了这些人移民的可能。美国在1994年启动了一项行动，直言不讳地命名为“看门人”，并要求边境巡逻队加强防范。）

更糟的还在后头。萨利纳斯将比索与美元挂钩，这的确减轻了通货膨胀，是他的一项重要成就，尽管其他所有的“改革”措施最终结果是实际工资的降低。在萨利纳斯的6年任期内，比索的实际价值在下跌，但他却一直硬撑着，以安抚美国投资者，为他在《北美自由贸易协定》的谈判提供便利。在萨利纳斯卸任后，他的继任者欧内斯托·塞迪略（1994—2000）接过了这个包袱。当塞迪略让比索汇率浮动时，比索迅速下跌，贬值一半，引发了两位数的通货膨胀率和严重的经济衰退，许多公司因此倒闭。仅在1995年，就有100万个工作岗位消失了。到1996年底，在总计3570万劳动力中有800万人失业，500万人从事非正式经济活动。外国投资不见了踪迹，墨西哥资本撤向迈阿密，中产阶级发现其毕生积蓄化为乌有。而墨西哥政府的反应是实施了另一项财政紧缩计划——提高增值税，削减预算，抬高电力与汽油的价格。

这场经济危机导致犯罪活动激增。尽管毒品交易在稳定增长，现代墨西哥却并不是个特别危险的国家；而现在，抢劫、劫车和绑架的发案率急剧上升，尤其是在首都。对于这一波犯罪潮，警察的反应不尽人意，从而营造出了一种可以逍遥法外的氛围。他们的懒散作风并不令人吃惊，据估计，1995 年的绑架案有 70％都是警察干的。

这场经济危机也改变了毒品业。的确，如果不考虑这 10 年以及之前由革命制度党统治的 10 年中发生的政治、经济与意识形态方面的巨大转变，就不可能理解萨利纳斯和塞迪略的任期内（1989—2000）毒品生意发生的惊人变化。

许多影响是间接的。

由于补贴的取消以及来自美国农业综合企业的竞争，农民们无法维持生计，他们发现，日益蓬勃发展的大麻和罂粟市场是他们在这块土地上生存的唯一出路。

城市失业大军为毒品集团提供了源源不断的士兵，而报酬微薄（且极其腐败）的警察和军队也为保护这些卡特尔的利益奔走效力。

得益于当地警察部队的迅速衰败和腐化，犯罪活动日复一日地蔓延，败坏了社会风气，并为更严重罪行的不断涌现提供了土壤。

自由贸易的实行以及墨西哥经济与美国经济的深层融合，使得跨境往来急剧增长，毒品也更容易汇入运往北方的商品洪流。《北美自由贸易协定》的某些条款尤其有助于此：因为边境加工厂——恰好越过边境的装配厂——被免征关税，而且只需接受最低限度的检查，墨西哥走私者们开始购买这些工厂，以此作为运输可卡因的前沿阵地。

毒品交易从前就已融入革命制度党的社团主义[①]国家，私下里与工、农、商组织的活动并无二致。因此，它受到一定程度的监管，并且要缴纳非官方的税收，从而换来事实上的走私许可（一种市场体系）。现在，国家对这类社团主义者不再包容，将有助于这些犯罪集团的独立成长和权势扩张。

对财富和创业精神的称颂营造出了一种文化环境，提升了毒品商的社会地位。就像苏联以及其他后共产主义政权一样，新自由主义休克疗法同时催生出了百万富翁和江洋大盗，他们就像孪生兄弟一样双双登上了福布斯富豪榜的同一榜单。

弱化国家和美化“自由企业”赋予私营部门[②]以权威与合法性，在这些部门中，毒贩如今起到了关键作用。正如瓦特（Watt）和泽佩达（Zepeda）指出的那样，新自由主义优先考虑利润积累而不是社会福利，把残酷竞争看得比合作重要，把私人财产和财富的神圣不可侵犯看得比集体和公民的责任还要重要。这些命题既是自由市场理论的基

① 社团主义（corporatism 或 corporativism）是一种政治体制，在这样的体制里，立法权交给了由产业、农业和职业团体所派遣的代表。相比之下，多元制度里众多团体必须经过民主竞争的过程才能取得权力，但在社团主义制度里，许多未经过选举的组织实体掌控了决策的过程。这些社团主义的代表团与一般的商业公司或法人组织并不相同。社团主义也被称为经济法西斯主义。——译者

② 即 private sector，是相对于“公共部门”而言。——译者

石和指导原则，也构成了犯罪集团的主流意识形态。

革命制度党的措施所产生的后果并非都是间接的。萨利纳斯总统和塞迪略总统采取的一系列直接行动都对毒品行业造成了重要（尽管大多是意想不到的）影响。

萨利纳斯很清楚，在缉毒署特工卡马雷纳被折磨并杀害之后，美国越来越坚决要求墨西哥加强禁毒工作。这一点随着1986年的认证程序的建立而日渐明确，该程序威胁要用缩减国际货币基金组织的贷款来惩罚不听话者。萨利纳斯还清楚地意识到，《北美自由贸易协定》谈判要想达成满意结果必须赢得老布什总统的善意，他从掌管里根政府的南佛罗里达毒品稽查队时起，就是个禁毒方面的老手。

上任7个月后，老布什总统在他的首次全国电视讲话中宣布："我们一致认为，今天我们国家面临的最大威胁就是毒品。"他提议花费数十亿美元进行军事打击。萨利纳斯签字同意了，他批准成立一支由两国共同参加的北部边境反应部队（NBRF）以监视边境一带的动向，以美国缉毒署为模板成立国家打击毒品研究所（INCD），并允许装有"空中警戒和控制系统"（AWACS）的美国飞机飞越墨西哥领空，追踪毒品走私活动。各方的强烈抗议使他终止了空中警戒和控制方面的计划，但卫星监视得到了批准。通过将总检察长办公室可用的资源增加两倍，扩大墨西哥军队的参与，萨利纳斯没收的毒品数量增加了，也赢得了美国当局的喝彩。

老布什还有一个特别的要求：萨利纳斯得把瓜达拉哈拉卡特尔的

头目米盖尔·安赫尔·菲利克斯·盖拉多交给他。拉斐尔·卡罗·昆特罗和欧内斯托·丰塞卡·卡里略，都是菲利克斯·盖拉多谋杀卡马雷纳的帮凶，前两人已经被捕，但这位能让毒贩头目听命于他的大毒枭却在锡那罗亚州州长的保护下依然逍遥法外。1989年，这个任务被指派给了吉列尔莫·冈萨雷斯·卡德罗尼，他是墨西哥联邦司法警察部队（大致相当于美国联邦调查局）一位强势的指挥官，这个部门的宗旨就是打击毒品犯罪。

冈萨雷斯·卡德罗尼被告知，后来他也公开承认，萨利纳斯总统想参与对瓜达拉哈拉卡特尔的控制，以确保再次获得美国的认证。照冈萨雷斯·卡德罗尼的说法，他手下得力的侦探一直追踪该集团成员到他们在瓜达拉哈拉的老巢。但菲利克斯·盖拉多的说法是：那个警察是他的老朋友，请他去餐馆吃饭，然后出卖了他，将他逮捕。1990年，布什总统确认墨西哥在控制毒品的行动中与美国充分合作，特别称赞了抓捕菲利克斯·盖拉多一事。

瓜达拉哈拉卡特尔——革命制度党政府支持下的一个集权制黑帮帝国——就这样被斩首，接受“自由市场”的领导。对犯罪团伙来说，这一后果甚而比更大的新自由主义计划在合法经济中造成的破坏还要严重。

起初，原先的卡特尔头目们试图建立一些基本规则。在1989年菲利克斯·盖拉多被捕后，那些分支头目在旅游胜地阿卡普尔科举行了一次黑帮峰会。有些人说这次会议是由狱中的菲利克斯·盖拉多本人通过手机召集的，另一些人（包括菲利克斯·盖拉多自己）则否认这一说法，并指出冈萨雷斯·卡德罗尼才是召集人。无论发起此次聚会的是谁，到场者几乎无一不是锡那罗亚老贩毒团伙的成员，早已通过联姻、友谊或生意关系纠缠在了一起。他们友好地把生产区域以及通往美国市场的走私路线分成了若干份，把曾经由（如今业已消失的）国家安全理事会分配的“市场体系”授予了他们自己。①

由此产生的组织被误称为卡特尔，其实它们只是四分五裂的卡特尔的碎片，是去卡特尔化过程中的副产品；而且绝大多数由最初的瓜达拉哈拉三巨头的子女或副手操纵。

其中三个“碎片”位于墨西哥边境地带以西。蒂华纳卡特尔加入了阿雷拉诺·菲利克斯（菲利克斯·盖拉多的侄子和侄女）家族集团。锡那罗亚卡特尔由菲利克斯·盖拉多手下有经验的分支头目来经营，其中最著名的是伊斯梅尔·桑巴达（又名“梅奥”）和杰奎因·古斯曼·洛埃拉（又名“夏波”，意为矮子，因为他身高五英尺六英寸）。索诺拉走廊的指挥权归米盖尔·卡罗·昆特罗，他是被监禁的拉斐尔的兄弟。

在这片边境地带的中心，华雷斯这一线归人在狱中的欧内斯托·丰塞卡·卡里略的家族控制，最终落入他的侄子阿马多·卡里略·富

① 因此，为了承担起这种自我监管的责任，阿卡普尔科峰会与 1929 年在亚特兰大城举行的具有传奇色彩的“坐”谈会可谓一脉相承，那一次，来自全国各地的黑手党瓜分了市场份额，达成了解决争端的协议，其中包括对批准处决和把活交给职业杀手（有的是个人，有的是公司）去做制定规则。

恩特斯之手。

对于边境东部地带的控制，包括新拉雷多和马塔莫罗斯的一些中转站，仍然是海湾卡特尔的势力范围。海湾卡特尔是唯一一个不出自锡那罗亚这块沃土的贩毒集团。它的发迹可以追溯到 1930 年代初，当时，胡安·内波穆赛诺·格拉把酒从马塔莫罗斯走私到因禁酒而饥渴难耐的北方，后来（在禁酒令撤销后）开始多样化经营，涉足赌博、偷车、卖淫以及其他东西的走私。1970 年代，他让他的侄子胡安·加西亚·阿夫雷戈参与自己的生意，正是后者在 1980 年代让这个集团转而做起了可卡因生意，直接与卡利卡特尔打交道。

随着 1990 年代的到来，所有这些墨西哥毒贩都发了财。他们将成吨的毒品运到北方，再把几十亿美元输送回来，从而稳步取代了哥伦比亚人在他们共同的可卡因生意中占据的主导地位。双方的这一和平交接，在 1993 年巴勃罗·埃斯科瓦尔死于哥伦比亚警方之手后得到了巩固。

新一代毒贩实现了战略上的创新。在华雷斯一线，华雷斯卡特尔的阿马多·卡里略·富恩特斯有一支由波音 727 组成的空中舰队，在哥伦比亚和墨西哥机场之间定期运送可卡因，这为他赢得了“天空之王”的绰号。在东边，加西亚·阿夫雷戈凭借他复杂巧妙的地面运输体系，每年能将超过 300 吨的毒品走私过境，一年为他赚到（据美国缉毒署 1994 年估计）100 亿美元。

如果与美国合作的萨利纳斯增强执法机构的打击力度，这些扩张后的贩毒集团又如何能在 1990 年代初这般生意兴隆呢？从短期来看，过去相互勾结的“市场体系”仍然有效，这在某种程度上要归功于旧体制残余分子——吉列尔莫·冈萨雷斯·卡德罗尼的地位及努力。随着国家安全理事会的解散，墨西哥总检察长下辖的联邦司法警察担负起了维护法律和秩序的主要责任，而在其中负责禁毒工作的正是冈萨雷斯·卡德罗尼，他与大部分贩毒集团保持着长期、友好、互利的关系。

他的保护，卡里略·富恩特斯执掌的华雷斯卡特尔尤为急需——毕竟那些飞机和着陆点都太过惹人注目。冈萨雷斯·卡德罗尼游刃有余地既为“天空之王”做着安保主管，同时又顶着联邦司法警察空中截击部门的最高长官等官方职衔。他的所作所为绝不只是对邪恶视而不见。美国缉毒署认为，卡里略·富恩特斯曾付给冈萨雷斯·卡德罗尼 100 万美元去暗杀与他作对的毒枭。

与此同时，他也为加西亚·阿夫雷戈的海湾卡特尔效力，并与这个家族保持着长期而密切的私人关系。众所周知，他还为锡那罗亚卡特尔提供帮助。如此一来，指挥官冈萨雷斯·卡德罗尼就同时受到政府和黑帮的青睐，这可以使他们之间的关系长期延续下去，尽管他在政府这边已不像过去那样能够发号施令了。冈萨雷斯·卡德罗尼所提供的保护可不便宜，流向他个人的资金数量非常惊人，据美国缉毒署估计有 4 亿美元之多。

然而在 1993 年，这位指挥官终于落马。墨西哥总检察长以贩毒、虐囚、收受加西亚·阿夫雷戈的贿赂为由开除了他。冈萨雷斯·卡德罗尼穿过边境，逃往得克萨斯州。当萨利纳斯政府要求引渡他时，他公开宣称，他的朋友加西亚·阿夫雷戈向他透露过自己曾受雇于萨利纳斯总统，在 1988 年大选中杀害了夸特莫克·卡德纳斯竞选团队的两名主要顾问（这事他可不愿意让人知道），从而成功地保住了自己的美国居留权。他还宣称，卡洛斯·萨利纳斯总统的弟弟劳尔是加西亚·阿夫雷戈的社交活动中的常客，暗示劳尔本人也是毒贩的保护伞。（这两个声明都受到兄弟俩的坚决否认。）2003 年，冈萨雷斯·卡德罗尼在得克萨斯州的麦卡伦市被一些不知名的派别枪杀，当他正要进入自己停在律师办公室外面的银色梅赛德斯时，子弹击中了他的头部。

冈萨雷斯·卡德罗尼倒台后，毒枭和政府间的老关系已经不可能起死回生。政府（或者说部分政府部门）当然会继续保护毒品交易，但由于最简单的原因，主动权会越来越转向匪徒那边。随着可卡因贸易占据支配地位，卡特尔的利润蹿上了天，他们现在可以用来贿赂的资金数额使他们能够给出令人不能抗拒的提议——当这些提议伴随着暴力威胁时，就像那句老话（“要铅弹还是要银子”）所说，不拿钱就得死，因而这些提议也是不可拒绝的。根据墨西哥国立自治大学 1994 年的一项研究，所有毒贩的支出从 1983 年的大约 320 万美元增加到 1993 年的 4.6 亿美元，比墨西哥总检察长的全部预算还要多。1995 年，据内政部估计，在 10 万多名联邦司法警察中，有 30%到 50%的人已经被毒贩的贿赂腐蚀了。

而毒贩对数以百计的地方市政警察部队的征服甚至更加彻底。腐败使警察几乎全部加入犯罪分子的队伍，为毒贩当保镖，做助手。双方的关系已经反转。以前是犯罪分子被迫付钱，否则就不得不面对政府执法人员的制裁。现在则是犯罪分子决定付钱给谁，并且由他们来决定对哪些不合作的人进行惩罚。正如新自由主义理论所要求的那样，国家监管已被弃置一旁，取而代之的是一个被私有化的政权，处于其中的公职人员被一个个地收买。

也许只是巧合，但冈萨雷斯·卡德罗尼的离开，的确与卡特尔联盟的第一次分裂几乎同时发生。阿雷拉诺·菲利克斯兄弟与锡那罗亚的伊斯梅尔·桑巴达和“矮子”古斯曼之间，就进入加州的路线展开了激烈的竞争，就像是在一个不受约束的市场里一样。除了商业考虑，可能其中还涉及更多其他因素。这两个集团与其母集团有着不同的传承关系——一个是家族成员的天然联系，一个是从生意中发展出来的；但他们（正如尤安·格里洛在《匪帮天堂：墨西哥的犯罪乱象》一书中指出的）还是有门户之见的小集团，互相排斥，惯于仇杀或因生意而彼此对抗。暴力会很自然地与竞争相伴而来。在黑帮的纠纷之中，竞争并不是砍砍价而已，而是会不会被割喉。诉诸暴力并非出于单纯的功利目的，也是一种表演。权力总是流向那些能够比他们的对手表现得更残忍的人。

阿雷拉诺·菲利克斯的手下在这场暴力比赛中拔得头筹。他们不但召集了一批声名狼籍的杀手——招募了来自圣地亚哥的奇卡诺帮，以及来自蒂华纳的有钱人家的儿子——雷蒙·阿雷拉诺·菲利克斯还煞费苦心地塑造了一个可怕的公众形象。据说，他因涉嫌将一个受害者的尸体扔到火里，然后在上面烤牛排，并和他的朋友站在周围享用牛肉、啤酒、可卡因而臭名远扬。这件事是真是假并不重要，重要的是，他的对手们相信是真的。而成为街头残酷的代表，其本身就是一种强有力的竞争优势。雷蒙还采用了一种全新的血腥手段，用一个新词来描绘就是“裹毯子”，意思是把尸体裹在毯子里扔到某个公共场所，往往还夹着张威胁的字条。这些行为又是带有公开目的的表演，即让所有人都看到他们可以随便杀人。①

1993 年，一个耸人听闻的暴力事件因受害者的身份而非作案手段，使愈演愈烈的黑帮内斗曝光于公众视野。这年 5 月，红衣主教胡安·杰斯·波萨达斯·奥坎波去瓜达拉哈拉机场迎接即将到来的教皇特使时，（据官方报道）他驾驶的车辆进入了阿雷拉诺·菲利克斯的蒂华纳卡特尔与“矮子”古斯曼的锡那罗亚卡特尔之间的火拼现场。波萨达斯的遇害引发了许多不同的解释，其中大部分都认为，主教遇害是有预谋的，并非意外。但无论什么原因，结果都是：毒品战争现在已经有能力影响到墨西哥社会的最高层了。由此引发的媒体风暴对联邦政府施加巨大压力，要求其采取果断行动，而危地马拉警察两周内就逮捕了“矮子”古斯曼并将他驱逐回墨西哥，然后他被关进了一座有着最高安全级别的监狱。

---

① 其中还有另外一个因素，即当地毒品市场的发展。在 1990 年代，部分原因在于监管失效导致毒品分销的扩大，相当数量的墨西哥人开始吸食硬毒品（hard drugs）。墨西哥贩毒头目开始给他们的助手既付现金，也付成块的可卡因和成袋的海洛因（最早开始这么做的是墨西哥城警察局长阿图罗·杜拉佐）。贩毒集团的中层在当地街道上卸货，没有哪个地方像蒂华纳这样，将吸毒发展到了全国的最高水平。阿雷拉诺·菲利克斯建起了数百家“毒品小店”，尤其是在市中心与东边的贫民区。街头巷尾的混战将暴力推向了新的高度。到 1990 年代末，蒂华纳每年约有 300 起谋杀，华雷斯也差不多。

与毒品相关的暴力，如今触动了世俗社会的精英和宗教界精英。1994年3月，就在革命制度党的候选人接替萨利纳斯的总统之位指日可待时——该党前主席路易斯·唐纳多·科洛西奥在蒂华纳的一次竞选集会上遇刺身亡。于是，谣言再起，真相依然难以捉摸，但绝大多数猜测都围绕着科洛西奥与毒品有关（或者拒绝有关）来展开。科洛西奥遇刺后，又发生了一起谋杀，也是出于同样的原因。死者约瑟·弗朗西斯科·瑞兹·马西奥，是卡洛斯·萨利纳斯的妻弟、革命制度党的秘书长，他一直在推动对他好友科洛西奥之死的深入调查。革命制度党两名最有权势的官员光天化日之下被暗杀，说明该党与卡特尔之间存在肮脏交易，也表明最高层的政治权威已经风光不再。

最近一次对政府合法性的打击，可能会使革命制度党无缘总统之位。事实上，当1994年8月的选举到来时，就像新成立的准独立的联邦选举委员会证实的那样，显示出老牌政党和它的新竞争对手的力量都在不断增长。革命制度党的候补候选人欧内斯托·塞迪略得到了50.18%的选票；国家行动党的候选人迭戈·费尔南德斯·德·塞瓦略斯·拉莫斯获得26.69%；新的民主革命党（左翼革命党）的候选人夸特莫克·卡德纳斯得票17.08%。传统观念认为，两起暗杀与恰帕斯州的起义让许多人选择了稳定，但是一党专制的状态已经近乎完全打破了。

欧内斯托·塞迪略总统非常清楚该党的危险状况，在他的6年任期内（1994—2000）采取了一些改革措施。

1995年，前总统卡洛斯·萨利纳斯的弟弟劳尔·萨利纳斯被逮捕。

瑞士银行方面发现他有289个银行账户，共计约5亿美元存款，这些钱被当局指控为他为毒贩服务所得的好处。萨利纳斯予以了否认，案情从未得到证实。相反，他被逮捕、定罪并被判入狱，是因为涉嫌策划谋杀了他的前妻弟约瑟·弗朗西斯科·瑞兹·马西奥，可是服刑10年后他就被开释。无论劳尔·萨利纳斯是否做过这件事，它引起的众怒已然进一步削弱了执政党的合法性。

1996年，海湾卡特尔的头目加西亚·阿夫雷戈被捕，并被引渡至美国。从他那里查获了3.5亿美元的资产，他也因此受到指控和定罪，被判处11个终身监禁，关进了科罗拉多州一个最高安全级别的监狱，今天依然在押。除掉加西亚·阿夫雷戈，将带来诸多意想不到的后果。

也是在1996年，塞迪略认定联邦司法警察部门的腐败已无药可救，开始着手拆分它——这相当于羞愧难当地解散联邦调查局（FBI）一样。大约1800名特工因腐败或无能而被解雇，剩下的人在1999年转入一个新成立的机构：联邦预防警察部门（PFP）。

在警察力量萎缩的同时，军队的角色在膨胀，这一政策由比尔·克林顿任命的缉毒专员巴利·麦卡弗瑞强烈推动，他是最近刚退休的四星上将，之前曾担任美国南方司令部统帅。鉴于北方毒品战引发的暴力在不断升级、政治体制的危机、警察信誉的瓦解、货币的崩溃以及随之而来的博得美国欢心的需要，塞迪略默许了这一政策。他制定了一项五年计划（国家毒品管制计划），极大拓展了（并不情愿的）武装部队在这一根除计划中的参与度，不再像从前那样只是零星参与。到1996年，已有大约1000名士兵在美国接受了禁毒战术的特殊训练。

此外，在1996年12月，军阶极高、实际上最有可能成为墨西哥下一任国防部长的杰西·古铁雷斯·瑞勃罗将军，被总检察长选中领导墨西哥国家打击毒品研究所。这样他将成为美国缉毒专员麦卡弗瑞的墨西哥同行，与之地位相当。麦卡弗瑞称他的新同事有着“无可挑剔的诚信”，不料两个月后的1997年2月，墨西哥时任国防部长无情地宣布，古铁雷斯·瑞勃罗将军长期以来一直在保护“天空之王”阿马多·卡里略·富恩特斯（并从中获利），几乎可以肯定他已经向其传递过海量的机密信息。事实证明，阿马多手下的坏蛋们已经混入了军队的大门。到1997年8月，有402位军官被拘留，其中15人军衔在中校和将军之间。古铁雷斯·瑞勃罗与军官阶层大比例的落马，使墨西哥军队的头号新使命进一步受挫。它将屈服于美国，以后者的反毒品大计为先，就像它假定的道德无懈可击被戏剧性地证明是个幻想一样。

更糟的是，正如革命制度党政府选择军事化一样，海湾卡特尔也是如此，据说其实力因其头目加西亚·阿夫雷戈的被捕而大大削弱了。1998年，在经过一段时间的卡特尔内部混战后，加西亚·阿夫雷戈的助手，一个名叫卡德纳斯·吉伦的人杀出血路夺取了权力。但是，鉴于对手们还在持续顽抗，军队也很可能部署力量对付他，卡德纳斯·吉伦开始创建一支近卫军。他转而向阿图罗·古兹曼·代森纳求助，代森纳是墨西哥特种部队（GAFE）的一位指挥官，这支部队是军队中的精英、相当于美国绿色贝雷帽特种作战部队。

这支特种部队在北卡罗来纳州的布拉格要塞接受了反暴乱训练，然后被萨利纳斯总统派去镇压萨帕塔民族解放军。古兹曼·代森纳曾被派到塔毛利帕斯去镇压贩毒团伙，但是他已经接受了卡德纳斯·吉伦的贿赂，给海湾卡特尔的运毒船留出了安全通道。对士兵来说，这并没有什么不合理的，揩贩毒的油似乎是这项工作的福利。但古兹曼·代森纳却干脆离开军营，与卡德纳斯·吉伦签约。（尤安·格里洛推测，他的变节可能是因为古铁雷斯·瑞勃罗将军被判处 32 年监禁，并且失踪者家属要求调查“肮脏战争”中侵犯人权行为的呼声日渐高涨，古兹曼·代森纳参加过那场战争。）古兹曼·代森纳带到黑帮一边的还有 30 来个空军特种部队的同事以及手下所有的士兵，还有存放这支部队最精良的武器与监控设备的军械库。很快，他们就拓展了人身保护的服务，变成海湾卡特尔的雇佣军，自称为“泽塔斯”（Los Zetas）。

与此同时，在西部，失去了古铁雷斯·瑞勃罗的保护对“天空之王”来说显然是个打击。阿马多·卡里略·富恩特斯决定改变自己的形象，于 1997 年 7 月前往墨西哥城与整形外科医生见面。最终，他死在了手术台上，表面上看是因为麻醉剂的问题。他的死就像一张捕蝇纸，主张暗杀阴谋说的理论家将他的死归结为假定出来的各种行凶者所为。但无论原因是什么，他的离世都掀起了一场风暴。就在他兄弟维森特奋力控制华雷斯卡特尔时，阿雷拉诺·菲利克斯兄弟感到机会来了，决定进入他们的华雷斯市场。

已经与蒂华纳那帮人开战的锡那罗亚卡特尔，此时与华雷斯卡特尔联手，本着“敌人的敌人就是我的朋友”的原则，对他们的蒂华纳大本营发动了一次反攻。当时，街头血流成河，几百人遇害，或被毒打，或被失踪。起初，华雷斯和蒂华纳是主战场，但随后战斗扩大到相邻的几个州。

就在集中监管体制让位于黑社会犯罪团伙的无序竞争的同时，政治领域中的一党专制也让位于竞争性的政党制度。

七

2000年—2006年

2000年，自1980年代后期以来一直摇摇欲坠的革命制度党在这年的总统选举中被推翻。其候选人弗朗西斯科·拉瓦斯蒂达·奥乔亚是一位经验丰富的政治家，曾担任过参议员、内阁成员和锡那罗亚州州长，面对民众对革命制度党的深恶痛绝，他早已不堪重负。

夸特莫克·卡德纳斯再次代表民主革命党参加了竞选，此时的他比以往任何时候都更加认同民主化运动。1997年，为响应民众的需求，塞迪略将墨西哥城的市长一职由一直以来的任命改为选举，而卡德纳斯赢得了竞选。[①] 但卡德纳斯也被认为等同于革命制度党，作为革命

① 塞迪略还加强了联邦选举委员会（IFE）的自主权，使其完全脱离行政部门和任何现有政党，这让革命制度党很难像过去那样控制选举。事实上，早在1997年，革命制度党就首次失去了对下议院的控制。

制度党的长期成员（其父还是该党的建党元勋），他一直带着这个包袱。卡德纳斯也是一名左翼人士，而且有相当一部分选民虽然对革命制度党不满，但如果没有其他更好的选择，他们宁愿选择自己认识的魔鬼。

最重要的是，选民在寻找一张新面孔，国家行动党正好提供了一个。维森特·福克斯似乎是个绝佳的选择，对于当下局势来说再合适不过了。虽说他是由一个右翼政党推举出的，但他本人并不是那种强硬的理论家或天主教好战分子。福克斯在家庭农场长大，在哈佛商学院获得了工商管理学士学位，是可口可乐公司墨西哥和拉丁美洲区的总裁，并于1995年成为墨西哥瓜纳华托州州长，从此步入政坛。福克斯性格直率、平易近人，经常穿着牛仔靴和牛仔裤，甚至他的名字也令人耳目一新。可以说，他本人的个性就预示着一个不一样的未来。

然而，如果不是一个中间偏左翼联盟的公众人物在计算出卡德纳斯没有获胜的机会，但可以使反对革命制度党的选票分散之后，决定通过支持福克斯来确保政权更迭，福克斯可能已经输掉了选举。2000年7月2日，福克斯以43%的得票率赢得了总统大选，超过了拉瓦斯蒂达的36%和卡德纳斯的17%。这是71年来第一次，一名反对派候选人赢得墨西哥总统大选。

福克斯总统的政府于2000年12月1日开始运行。三周以后的12月22日，他前往蒂华纳并向阿雷拉诺·菲利克斯的组织宣战。他说，他打算招募 1.2 万至 1.5 万名新的联邦警察，将他们派往蒂华纳这一通往富有的加州毒品市场的门户，并在那里彻底“铲除”有组织犯罪。“我们要打垮他们!”他夸下海口，并在接下来的 6 个月内依计行事。

福克斯把阿雷拉诺·菲利克斯列在其打击名单的首位，因为他们是美国的“头号通缉犯”。8 个月前的 2000 年 4 月 10 日，蒂华纳犯罪集团的头目抓走了佩佩·帕蒂诺，后者是墨西哥为数不多的几名为人诚实、工作有效的缉毒检察官之一。帕蒂诺一直与圣地亚哥的美国缉毒署和联邦调查局密切合作，并收到对方提供的敏感的情报。然而当帕蒂诺越过边界前往蒂华纳时，因为一名同事的出卖，他被阿雷拉诺·菲利克斯兄弟抓住。他们对他百般折磨，几乎敲碎了他的每一根骨头，最后用一把气动老虎钳慢慢碾碎了他的头骨。此事令美国的执法部门极为震惊。阿雷拉诺·菲利克斯集团被认为是拉丁美洲最重要的犯罪组织，不仅是因为他们通过边境运送了成吨成吨的毒品；雷蒙·阿雷拉诺·菲利克斯名列联邦调查局十大通缉犯，不仅是因为(作为黑帮的执法者)他杀害了成百成百的人，而且因为就像他当年杀害美国缉毒署特工“基基”·卡马雷纳的事一样，美国人跟他之间如今已是私人恩怨。

福克斯急切地想让美国人帮他。特别是自从他的老朋友小布什——另一个穿牛仔靴、说话直率、富有的牧场主和前州长——同意将墨西哥定为其总统任期（2001—2009）内出国访问的第一站，他就更迫不及待了。小布什将于 2001 年 2 月 16 日在恰帕斯州首府圣克里斯托瓦尔会见福克斯，福克斯准备的议程中充满了问题或者说请求——尤其是开放两国边境，并使在美国工作的350万无证墨西哥人获得合法地位——而且，他希望能将自己赖以打击犯罪的东西一一理顺。

然而尴尬的是，2001年1月19日，“矮子”古斯曼越狱了。之前，他通过贿赂在监狱里过得又舒适又豪华，现在干脆用贿赂打开了监狱的大门，重新加入到锡那罗亚卡特尔的团伙当中。这对福克斯来说是个坏消息，因为这事偏偏发生在他将与小布什总统促膝谈心的前夕。

他对此事的回应出现在一个星期后的1月25日，在他去往库拉亚坎——古斯曼位于锡那罗亚的领地的心脏地带时，他还重申了他在蒂华纳发表的直面挑战的宣言，并将行动升级为全国性的。他宣布要掀起一场“打击贩毒和有组织犯罪的全国运动”，宣称“这是一场针对毒贩和万恶的黑手党的持久战”。这一番强硬的讲话足以满足眼前的需求。当小布什在2月抵达墨西哥时，他对福克斯致力于打击毒贩的行动表示有信心，甚至以一种异乎寻常的坦率承认了一个令人不快但又显而易见的事实，即墨西哥人之所以在北部边境贩毒，正因为美国人在购买毒品。

但是，当福克斯于2001年9月出访白宫时，作为小布什政府接待的第一个来访的外国元首，他虽受到热烈欢迎，却空手而归。互联网泡沫已经破灭，美国经济陷入衰退，这也把受制于《北美自由贸易协定》的墨西哥经济拖垮了。福克斯本来许诺要增加 140 万个新工作岗位，但现在反倒失去了近 50 万个。小布什早前曾谈到一项外来工人计划，但当美国失业率飙升，保守党的反对意见也随之大幅增加，这项计划也就被束之高阁了。然而，就在福克斯在美国国会联席会议上发表讲话 5 天后，双子塔轰然倒塌，他进一步开放边界的请求立即变得遥不可及。更糟的是，由于福克斯忠诚地承诺支持小布什的全球反恐战争，并随后在长达 2000 英里的边境线上对非法越境行为进行了打击，这反过来又加剧了墨西哥农村的危机，使得墨西哥人越来越难在边境那边找到一份工作并把挣到的钱汇往南方，而这正是许多被毁掉的地区赖以生存的方式。

禁毒战中的合作，对于墨西哥和美国之间的关系变得越来越重要。2001 年 11 月 1 日，福克斯以联邦调查署（AFI）取代了臭名昭著的联邦司法警察部门，这一新组织是以美国联邦调查局为模板的。他还抛弃了选举前的誓言，也就是将军队从禁毒战中撤出来，以免加剧军队高层将领的腐败，并且遵守墨西哥宪法关于禁止将军队用于国防以外的任何目的的规定。美方明确表示，在他们看来墨西哥军队是最可靠的部队，尽管福克斯 2001 年时曾逮捕过一直在做匪徒保护伞的多位将军。福克斯还背弃了他的另一项竞选承诺，即调查军方在“肮脏战争”中究竟充当了何种角色，其原因是他现在不愿意疏远那些他不得不依赖的人。

福克斯依靠美国的战略似乎见效很快。2002 年 2 月 10 日，雷蒙·阿雷拉诺·菲利克斯被杀，但显然运气起了主要作用。当时，雷蒙·

阿雷拉诺·菲利克斯人在国外，正坐在大众轿车里，他的车被几位特工逼停，后者并没有认出他。在菲利克斯身中那致命一枪之前，他对其中一位开了两枪，击中了对方的胸口。但是，在菲利克斯的尸体还被称为“无名氏”时，就迅速被人从马萨特兰的停尸房弄走了，而有关阿雷拉诺·菲利克斯已被铲除的声明姗姗来迟，从而引发了人们的疑虑。

这些疑虑在一个月后，即2002年3月9日得到了消除。当天，本杰明·阿雷拉诺·菲利克斯在普埃布拉被捕——这是墨西哥特种部队（孕育了泽塔斯）与美国缉毒署圣地亚哥办事处的特工长达数月联合搜捕的结果。促成这次逮捕的，可能是失去了腐败官员的保护，这些人在革命制度党竞选失败后都被解雇了。无论如何，到2002年春天，阿雷拉诺·菲利克斯的组织看起来岌岌可危。福克斯似乎即将兑现他要击垮蒂华纳卡特尔的誓言。

但是，他也打开了一个潘多拉盒子。蒂华纳犯罪集团的不幸，引起了其他毒枭，尤其是锡那罗亚的犯罪集团的注意。2001年10月，他们在墨西哥中南部城市、避暑胜地库埃纳瓦卡举行了一次高级头目会议，专门讨论如何集中他们在各地的势力，从而（希望如此）将过去瓜达拉哈拉卡特尔七零八落的组织重新联合起来。实际上，他们是想把毒品交易重新卡特尔化。锡那罗亚的毒枭中，除了最近刚越狱的“矮子”古斯曼之外，还有伊斯梅尔·桑巴达。桑巴达是从1970年代开始从事这一行当的老手，他最初种植大麻和罂粟，然后进入可卡因行业。参加会议的还有胡安·何塞·埃斯帕拉戈扎，前联邦警察，后来成为毒贩，也是老瓜达拉哈拉卡特尔的一员。还有贝尔特兰·莱瓦兄弟，他们的职业生涯与“矮子”古斯曼相似，因为在锡那罗亚他们是一丘之貉。伊格纳西奥·纳乔·科罗内尔则是麻黄素、冰毒这类未来毒品的代表，他的一帮手下就在贾利斯科州的秘密实验室里制造着这些毒品。①

这些人现在自称为联盟，他们就扩张计划进行了辩论。其中有些人极力主张攻击盘踞在美墨边境西端、势力大大削弱的阿雷拉诺·菲利克斯帮派，但联盟阻止了这方面的想法。这伙人还对接管华雷斯市的中心边境市场表示了同样的兴趣，那里是华雷斯卡特尔的大本营，但联盟没有这么做，反而硬着头皮与维森特·卡里略·富恩特斯结成了同盟，后者已正式接手了他已故兄弟、“天空之王”阿马多·卡里略·富恩特斯的位子。然而，真正吸引联盟注意的是远东露天市场，它以位于墨西哥东北部塔毛利帕斯州的新拉雷多为中心，是一个利润丰厚得难以置信、新出现的防范较弱的过境点，当时可以通往海湾卡特尔独家控制的地区。这里有从墨西哥南部与危地马拉边境抵达墨西哥北部和美国得克萨斯州边境的多条主要路线，可以经由新拉雷多的一条铁路和四座大桥跨过布拉沃河。每天，因《北美自由贸易协定》

---

① 1887 年，德国从麻黄属植物中分离出了安非他明；1893 年，日本合成了一种更有效且更容易制造的变体——甲基安非他明；随后，其结晶体在 1919 年诞生。1930 年代，甲基安非他明作为一种减充血剂被销售给鼻窦炎患者，二战期间，它被各方广泛使用以保持飞行员和部队的最高效率。50 年代，夜猫子（大学生、卡车司机）和运动员将其用作性能增强剂，从 60 年代开始它成为一种兴奋剂和春药。1970 年，尼克松的《联邦特殊药物管理法案》(Controlled Substance Act) 宣布大部分用途为非法，催生了需求，这些需求是墨西哥人提供的。

而增加的货运车厢和货运卡车穿梭往来，为运进美国铁路网、35 号州际公路以及通往美国圣安东尼奥和其他北部地区的高速公路的毒品提供了极好的掩护。

西部或中部的贩毒组织此前从未想过要袭击远东的海湾帮派，但福克斯的执法部队的一系列高调逮捕行动似乎为此开了个头。

2002 年 3 月 28 日，墨西哥军队逮捕了阿德安·马德拉诺·罗德里格斯，他是海湾卡特尔的二号人物，毒枭奥西埃尔·卡德纳斯·吉伦的第一副手。这一回，美国的压力与参与再次证明是至关重要的。早在 1999 年，马德拉诺·罗德里格斯在马塔莫罗斯遭遇两名美国特工，一名来自联邦调查局，另一名来自缉毒署，罗德里格斯差点杀掉他们，仅仅因为想起了杀害卡马雷纳的凶手的下场才作罢。执法行动再次变成了私人恩怨，美国为马德拉诺的项上人头悬赏 200 万美元，这有力地促成了对他的抓捕。

第二个抓捕行动发生在 2002 年 11 月，墨西哥士兵再次在美国的协助下，将阿图罗·古兹曼·代森纳堵在了马塔莫罗斯的一家餐厅，并杀死了他，这位前墨西哥军人是被卡德纳斯·吉伦招募来建立和管理其名为“泽塔斯”的保镖组织的。

第三个、也是最重要的一击发生在 2003 年 3 月，抓住了大老板奥西埃尔·卡德纳斯·吉伦本人，他疏忽大意地参加了一个女儿的生日派对。吉伦曾在美国被起诉，也上了联邦调查局十大通缉犯名单（赏金为 200 万美元），小布什政府也一直在向福克斯政府施压，要求将其逮捕归案。

对“矮子”古斯曼和他的公司来说，新拉雷多现在似乎待价而沽。确实，泽塔斯——仍是海湾卡特尔的一根龙骨——已经推出了新的领导，即墨西哥特种部队的另一位叛逃者赫里贝托·拉兹卡诺·拉兹卡诺（因其嗜血成性，人称“埃尔·韦尔杜戈”或“刽子手”）。与古兹曼·代森纳一样，拉兹卡诺也曾在美国接受过战斗和秘密行动的训练，其中一部分训练是在佐治亚州的本宁堡军事基地完成的。尽管如此，当时似乎仍是一个有利时机，毒枭联盟决定进入新拉雷多。

这次袭击由阿图罗·贝尔特兰·莱瓦（人称“埃尔·巴尔巴斯”或“大胡子”）负责组织。他反过来又招募了美国得克萨斯州出生的埃德加·瓦尔德斯·维拉里尔为首席杀手，后者因其有着蓝眼睛肯·多尔[①]一样的好相貌而被称为“芭比娃娃”，尽管事实上他和泽塔斯的新首领拉兹卡诺一样嗜血。“大胡子”与“芭比娃娃”共同建立了“黑人帮”（Los Negros），毒枭联盟的一支全副武装的部队。这支队伍招募的人当中，包括因残忍而臭名昭著的萨尔瓦多裔美国黑帮“野蛮的萨尔瓦多人”（Mara Salvatrucha）。这些努力都是为了有效地打击富有军事经验的泽塔斯人，后者也为自己请来了危地马拉特种部队凯比依（Kaibiles），指导其进一步“深造”。凯比依是反暴乱突击队的精锐，他们因在1980年代实施了骇人听闻的大屠杀并对受害者斩首和肢解的血腥嗜好而臭名昭著。

① 芭比娃娃的男友。——译者

从2003年的第一次小规模冲突开始，新拉雷多街头的火拼一步步发展成了2005年的大规模战斗，部署更精良更致命的武器已变得司空见惯。7月，在敌对双方用上机关枪和火箭筒后，美国官员关闭了美国领事馆。

这些武器的杀伤力令美国人震惊，但应该不会感到意外，因为正是美国军火工业和共和党强大的右翼势力使武器装备如“钢铁之河”般流动得更加欢快。武器的跨境转让一直是活跃且合法的——有些是由美国联邦政府向墨西哥联邦政府出售或转让的，有些是由军火商和有执照的掮客直接向地方政府和警察部队出售的——这两种渠道售出的武器装备都有一些后来被腐败官员转移到了各地卡特尔的军火库。此外，还有一种打法律擦边球的武器流动，即贩毒团伙招募吸毒者，让他们从美墨边境沿线分布的6700家合法枪支销售商那里购买武器，一次可以购买20件。美国的凤凰城是锡那罗亚毒贩最喜欢的购物中心，有853家武器店；亚利桑那州在武器生产方面也很强大：2004年，11家公司生产了超过10万件武器。随后，那些吸毒者购买的武器会很快被偷运出境。

克林顿执政期间，国会于1994年通过了一项禁令，禁止制造半自动攻击性武器，这使得武器向南流动受到了阻碍。尽管该禁令按计划应在2004年到期，但三分之二的美国人（其中包括布什总统）支持延长禁令。然而，美国全国步枪协会（NRA）和右翼得克萨斯州众议员汤姆·迪莱的强烈反对阻止了这次延期。心怀感激的全国步枪协会邀请迪莱众议员在其2005年年度会议做主题发言。在登上讲台后，他稍稍哽咽了一下，宣布这次受邀是其“职业生涯的亮点”。①

武器禁令的解除使得杀伤性极强的武器纷纷南下，也正是这时候，杀伤性武器开始出现在新拉雷多——包括毒贩最爱的 AK－47 卡拉什尼科夫突击步枪（被亲切地称为“羊角”步枪）、AR－15 突击步枪（柯尔特公司制造的民用版 M16）和顶尖职业杀手青睐的巴雷特 0.50 口径的穿甲弹狙击步枪，以及机关枪、破片手雷、霰弹枪、警察杀手手枪②，等等。这样的子弹威力不仅导致数百名无辜平民死亡，而且大规模的火力集结——堪比墨西哥军队的火力——也日益增强了其对

---

① 1997 年至 1999 年，在攻击性武器禁令实施期间，每年平均有 8.8 万件火器运向南方，2010 年至 2012 年间增至 25.3 万件。

1997 年，克林顿签署了《美洲国家禁止非法制造和贩运枪支、弹药、爆炸物及其他相关材料公约》(CIFTA)。该条约要求签署国：减少枪械、弹药和爆炸物的非法制造和贸易；采用严格的许可条件；在制造和进口的枪械上打上标记以便于追查；建立一个程序，供调查走私活动的各国执法机构之间共享信息。美洲国家组织（OAS）的 33 个成员国批准了该条约，3 个成员国没有批准，其中之一就是美国，枪支游说团体成功阻止了参议院对它的批准。

美国全国步枪协会曾经宣称自己是小个子男人保护自己家人和家庭的权利的捍卫者，如果需要的话可以与政府针锋相对，并为自己没有“隶属于任何枪械或弹药制造商而深感自豪”。但随着时间的推移，尽管它在枪支持有者中拥有重要的政治支持基础，然而其大部分收入来自枪支制造商。阿森纳公司（拉斯维加斯）、贝雷塔公司、布朗宁公司、史密斯与韦森公司以及斯特姆公司、鲁格公司这些知名武器制造公司的捐款（通过赞助“自由之环”或在全国步枪协会的出版物上刊登广告等形式）源源不断地注入全国步枪协会的账户。这些钱花得很值，因为每当美国发生枪击惨案时，就可以把全国步枪协会的猎人和枪支收藏家们牵出来顶罪，以免军火行业的首席执行官像烟草业高管那样受到烦人的示威活动的困扰。不管枪支游说团体对第二修正案的呼吁在美国有什么好处，它对别的国家没有任何适用性。每一次检测从墨西哥的卡特尔杀手那里没收的武器，都会发现它们有 75%至 90%来自美国。

② cop-killer pistols，即装有铁弗龙子弹的手枪，杀伤性较强。——译者

抗政府当局的意愿。2005 年，在新拉雷多，担任警察局局长一职的人来一个就被伏击、杀害一个，前后连续 7 人。此后该职位一直空缺，直到 2005 年 6 月 8 日上午，一位印刷店老板斗胆接受了这个职位。而 6 个小时后，泽塔斯人就端着 AR－15 突击步枪把他打成了筛子。

最近的这次杀戮，再加上美国大使施压——他担心会有美国公民被谋杀或绑架——促使福克斯政府采取反制措施，尽管政府内部对“外部干涉”有些抱怨。福克斯决定组建一支军警联合打击部队，为一个名为“平安墨西哥”的行动计划保驾护航。2005 年 6 月 11 日，在新任警察局长被枪杀 3 天后，福克斯派出了联邦调查署和联邦预防警察部门的 600 名警察，与墨西哥特种部队一道，列队进入新拉雷多。他们遭到了当地警察的枪击，后者都是替海湾卡特尔效力的。联邦政府对将近三分之一未能通过毒品测试或涉嫌与毒贩勾结的市局警察予以解职，并对其余警察予以停职，由联邦警察和军队接手他们的工作。然而大家普遍认为，这对正在进行的战斗几乎毫无影响。

2005 年 8 月 3 日，福克斯总统的“平安墨西哥”计划启动几周后，新拉雷多出现了两具尸体。泽塔斯成员在尸体上留下了一张手写字条——这是他们与对手沟通的一种新方式：**“该死的芭比娃娃和阿图罗·贝尔特兰，即使有特种部队撑腰，就算杀掉再多不重要的人，你们也不可能进入这里。”**

毒枭联盟确实没有攻进这里。他们的入侵在东部海湾被遏制住了。但是现在，西面的其他战线被打开了，联盟与泽塔斯成员的火拼在一个又一个州不断爆发。随着战争的蔓延，暴力像病毒一般迅速扩散。

为了侵入新领地、占领旧市场（或开辟新市场），贝尔特兰·莱瓦兄弟和他们的手下“芭比娃娃”率队前往格雷罗州著名的旅游城市阿卡普尔科（南美洲可卡因的主要入境点）。在那里，他们与泽塔斯成员爆发了战斗，后者仍然代表海湾卡特尔行事，但自立门户的想法越来越强烈。随后发生的流血事件，很快引起了当局的干预，对此，泽塔斯成员按照危地马拉特种部队教他们的那样，表达了强烈的不满。2006年4月下旬的一天早上，他们砍下警察部队的一名领导及其手下的头，并穿在警察总部门前的栅栏上。为了把他们的意图表现得更加明确易懂，他们在一片硬纸板上留了话，丢在了两名受害者身边，上面潦草地写着：“这样你们才能学会尊重。”①

帮派间的争斗在毗邻米切肯州的地方更加激烈和复杂，并一直延伸到太平洋沿岸更远的地方。这里有着崎岖的山峦和郁郁葱葱的山谷，资源丰富，是米切肯州辽阔的农业产区（出产青柠、鳄梨等），但由于受到《北美自由贸易协定》以及接二连三的经济衰退的沉重打击，许多农民被迫改种大麻和罂粟，然后卖给一个自称为“企业”（The Enterprise）的本土贩毒组织。在卡洛斯·罗萨莱斯·门多萨的带领下，该组织将其部分利润投入到隐匿在山里的实验室，制造

① 一些分析人士声称，这次斩首行动是对基地组织录制并放到网上的视频中的杀人行为的模仿。

冰毒。

2001 年，罗萨莱斯·门多萨请求他的盟友奥西埃尔·卡德纳斯·吉伦帮他赶走当地的一些竞争对手，这位海湾卡特尔的首领只好派来了手下的一批可怕的泽塔斯成员。“企业”与泽塔斯成员的合作关系维持了几年，但在 2006 年，他们之间爆发了战争。泽塔斯成员从海湾卡特尔中独立出来（特别是卡德纳斯·吉伦此时正被关在监狱里）这一步越来越近，他们已经把注意力转向了夺取太平洋港口拉萨罗·卡德纳斯的控制权。这是一个新兴的、利润丰厚的港口，由于美国国会在 2005 年限制了对伪麻黄碱的大宗采购，迫使冰毒制造者不得不向黑市寻求原料供应。合法运输到拉萨罗·卡德纳斯港的货物急剧增加，大量违禁品也伴之而来。来自印度、中国和泰国的易制毒化学品①被快速运到陆地，与停泊在海上的船只会合。

泽塔斯现在经常用斩首的办法来对付那些反对他们的人，不管是商业对手还是政府探员，其竞争对手很快开始效仿。

贩毒组织“企业”现在由纳扎里奥·莫雷诺·冈萨雷斯（人称“头号疯子”）控制，他与当地那些憎恨泽塔斯夺权和残酷对待民众的治安团体联合起来，并宣称自己是抵抗外国侵略者的米切肯人的保护者。“企业”于 2006 年更名，改为听起来更朴实的“米切肯人家族”，号称要站在穷人这边，提倡重视家庭，打击吸毒（当地人不能吸毒，外国佬则另当别论）。莫雷诺·冈萨雷斯还坚称自己的叛乱是有依据

① 亦即“前体化学品”。——译者

的，高度评价萨帕塔[1]和切·格瓦拉，并认为贩毒是墨西哥不平等的制度造成的，因为这种制度没有给穷人任何机会。“他们说每个社会都会造就它该有的政府，”他这样写道，“而我要说，每个社会和政府都会造就它该有的罪犯。”

“米切肯人家族”表现出了一种气质以及一种爱国者和革命者的面貌。人称“头号疯子”的莫雷诺·冈萨雷斯1990年代生活在美国，是约翰·埃尔德雷奇的追随者。后者自称为“使徒”，建立了一个自助的、纯男性的福音派基督教组织。冈萨雷斯将这个人的某些信条重新组装，并加入了自己的一些警句，由此形成了他自己的“圣经”——“我的想法”——要求新加入者必读。从大量失业者中招募的年轻人被勒令戒掉毒品和酒，接受几个月的激励训练，完成之后他们就可以去履行“上帝的使命”了。

“上帝的使命”第一次显出它的迹象是在2006年9月6日。当时，一群武装分子将五颗人头——他们都是泽塔斯的底层成员，是在活着的时候被鲍伊刀[2]砍头的——扔在了米切肯州乌鲁瓦潘市一家迪斯科舞厅的地板上。他们还学到了泽塔斯成员的另一招：在行动中留下了文字信息，把自己的行为描述为“神圣的正义”，是对当地人认为强奸并杀害了一名酒吧女招待/妓女的凶手的报复。他们声称：“米切肯人

① 1910年至1917年墨西哥革命期间南方农民运动的领袖。他出身贫苦农民家庭，1910年发动莫雷洛斯州农民起义，次年2月向首都挺进，与北方农民游击队合力摧毁了迪亚兹独裁政权。——译者

② Bowie knives，一种尖端两面开刃的长刀。——译者

家族不会为钱杀人，不会杀害女人，不会杀害无辜者，只杀那些该死的人，他们该死!”“上帝的使命”还包括，将那些有暴力倾向的福音派教徒中的贩毒者训练成职业杀手和冰毒生意的骨干。

“米切肯人家族”独特的复杂动机显然是强有力的，他们成功地限制了泽塔斯的入侵。随着向美国出口冰毒的数量激增，越来越需要与北方邻居就通行权进行谈判，米切肯人开始与“矮子”古斯曼和锡那罗亚的贩毒集团交涉，至少在战术上是这样。

面对卡特尔之间的极端暴力冲突在东北部塔毛利帕斯州愈演愈烈，福克斯总统加强了“平安墨西哥”行动的力量。数百名联邦特工和多支军队被派往米切肯、格雷罗、下加利福尼亚和锡那罗亚等州。地方警察——基本上都与卡特尔有所勾结——被整肃，工作由联邦预防警察部门的警员、联邦调查署的特工和军队接手。这些人建立军事检查站，搜查毒品，逮捕瘾君子或街头毒贩。但人们普遍认为，“平安墨西哥”行动并没有触及大型卡特尔。

更要命的是，大型卡特尔对联邦军队造成了很大的冲击。福克斯那崭新铿亮的（2001 年建立）联邦调查署到 2005 年已被严重腐蚀，7000 名特工中有 1500 人——接近这支部队总人数的 25%——因涉嫌犯罪活动在接受调查。据信一些人忠实地听命于锡那罗亚卡特尔，457 人已面临指控。

军队也在瓦解之中。一些士兵出于恐惧而离开，另一些士兵则被更好的条件诱走了。泽塔斯的成功，凸显了那些等待着将自己的军事技能用到黑暗面的人的好处，尤其是考虑到军营里众所周知的可怜的薪水、恶劣的生活条件，被军官羞辱更是家常便饭。在2000年到2006年间，有123218名士兵开小差，相比福克斯执政初期的185143人，等于少了三分之二。正是在这种令人沮丧的情况下，福克斯6年的总统任期磕磕绊绊地结束了。

八

2006年

在福克斯继任者的选战中，两位候选人迅速脱颖而出。

让大多数人（包括福克斯）感到吃惊的是，国家行动党提名了一位名不见经传的书呆子律师费利佩·卡尔德龙，他出生在一个国家行动党人家庭，毕生致力于推动国家行动党的事业。他的父亲路易斯·卡尔德龙·维加是国家行动党的创立者之一，反对革命制度党的专制独裁，也是民主的拥护者和天主教徒中的基督教社会主义者。老卡尔德龙于1981年退党，在他看来，该党已成为一个只为富人服务的右翼组织。费利佩留了下来，尽管他和父亲一样有民主倾向，但在经济政策上要保守得多。1980年代，他从他的家乡——米切肯州的莫雷利亚搬到了墨西哥城，在那里学习法律并获得了经济学硕士学位。随后，他又在哈佛大学的肯尼迪政府学院（2000 年）获得了公共管理学学位。在吸收了新自由主义思想的同时，他也在党内崛起。费利佩·卡尔德龙曾在福克斯政府担任能源部长，但于 2004 年辞职，以抗议福克斯支持内阁部长——费利佩的竞争对手——继任总统。当他赢得意外的胜利时，墨西哥少数富人表示支持他参加竞选。不过，卡尔德龙调整了自己的竞选纲领，以吸引中产阶级人士。这些人受益于福克斯的某些项目（比如贷款购买自有住房项目），以及福克斯任内最后两年非常及时但又很适度的经济增长（部分原因是油价上涨带来的意外暴利）。

卡尔德龙的主要对手并不是革命制度党的罗伯托·马德拉佐——此人被卡尔德龙所属的国家行动党的谴责压得喘不过气来——而是安德烈斯·曼努埃尔·洛佩兹·奥勃拉多（常被人称为 AMLO）。洛佩兹·奥勃拉多来自墨西哥南部的塔巴斯科州，1976 年他在那里加入了革命制度党，并在一所公立大学学习政治学。1984 年，他移居墨西哥城，1988 年加入由夸特莫克·卡德纳斯领导的革命制度党左派，在那次选举造假之后，他又转投新成立的民主革命党。作为该党的坚定拥护者和社会活动家，洛佩兹·奥勃拉多于 2000 年当选墨西哥城市长。在墨西哥城，他进一步拓展了现有的社会福利计划，并启动了一项为单身母亲和老年人提供现金补贴的计划。在他 2005 年离职时，其支持率达到了前所未有的 84%，在墨西哥国内非常引人注目。作为民主革命党候选人，他的竞选口号是“为所有人谋福利，优先考虑穷人”，并主张对富人增税，让穷人也能享受资源。这些政策建议，再加上其简朴的生活方式以及过往对墨西哥原住民的支持，使得很多上层阶级和商界人士疏远了他，认为他是一个没文化（曾经把“right”念成“white”）的罗宾汉式的人物。但他对穷人和工人阶级的吸引力，加上他的名声，使他在民调中一早便领先了两位数。

卡尔德龙以电视广告进行反击，指责洛佩兹·奥勃拉多正在“危害墨西哥”，称他的国内现金转移政策会使经济脱轨，并将其比作委内瑞拉总统乌戈·查韦斯。这些广告远不符合墨西哥开明的、严格反对消极竞选的竞选规则，因而最终被叫停，但在这些广告被禁之前，它们已经发挥了作用（再加上奥勃拉多团队犯的一些战术错误），使两位领跑者之间的差距有所缩小。

最后，这两个不一样但又在某些做法上有所重叠的墨西哥人相持不下，一个偏社会保守派，另一个偏社会自由派；一个植根于北部工业区，另一个植根于该国大多数穷人居住的中部和南部各州；一个倾向于国家行动，另一个赞成让市场发挥其魔力。正如金吉尔·汤普森在《纽约时报》上所说的那样，这场竞赛的胜负将取决于中产阶级如何投票。而中产阶级群体最大的分歧在于——正如大选后的分析所表明的——各人对《北美自由贸易协定》的看法。那些认为自己受益于该协定（以及与美国关系的更加密切）的人，倾向于支持卡尔德龙；而那些觉得受到该协定（以及与美国关系的加强）损害的人，则倾向于投洛佩兹·奥勃拉多。

2006 年的选举并没有提到与毒品相关的流血冲突，包括国家与卡特尔之间、卡特尔与卡特尔之间发生的，尽管这些冲突占据了福克斯 6 年任期的大部分时间。

而且，也没有提到一般性的犯罪活动，部分原因是墨西哥的各种犯罪活动整体上看在明显下降。自 1992 年达到高峰以来，全国凶杀案犯罪率从每 10 万人中 19.72 人被杀，稳步下降到 2007 年的 8.04 人。其他犯罪率也大幅减少，使得墨西哥的犯罪指数接近其他工业化国家的平均水平，甚至比英国、荷兰和爱尔兰等国还要低一些。墨西哥的"犯罪率大幅下降"与美国许多城市的情况几乎一模一样，纽约的暴力犯罪在 1991 年达到顶峰，2005 年却降到历史新低。

所有竞选人的言辞都非常谨慎，避免指名道姓地提到任何卡特尔，以免引火烧身。（竞选人科洛西奥之死仍历历在目。）卡尔德龙含糊地表示，要"在毒品像癌症一样吞噬我们的社会之前，把蒂华纳、新拉雷多、阿卡普尔科这样的城市解救出来"，并打算推进一系列具体的改革措施，包括改革司法制度、集中警力、将抓获的毒枭引渡到美国以及对被定罪的绑匪判处终身监禁，等等。洛佩兹·奥勃拉多则认为，创造就业机会和减少贫困是打击犯罪的唯一切实有效的途径。"我不认为用监狱或高压手段、严苛的法律等威吓措施能有多大效果。"他说。尽管如此，考虑到卡特尔武装力量的强大，他也打破左派反对军事干预的传统，建议军队在打击毒品贸易方面发挥更大的作用。

在 7 月 2 日选举日当天，这两人的支持者如同他们的观点一样泾渭分明地分割了选票。卡尔德龙获得了 35.89％，洛佩兹·奥勃拉多获得了 35.33％，而革命制度党的马德拉佐以 22.26％排在第三位。2006 年，这两位墨西哥总统竞选领跑者的得票率差距为 0.56％，比 2000 年美国大选两位领跑者的 0.51％差距略大，尽管美国当时是戈尔赢得了民众选票，但是就因为选举团（Electoral College）的存在，使得最高法院推翻了民众的决定，这引起了愤怒的民主党人的强烈抗议，称选举被挟持、布什是非法总统。

墨西哥没有选举团，洛佩兹·奥勃拉多的团队指出了各种违规行为，声称卡尔德龙的民众投票率是通过直接欺诈获得的，洛佩兹·奥勃拉多才是最合适的总统人选，这令人回想起被大家称为最具欺诈性的1988年总统选举。相比美国那边戈尔最终选择让步并接受结果，洛佩兹·奥勃拉多却拒绝默认。他的支持者宣称卡尔德龙即将成为总统是非法的，并且走上街头去反对他就任。在7月和8月间，洛佩兹·奥勃拉多的追随者涌上改革大道（一条看起来像香榭丽舍大街的路）等主要道路，并在墨西哥城巨大的中心广场佐卡卢建起了一个巨大的营地，其规模大致相当于11个足球场。① 但是，在对选票的一部分（不是奥勃拉多所要求的全部）进行重新计票之后，联邦选举法庭宣布卡尔德龙获胜。而抗议并未因此偃旗息鼓。

11月20日（正是墨西哥革命的周年纪念日，这并不是巧合），奥勃拉多的支持者如潮水般——他们宣称有百万人之多——涌入巨大的佐卡卢广场，并蔓延到周围的街道。他们要把他们的总统“推”上宝座。人群中间是一个巨大的舞台，上面放着立法院讲台的复制品，后

---

① 这次占领中心广场是极具象征意义的，因为佐卡卢过去是（现在也是）这个城市的象征，是文化和政治中心。在它周围聚集着墨西哥的主要机构：巴洛克式的16世纪大都会大教堂；联邦政府行政部门的所在地国家宫（16世纪在莫克特祖马宫遗址上建成，采用的是遗址上的材料），相当于没有生活区的白宫；市政府宫（市政厅）；阿兹特克大神庙的废墟。

面是一个由雄鹰立在仙人掌上的图案（墨西哥的象征）构成的巨大背景，由一位笔名为“史努普先生”的著名漫画家绘制。就在这个讲台上，伴着爱国乐曲的旋律和人群中（包括州长和参议员在内的几位现任政要）发出的雷鸣般掌声，罗萨里奥·伊瓦拉·德·彼德拉——一位“失踪者之母”的标志性人物，她的儿子在 1970 年代墨西哥的“肮脏战争”中被偷偷带走——为奥勃拉多披上了一条绿色总统绶带的复制品，并为他系好。这群人推选出的“总统”洛佩兹·奥勃拉多随后发表了他的就职演说，并任命了他的内阁成员（当中居然还包括协助策划了 1988 年选举欺诈的革命制度党成员）。

11 天后的 12 月 1 日，当卡尔德龙到达圣拉扎罗的立法院，在国会联席会议面前宣誓就职时，一切都乱了套。立法院外面，成百上千人组成的游行队伍从市中心穿过，他们举着红色横幅、墨西哥三色旗和印有“不要欺诈”字样的标语牌，一遍又一遍地高呼：“奥勃拉多！奥勃拉多！奥勃拉多！”立法院里面，两大主要政党的代表们叫嚷着、互相推搡着试图主导现场。洛佩兹·奥勃拉多的人试图封锁入口，阻止卡尔德龙的人进入，希望通过排除法定人数来缩短程序。这一切不仅仅给大家带来不便，更重要的是根据宪法的规定，如果当选总统未在指定日期、指定地点宣誓就职，总统职位将被宣布为空缺，并将举行新的选举。

国家行动党党员组成楔形阵型，绕过民主革命党的忠实党徒，从后门把卡尔德龙推进了房间。他们冲上讲台，跳过所有的传统仪式，没有握手，把礼仪抛到九霄云外，猛拍办公室的窗格。卡尔德龙仓促地宣誓效忠墨西哥，他的声音立刻被嘘声和欢呼声淹没。共和国的新（如果不说是摇摇欲坠的话）总统很快被带下来，然后夺门而出。整个过程 3 分钟就结束了。

在前前后后发生的混乱中，卡尔德龙匆忙披上总统绶带数小时前举行的新闻发布会并没有引起多少关注。在发布会上，除了宣布他的安全内阁成员外，卡尔德龙还抛出了一段轰动全国的话。他宣称自己将发动一场打击毒品的战争，一场“需要花时间、财力甚至以生命为代价的打击贩毒和有组织犯罪的斗争”。

他解释说，有组织犯罪之所以呈指数级增长，皆因腐败与懒惰，现在它已经强大到控制了全国大部分地区。卡尔德龙说，“墨西哥人不能也不应该允许这种事实上的对国家权威的藐视”，也不应该接受随之而来的对法律的藐视、犯罪活动的激增，他认为暴力事件正在失控，而他要发起的战争将保护人民、减轻腐败程度、减少流血冲突。这是一个非常紧迫的问题，一个事关国家安全的问题，必须立即采取行动。

10 天后，即 2006 年 12 月 11 日，主要由各种联邦部队（陆军海军和联邦警察）组成的一支 5300 人的部队，荷枪实弹地进入墨西哥城西面的米切肯州——据推测，这项计划可能是在 7 月到 12 月间的某个时候闭门磋商出来的。毒品战争的最新版本正在进行中。

许多墨西哥人对这一事态发展感到震惊。卡尔德龙竞选期间，丝毫没有暗示过他打算采取任何这样的军事行动。不出所料，许多人认为这场凭空想出来的战争是卡尔德龙拯救其总统宝座的绝望之举。看起来像是在努力转移话题，分散人们对街头人群的注意力，通过动员全国人民团结在这位国家元首身后支持他和他抗击准外部敌人的英勇立场来确立他的合法性。

人们对这套理论有许多看法，而总有一天，冒烟的枪会告诉大家真相究竟如何。但即使最终能得出结论，卡尔德龙是出于一己私利做出的决定，这种解释也仍然太过轻率，无法说明这场战争是如何发动的以及为什么要发动。福克斯时代无法无天的、可怕的暴力活动日益猖獗，理所当然会引起恐慌。在脑袋到处乱滚的情况下——他自己的家乡米切肯州也不例外——卡尔德龙认为联邦政府必须收复已经被犯罪团伙占领的地带，表面上看是完全合理的。

问题是如何把这件事做到最好。在竞选中，卡尔德龙（再一次）谈到了对腐败的联邦警察部队进行重建并改革司法体系，还顺带提起要仿照美国缉毒署建立一个执法机构。而且说过要提高军人的薪水，这被认为是他下一步行动的预兆。但尽管如此，在他所有的竞选言论中，没有一丝战争的气息。如果有的话，那就是他描述过墨西哥面临的最大威胁并非来自毒枭，而是来自洛佩兹·奥勃拉多。

而且，在当选总统但尚未就职时，他也没有在选举危机期间公开谈论过战争。从 7 月的投票到 12 月的就职典礼，这期间他所做的就是与美国大使安东尼奥·扎加、随后又与布什总统就发动一场全面军事化的缉毒战进行磋商。9 月，卡尔德龙在墨西哥城为扎加举行的一次私人晚宴上说，他计划将缉毒工作作为政府的重要支柱。扎加深表赞同。事实上，扎加警告说，如果卡尔德龙想吸引到拉动墨西哥经济所需的投资，“就必须向外国人和墨西哥人保证，法治将会取得胜利”。卡尔德龙强调，他强烈希望与美国加强安全问题上的合作。

11月，卡尔德龙与布什在白宫举行了第一次面谈，恳请对方同意提供枪支和资金。[①] 但他得到的是布什总统热情的祝福——考虑到3年前布什发动了自己的“选择之战”[②]，这也许并不奇怪。4个月后，即2007年3月，布什出访墨西哥，两国领导人在梅里达市举行会议，最终美国承诺将向墨西哥提供武器、情报收集设备和人员培训等，总计超过10亿美元。[③]

然而，虽然卡尔德龙已经逐步采取措施安排后备力量，但他并没有完全解决他所指挥的墨西哥武装部队存在的问题，也没有对其敌人的实力进行充分的分析。

福克斯总统时代军中已经存在的蔚为壮观的开小差现象，亟待以适度提高薪水之外的其他办法来解决。[④] 派军队去处理墨西哥中部城市的犯罪骚乱，需要对军队进行长时间的训练，而他的闪电战计划对此毫无准备。也许卡尔德龙在这方面受到了美国国防部长唐纳德·拉

---

① 这次会议的时间安排得有点尴尬，因为布什总统两周前刚在其椭圆形办公室签署了《2006年安全围栏法案》，该法案要求在两国边境修建698英里的围栏。卡尔德龙在与拉美裔团体的一次会晤中批评了这一计划，他说他希望看到“美墨边界没有围墙和铁丝网，而是一个能同时给墨西哥人和美国人带去机会和财富的地方。”

② war of choice，即可打可不打的战争。此处指布什发动的伊拉克战争。——译者

③ 向墨西哥政府提供武器的合同包含丰厚的利润，合同另一方的公司包括贝尔直升机公司、诺斯鲁普·格鲁曼公司、西科斯基公司和联合技术公司。

④ 尽管这正是他的承诺：2006年每月拿到4300比索（约合316美元）的士兵到2012年每月拿到了10800比索（约合795美元）。

姆斯菲尔德的不良影响。2004 年 12 月，驻伊拉克前线士兵抱怨军方对危险情况准备不足，拉姆斯菲尔德在回应时说了他那句名言：“你要能跟你已经有的军队、而不是你可能想要或希望稍后能有的军队去作战。”

可以想象，卡尔德龙提议将国家警察部队集中起来，交由一个人来统一指挥联邦预防警察部门和联邦调查署，可能会减少腐败。但是，歹徒所能带来的巨额财富，即便再谨慎的人也可能会驻足不前。而且卡尔德龙对全国大约 2000 支地方警察部队也没有给予太多的关注——这些警察部队往好了说是无用，通常其实是积极效力于卡特尔的帮凶——对于他们，除了大批逐出办公室或者有必要的话由联邦部队将其击毙之外，别无他法。

比这种暴力手段还要弱的是正义手段。刑事司法体系就是一个糟糕的笑话，腐败得令人难以置信，效率极其低下，定罪率微乎其微，监狱漏洞百出或干脆被囚犯控制。

尽管卡尔德龙大范围地提到过“国家”对卡特尔控制地区的收复，但过去那种单一意义上的“国家”已不复存在。无论是好是坏，一党专政的日子已经结束。被击败的革命制度党正舔舐着伤口，找机会卷土重来，但他们并不打算加入联合政府。洛佩兹·奥勃拉多的民主革命党支持者仍在街头抗议卡尔德龙担任总统。国会实际上处于僵持状态。重要的州长职位都掌握在敌对党派手中。所有这一切都可能影响他的决定，即放弃培养支持力量转而发动人民群众——这不仅是一场政变，而且是一场他希望推动一切发生变化的政变。但是，即便是布什也需要煞费苦心地组建一个“意愿联盟”。

然后，对于敌人的力量，他本该做过更好的评估。不仅是对卡特尔的外国势力衍生出来的火力——卡尔德龙非常清楚这个问题，他不断公开而又徒劳地呼吁美国恢复对攻击性武器的禁令，签署《美洲国家禁止非法制造和贩运枪支、弹药、爆炸物及其他相关材料公约》(CIFTA)，阻止卡拉什尼科夫突击步枪的流通。然而卡尔德龙似乎并不理解，毒品生意之所以根深蒂固，是因为成千上万的农民没有更好的选择，只能依赖毒品经济维生。也许他对这种无声的支持很难接受，因为这需要直面农村的深刻危机，并重新思考《北美自由贸易协定》的作用以及整个新自由主义计划在创建这一协定中的作用。

卡尔德龙和他的政党的活动是在一个以《北美自由贸易协定》为基础的平台上进行的，目的在于得到正受益于新秩序的大量墨西哥人的支持。2006年的选票统计数据表明，国家行动党竟然获得了来自北方的工业部门和服务部门、中产阶级和中上层阶级、以天主教徒自居者的支持。奥勃拉多在农业人口、南方选民和贫困选民中表现得更好，尽管革命制度党的马德拉佐在这几块选民中做得更好。卡尔德龙曾谈到与贫困作斗争，但他认为办法就是推进新自由主义计划，进一步向国际资本开放，扩大工业部门的规模，从而将越来越多因遭遇美国农业企业的不平等竞争而被赶出土地的农民吸纳进来。这样一来，一个新墨西哥将和平地取代旧墨西哥。而他不太明白的是，毒品生意本身就是新墨西哥的一部分，非法货物从新拉雷多和华雷斯运向北方，经常是与运送汽车和电子产品的卡车一路同行的。穷苦农民涌入毒品经济中，成了种植者、枪手、包装商、司机、警卫和小贩；许多村庄则通过毒品贸易所得的利润实现了“现代化”，他们都与这一新现状有着利害关系，并且会捍卫这一现状。

而且，卡尔德龙也没有准备好解决墨西哥毒品经济与该国金融、商业和工业基础设施之间的相互依赖关系。虽然他确实批准通过了一些（极其温和且执行不力的）反洗钱法，但他从未完全正视银行系统每年从美国①毒品销售的数十亿美元利润中受益的程度，这些钱反过来又帮助墨西哥的许多“现代”行业发展壮大，比如交通、酒店、安保、牧场、唱片公司和电影公司等。2009 年，在他 6 年任期进行到一半的时候，每年流入墨西哥黑帮的钱约有 300 亿美元，仅次于石油出口的利润（361 亿美元），超过了墨西哥境外务工的女佣和农业工人汇款的总额（211 亿美元），也超过了外国人来墨西哥旅游所创造的总收入（113 亿美元）。他不太清楚自己的选民与他现在正着手推翻的毒品秩序之间的瓜葛究竟有多深。

他可能也注意到了毒品在墨西哥青年（其人数众多但一时很难廓清特征）中的文化吸引力，特别是“毒品民谣”② 的流行。这些将毒贩塑造成英勇反叛者的歌曲，是从一种有着 200 年传统的游吟民谣演变（或变味）而来的。在那个时代，流浪的游吟诗人会把最新的消息放在

---

① 此处以 Gringolandia 指称“美国”，据说 1930 年弗里达与丈夫迭戈到美国工作，后来她把美国称为 Gringolandia，意为“外国佬的土地”。——译者

② 即 narcocorridos，墨西哥北方传统的毒品叙事民谣，一种音乐类型，由多种类型融合而成，在美墨边境两边都有创作者和爱好者。——译者

歌曲中带到墨西哥北部腹地。在 1810 年代和 1820 年代的独立战争期间，歌词带有反叛色彩。这方面内容在一个世纪后的墨西哥革命年代，当士兵们围着军营的炉火唱歌时仍然可以听到（正如格里洛在《匪帮天堂》一书中指出的那样）。

1930 年代，民谣歌手开始歌唱土匪和走私贩，为非法活动欢呼，就像当代美国流行文化所做的那样。1970 年代，歌中的不法之徒变成毒贩，走私贩的现代化身。随着“北方老虎”乐队（Los Tigres del Norte）1974 年以一曲《走私与叛国》获得巨大成功，这种音乐风格开始进入大众市场。毒贩开着车胎里塞满成包大麻的车越过边境前往圣地亚哥的故事，可能是有记录可查的第一首“毒品民谣”，它在锡那罗亚和美国加州的奇卡诺帮派中引起了轰动。很快，来自边境两侧的数百名模仿者纷纷炮制出有猛料的“毒品民谣”，它们很明显与 1980 年代和 1990 年代的美国黑帮说唱歌曲有内在联系。

尽管歌唱者声称自己继承了颠覆传统的衣钵，并把年轻人奉为罗宾汉那样英勇无畏的男子汉，而实际上他们充当了这个体系的堡垒屏障。这些歌曲是消费主义和厌女症（misogyny）的赞歌，是为跑车、时装和性感驯服的女性欢呼——享受的是财富而不是财富的重新分配。他们把毒贩描述为白手起家的成功人士（只不过手上端着乌兹冲锋枪），这种描述同样不着调，因为毒品交易有着准公司的运作机制，靠的是在秩序约束下积极配合。

这些歌曲不仅在黑帮中流行，也被许多对旧墨西哥的失业和半失业状况感到不满的人所接受，还受到了新墨西哥富裕阶层的孩子的推崇。原因之一在于歌里唱的就是墨西哥的社会现状。那些私立学校的毕业生和富裕牧场主的后代，扮作美国郊区的年轻人，摆出黑帮说唱歌手的架势，在他们看来，打扮成流氓或者假装和黑帮头目的儿子在一起很酷。虽然他们拿到 AR－15 突击步枪的可能性并不比美国同龄人更大，但他们易受黑帮文化诱惑的程度使卡尔德龙的想法变得有些麻烦，他的想法是可以团结成一个统一的“我们”来对抗处在社会边缘的“他们”。

有一点是这位新总统可以肯定的，即通过整修安全网、重建革命制度党长期推进的补贴政策、放慢或者转变公共服务（例如教育和日托，这只能吸引那些有支付能力的选民）的私有化进程以及恢复对基本商品的价格控制等措施来扭转宏观经济政策（像左派所建议的那样），是个糟糕的想法。尽管在最后一个问题上他证明了自己是务实的，但在他提议削减玉米饼补贴遭到反对并可能引发大规模抗议时，他退缩了。

相反，卡尔德龙诉诸军事行动，以此明确他所面临的挑战。在这方面，他受到了美国的怂恿。毕竟，这是布什时代，恐怖主义与其说被视为一种反人类罪行，不如说是一种需要发动“全球反恐战争”作为回应的战争行为，尽管这场战争对“胜利”没有明确的定义。在卡尔德龙的心里，可能把“秃鹰计划”当作一种模式——一年或差不多一年来一次打击毒品的闪电战，提醒他们谁才是老板，然后坏人就会有所收敛。但是，鉴于联邦政府监管毒品交易的革命制度党腐败机构大部分已被拆解，即便他想要（其实他并没有）用一个由国家行动党管理的机构来取代它们，也是无计可施。

他本该得到更好的忠告，将小布什的伊拉克战争看作反面教材。到 2006 年，伊拉克早已变成了越南一样的泥沼，而且在 2006 年 11 月的选举中，布什政府的共和党还失去了对参、众两院的控制权。但是，就像刚刚掌权的卡尔德龙所做的一样，一直在回避自己“坚持到底”的说辞的小布什，现在再次改了话风——在右翼的鼓动下——又向中东的泥潭投入了 2 万人的部队。本以为以牺牲更多美国人和伊拉克人的生命为代价发起的“增兵”会多给他一点时间，最终却导致他的政党在 2008 年被反战的民主党赶出了白宫。

和小布什一样，卡尔德龙也是在不顾一切地向前冲，结果也导致了同样的灾难。

九

2006 年—2012 年

第一次打击发生在 2006 年 12 月 11 日，也就是卡尔德龙上任 10 天后。当时，卡尔德龙派出了 6500 人的地面部队和蒙面的联邦警察，沿着山路悄悄挺进米切肯州的毒品之乡，那里正是泽塔斯和“米切肯人家族”这一对前盟友斗得你死我活的地方。几周后，卡尔德龙飞到一个军事基地，戴着士兵帽、穿着军装慰问士兵，这对 1940 年代以来文职官员和军事领导人之间泾渭分明的界限是一次重大突破。“我们将要谱写荣耀的新篇章，”他告诉他们，“我要求你们坚持到底……我们不会给墨西哥的敌人停战或喘息的机会。”

卡尔德龙迅速展开攻势，开辟了一条又一条战线。7000 名士兵涌入阿卡普尔科，3300 名联邦警察和士兵进入蒂华纳——人数远远超过福克斯所承诺的——而且很快就有约5万人上了战场，几乎包括整个联邦警察部队和大部分军队。

进攻很快见效。联邦探员突袭了墨西哥城的一个安全屋，没收了2.07亿美元的冰毒毒资，这是有史以来缴获的最大一笔现金。墨西哥海军陆战队还查获了23.5公吨①可卡因，也创下了有史以来缴获可卡因数量的最高纪录。卡尔德龙的手下还逮捕了数千名涉嫌贩毒的人，他们大都是底下的小喽啰，但也有一些是小头目。其中有几个人是美国期待已久的，比如头号毒枭奥西埃尔·卡德纳斯·吉伦，因而被引渡到美国，使他以后再也不能坐在墨西哥监狱里指挥海湾卡特尔运作（希望如此。）。诚然，没收的钱只占卡特尔利润的一小部分，而且大多数被捕人员没受到起诉即被释放，但总的来说，卡尔德龙此次就像黑帮分子一样勇往直前。之前确实有批评人士抱怨说，在他上任半年后，墨西哥街头的暴力事件比福克斯总统时代的还多。然后，情况就变了。

2007年8月，海湾卡特尔和锡那罗亚-华雷斯联盟达成停火协议。之前他们都低估了对方，以致彼此都伤亡惨重，对生意极为不利。他们各自在哥伦比亚的联络人开始怀疑墨西哥人的可靠性。由于胜利遥遥无期，锡那罗亚的最大团伙（“矮子”古斯曼的公司）及其各地指挥官“大胡子”和“芭比娃娃”勉强决定停止入侵，并寻求与海湾卡特

---

① metric ton，即中国人平常说的“吨”（ton）。但在英美，1公吨（metric ton）＝1000公斤，而1吨（ton）＝1016公斤（英）或907.2公斤（美）。此处按原文译，以示区别。——译者

尔及其泽塔斯部队的和解。在蒙特雷市的和平峰会上，这两大黑帮同意停止相互残杀并尊重生意上的既成事实。墨西哥东北部将归海湾卡特尔，其中包括新拉雷多以及东部的韦拉克鲁斯州；包括阿卡普尔科在内的西部地区则继续归锡那罗亚-华雷斯联盟所有；至于其他地方，双方同意共享。阿图罗·贝尔特兰·莱瓦被锡那罗亚方面推举出来，负责与泽塔斯的头目赫里贝托·拉兹卡诺维护双方的和平。在随后几个月里，杀戮开始平息，尽管到2007年年底时与毒品有关的谋杀案达2500起，超过了2006年的数字，但死亡率呈下降趋势。正如尤安·格里洛所说，卡尔德龙上任一年后，他的毒品战看起来效果“相当不错”。

随后，在2008年初，墨西哥硝烟四起。在卡尔德龙6年任期的剩下时日里，他已经发动的战争将会增加数量、增强质量，并将变得令人难以置信地曲折复杂。双方军队不会有壕沟战，不会有部署严密的大规模战斗；一方与另一方之间或各方内部也不会有明确的区分。相反，这里将反映出一种致命的辩证法，打击毒贩的战争将激化毒贩之间的战争，而这反过来又将导致对毒贩的战争升级。这些卡特尔会四分五裂，然后又重新结盟；就这样，盟友变成敌人，敌人变成朋友。政府军之间的战斗跟他们打击毒贩的战斗一样激烈。战斗人员与平民之间的界线也模糊不清，甚至消失了。有时它似乎是一场针对所有人的战争，而且随着战局的稳步扩大，情况变得越来越可怕。尸体和残肢堆到了划时代的高度。大约有7万人死亡，且死法都很离奇、恐怖，这样的屠杀规模与克里斯泰罗战争[①]和墨西哥革命不相上下。人间真的成了地狱。

将发生这场噩梦般灾难的地理位置井井有条地分成一个个战场，几乎是不可能的。领土边界变得像各方战斗人员一样多变。战场可能会突然从鲜血淋淋的杀戮场面切换为相对平静的景象。然而，地理方法——主要以北方边界地带的西部、东部以及中部各州的暴力轨迹为依据——提供了掌握冲突主线的基本途径。依此既可以鸟瞰下面博斯式（Boschian）的地狱场面[②]，也能借那些智勇兼备的记者之眼直击现场（如果那些记者能全身而退的话）。

从我们远离地面上混乱的杀戮场景这种有利位置看，很显然，2008 年再度爆发战争的主要原因是 2007 年让战争终止的停战协议。和平条约将维护和平的责任赋予了每一个卡特尔所拥有的军事力量。他们千方百计地想要履行自己的职责，以至于双方的战地指挥官——“黑人帮”的阿图罗·贝尔特兰·莱瓦和泽塔斯的赫里贝托·拉兹卡诺——都决定亲自出击，分别打掉各自的卡特尔头目，然后由他们两人达成商业协议。这对从前的宿敌把自己改造成了商业同伙，其结果是墨西哥有组织贩毒的局面被重新洗牌。然而，他们各自在卡

---

① 即 1926 年至 1929 年的墨西哥基督派战争。——译者

② 15、16 世纪的荷兰画家耶罗尼米斯·博斯（Hieronymus Bosch）不仅多产，而且画作多描绘罪恶与人类的沉沦，博斯制作了多幅三联画（绘在三片接合起来的木质屏风上的），其中最有名的是《人间乐园》(The Garden of Earthly Delights)。其中右幅是地狱场景，大量造型古怪的狱卒以各式酷刑惩罚罪人。——译者

特尔的上级拒绝接受这个商业新版图，于是分别对自己的旧下属开战。

锡那罗亚集团的分裂

敌对行动几乎立即在墨西哥西部爆发，既有受个人恩怨驱使的，也有受潜在商业利益驱使的。

打败泽塔斯——或者至少跟凶猛的执法者打成平手——的事落到了阿图罗·贝尔特兰·莱瓦的头上。“大胡子”埃尔·巴尔巴斯甚至还有他的兄弟阿尔弗雷多，经常被人看到、拍到和他的保镖头子“芭比娃娃”埃德加·瓦尔德斯·维拉里尔一起参加各种迷人的派对。他们纸醉金迷的生活方式似乎惹恼了低调的“矮子”古斯曼，就像1980年代在纽约浮华生活中迫切想要抛头露面的黑手党老大约翰·戈蒂激怒了大保利·卡斯特拉诺一样，后者是一个更保守的黑社会大佬，认为黑帮老大既不应该被看到，也不应该被听到。因此，当2008年1月21日阿尔弗雷多在库拉亚坎被捕时，人们普遍认为是“矮子”古斯曼向联邦政府透露了他的行踪。

当“矮子”古斯曼没能帮阿尔弗雷多获得自由时，泽塔斯的拉兹卡诺的所作所为恰好与此形成鲜明对比，他立即为他的新伙伴阿图罗找来了他最信任的律师。因此，人们更加确信是“矮子”古斯曼出卖了阿尔弗雷多。一些人猜测，“矮子”古斯曼没帮上忙，也可能是为了讨好当局，以争取使他的一个儿子从墨西哥州一所戒备森严的监狱获释。而几个月后的4月11日，他的这个儿子确实突然出现在人们的视野。几周后，即5月9日，贝尔特兰·莱瓦家族大概已经对这些事的时间点得出了自己的结论，派出了一个15人的突击队，杀死了“矮子”古斯曼的另一个儿子——22岁的大学生埃德加。他和他的两个朋友，在库拉亚坎一家购物中心的停车场被500颗子弹打成了筛子。

因为与泽塔斯的联系日益密切，贝尔特兰·莱瓦贩毒组织（BLO）——这个团伙如此自称——决定与毒枭联盟决裂，并携手他们信任的伙伴“芭比娃娃”，宣布要对锡那罗亚卡特尔发动全面战争。接下来的战斗更为残酷，不仅对自相残杀的人如此（敌对双方已经一起工作、一起战斗了几十年），对于以他们的共同家园为生活中心的人亦如此（双方对这里的每一寸土地都了如指掌）。屠杀一场接一场，残缺的尸体堆积如山，到这年年底，仅锡那罗亚一州就发生了1162起凶杀案。

2009年的局势更加恶劣。直到当年12月，情况才发生变化。当时，美国缉毒署特工追踪贝尔特兰·莱瓦来到库埃纳瓦卡的一幢高档公寓楼，然后把地址通知了墨西哥海军陆战队，这支精锐部队曾在美国北方司令部受训。随后，200名海军陆战队士兵包围了这座大楼并开枪射击，与此同时，还有一架直升机在空中盘旋。阿图罗和他的同伙开枪还击并投掷了手雷。两小时后，海军陆战队冲进公寓，杀死了里面所有的人。然后，他们找到贝尔特兰·莱瓦的尸体，剥去他的衣服，用他的钱和珠宝盖在他身上，并拍了照，制造出一个官方版的禁毒图片新闻。后来，这些尸体被葬在胡玛亚花园①的一座两层楼高的陵墓

① 位于锡那罗亚州库拉亚坎市的一片墓地，外表与一般墓地没什么不同，但里面都是墨西哥著名大毒枭的豪华陵墓。——译者

里，胡玛亚花园是库拉亚坎南边的一块独特（如果不说成是古怪的话）的墓地，如今已成为毒贩们最喜欢的安息之处。①

贝尔特兰·莱瓦组织刚被铲除，两个敌对派别就出现了，一个由阿图罗过去的得力助手"芭比娃娃"领导，另一个由他的兄弟赫克特·贝尔特兰·莱瓦领导。如今他们互相成就了对方：一边是"芭比娃娃"和他的"黑人帮"，另一边是有泽塔斯相助的赫克特·贝尔特兰·莱瓦。接下来就是尸骨堆积，互相交换对对方成员动刑的录像带。2010年8月，四具被砍掉脑袋的尸体悬在库埃纳瓦卡的一座桥上，有一块附着留言的布条②，上面的意思是任何帮助瓦尔德斯（即芭比娃娃）的人都将遭此下场。就在那时，美国缉毒署查到了"芭比娃娃"的踪迹（通过追踪他的手机），在墨西哥城附近的一个农庄。2010年8月30日，他在那里被联邦警察逮捕。（有人说是"芭比娃娃"自己投降的，他认为在联邦政府的监管下要比为躲避赫克特及泽塔斯而东奔西跑更安全。）随着贝尔特兰·莱瓦贩毒组织失去"大胡子"和"芭比娃娃"，当地军阀开始争夺其有利可图的地盘的控制权。西部的战斗现在从墨西哥西北部蔓延到了中部和南部，十几个州都爆发了血腥的屠杀。

东部地区也出现了类似情况。

---

① 欲知胡玛亚花园的更多信息，参见娜塔莉亚·阿尔马达2011年的纪录片《守夜人》（*The Night Watchman*）。

② narcomanta，即贩毒集团留在布条上的信息，通常会包括要采取犯罪活动的威胁或解释。——译者

海湾卡特尔与泽塔斯之间的斗争

海湾卡特尔—泽塔斯之间的伙伴关系第一次破裂是在2007年，当时海湾卡特尔的头目们与锡那罗亚方面达成了和平协定，泽塔斯认为自己遭到了背叛。在接下来的两年里，泽塔斯人开始向东部沿海地区延伸，在小城镇、村庄和地区（barrio）建起了较为松散的网点。许多泽塔斯成员都是出身贫寒的农村男孩，现在他们又招募了成千上万的农村男孩。到2010年，泽塔斯当中约有一万多名成员擅长采取军事行动，喜欢实施暴力。

2010年初，长期的紧张局势升级为公开交战。泽塔斯人开始袭击海湾卡特尔的成员，只要一发现他们的踪迹就发动攻击，占领其地盘。于是，海湾卡特尔与昔日的锡那罗亚对手联手反击，东北部地区由此被暴力吞没。化友为敌之后，他们之间的第一次冲突发生在塔毛利帕斯州的雷诺萨。然后，战火蔓延到了新拉雷多、马塔莫罗斯以及塔毛利帕斯州—得克萨斯州边界沿线的其他城市，继而又扩大到邻近的新莱昂州和韦拉克鲁斯州。卡尔德龙调派了更多部队，但泽塔斯帮用大口径机枪及火箭筒将政府军和卡特尔的突击队一一击退。一些战斗甚至持续数小时之久，使整个市区陷入瘫痪，留下一片饱受战火蹂躏的城市景象。死亡人数骤增。2009年，联邦政府报告称塔毛利帕斯发生了90起与毒品有关的凶杀案；2010年，上升到1209起，在全国1.5万总死亡人数中占相当大一部分。

而死亡人数造成的影响是单纯的数字所无法反映的，其中包括迄今为止最大的一起大规模杀戮。圣费尔南多是塔毛利帕斯州的一个城镇，具有战略意义的南北向美国 101 号公路在此与通往各边境城市的数十条地方公路和小道相交，因而成为泽塔斯人贩毒活动的重要交接点。（圣费尔南多是泽塔斯的地盘，他们控制了当地警察部队，后者有近一半人在长期为卡特尔效力。）这样的一个战略要地，自然会遭到海湾卡特尔势力的不断打击，一次突袭之后，他们“将泽塔斯人及其同伙的尸体吊在了电线杆上”。

泽塔斯人的反击看起来过度小心谨慎了（如果不说成是偏执的话），他们不仅开始拦截 101 公路上向北行驶的卡车和公共汽车——他们一直以此来扩大他们的绑架勒索行动，目的是从向北涌入美国的中美洲和南美洲非法移民流中寻找猎物——而且现在他们会把疑似海湾卡特尔或其在米切肯和杜兰戈的盟友（即“米切肯人家族”和锡那罗亚卡特尔）派来增援的人从车上拖下来。

2010 年 8 月 22 日，72 名移民（58 名男子和 14 名妇女）被他们从两辆车上带走，严加盘问目的地是哪里，其手机也被严格检查，看看上面有没有记录什么犯罪证据。尽管没有发现任何与海湾卡特尔有关的迹象，但为了防患于未然，这些移民被带到了附近一个废弃的农舍，捆绑手脚，脸朝下趴在地上，遭到集体扫射——只有一名提前装死的厄瓜多尔人逃到了公路上的一个军队检查站。

然而后来的事证明，这只不过是一次彩排，还不到一年，这里就发生了更可怕的大屠杀。2011 年 3 月，几辆公共汽车在 101 公路上被拦下，乘客（这次绝大多数是墨西哥人）全部被带走并杀害。截至 6 月，圣费尔南多地区一共发现47座墓坑，挖出193具尸体，大多数是头部受到钝器重击，而不是遭枪击身亡。尽管有几名自称泽塔斯人的犯罪分子被抓获，并对罪行供认不讳，但杀人原因和性质仍不得而知。各种猜测无奇不有，有的说跟2010年的屠杀原因一样（怕海湾卡特尔增援），有的说是因为拒绝为泽塔斯人运毒，有的说是被绑架的（鉴于人是立即处决的，并且没有提出赎金要求，此说不太可信）。还有的说，一个逍遥法外的当事人，匿名向得克萨斯一位著名记者讲述了此事的来龙去脉。他说，这些死者被迫手持大锤等武器，像"古罗马角斗士"一样厮杀，直到对方一个个在自己面前倒下。幸存者被泽塔斯招募为杀手，派去执行各种自杀式任务，比如开车冲进海湾卡特尔的据点并开枪射击。①

566人命丧泽塔斯人之手，成千上万的圣费尔南多人因此背井离乡，要么逃往墨西哥其他地区，要么逃到美国。卡尔德龙派来了大批士兵，解散了当地警察，并把该地区变成了一个军事基地。但海湾卡特尔与泽塔斯之间的冲突只是转移到了其他地方，其间，泽塔斯人

---

① 第二次圣费尔南多大屠杀被同一时间发生的另一场大屠杀比了下去。这一次，泽塔斯人对偷了他们500万美元并逃过边境、进入证人保护计划的两名高级成员的亲友，乃至现在或过去的手下进行了可怕的报复，扰乱了卡特尔向得克萨斯州伊格尔帕斯贩运可卡因的行动，这可是每周600万美元利润的生意，正与海湾卡特尔交战的泽塔斯人急需这笔钱。泽塔斯人派一队人马去了这两个男人的家乡科阿韦拉州的阿连德市，带着手雷、大锤和重型建筑机械，推倒了与这两个男人有关的所有房子，绑架并杀害了与他们有关的所有居民，哪怕他们不过是姓氏相同。这次事件中至少有300人失踪，毫无疑问，他们被埋进了这片贫瘠土地上遍布的万人坑中。整个事件直到2014年才平息。幸存者们被吓得一声不吭——尤其是在一个头脑灵活、开办被毁建筑参观服务的人脑袋上挨了一枪之后——而且当局对散布更多坏消息也毫无兴趣。

（在 2011 年）将创建并壮大他们的卡特尔逐步赶出了得克萨斯边界的大部分传统地盘。他们还向南扩展到瓦哈卡州和恰帕斯州，并越境进入危地马拉，其行事风格与其说像黑帮分子（格里洛如是说），不如说“像准军事集团在控制领地”。

2012 年 10 月 7 日，当墨西哥海军部队在科阿韦拉州击毙了赫里贝托·拉兹卡诺，卡尔德龙宣布泽塔斯这头巨兽遭到重创。不幸的是，九头蛇法则——砍掉一个脑袋会立刻在原地长出两个或者更多脑袋——在这件事上跟在其他地方一样有效。拉兹卡诺的位子坐上了新人，而许多关注泽塔斯的人认为，这个位置其实早已被该组织二号人物米盖尔·特雷维诺·莫拉莱斯篡夺。虽然拉兹卡诺（人称“刽子手”）是因为残忍才坐上第一把交椅的，但特雷维诺比他还要邪恶，比如他会“炖了”受害者——将他们扔到 55 加仑的油桶中，浇上汽油，活活烧死。“小心你许的愿，别事与愿违!”这句格言用在拉兹卡诺的死和特雷维诺的崛起这件事上非常恰当。同样，卡尔德龙也为时过早地庆祝另一个大毒枭——“米切肯人家族”的头目被剪除，这一行动给米切肯州各地带来了更大祸患。

米切肯人家族，圣殿骑士

到 2009 年底，“米切肯人家族”在锡那罗亚卡特尔与海湾卡特尔的帮助下，成功地将他们当时的共同敌人——泽塔斯帮——赶出了该州。然而，他们并不满足于对冰毒生意的控制——每年向美国出口约 100 吨，市值约为 100 亿美元——开始把生意范围扩大到可卡因、海洛因和大麻之类的交易，并且增加了向美国偷渡人口、走私毒品等副业。他们还加强了对地方政府的控制，收买政客，杀害不肯同流合污者，甚而可以任命警察局长，后者本该以追捕他们为本职。对于卡尔德龙派到该州的联邦部队，他们也并不惮于直接攻击。2009 年 7 月，“米切肯人家族”的一个头目被捕，其同伙抓了十几名联邦警察进行拷打，最后将他们杀害，并将尸体扔在一条山路上，还在他们身上贴了布条，写着“你们再来抓一个吧，我们在这里等你们”。卡尔德龙又派了 1000 名联邦警察，但收效甚微。直到 2010 年 12 月，多亏美国情报机构的参与和提供的信息，墨西哥政府才能宣布他们在一次交火中杀死了卡特尔的头目——“头号疯子”纳扎里奥·莫雷诺·冈萨雷斯，但令人遗憾的是，尸体还没来得及确定身份就被偷走了。

在这位战略领导和精神领袖去世后，“米切肯人家族”退居他们位于山上的要塞，领导层也一分为二，这让坚信自己必胜的政府断言很快将恢复对米切肯的控制。但是，当其中一支开始走向消亡，另一支却变成了更令人生厌的继承人，他们效仿中世纪天主教十字军，将自己命名为“圣殿骑士”。这帮人继承了“头号疯子”莫雷诺的衣钵，由莫雷诺的两个副手塞尔凡多·戈麦斯·马丁内斯（人称“老师”）和恩里克·普兰卡特领导。他们穿上印有红色十字架的白斗篷，为已故毒枭竖起了身穿中世纪盔甲的雕像，并饰以黄金和钻石，将“头号疯子”纳扎里奥·莫雷诺·冈萨雷斯奉为圣人。

和“米切肯人家族”一样，“圣殿骑士”也公开宣称要致力于维护社会正义，甚至要推动革命。他们也做出了尊重罗马天主教会的姿态，当教皇本笃十六世访问墨西哥时，他们在七座城市的桥上悬挂标语：“圣殿骑士卡特尔不会参与任何战争，我们不是杀人犯，欢迎教皇。”他们还承诺要保护米切肯免受外来者的祸害。队伍拉起来不久，他们就在全州悬挂了 40 多条横幅，宣称：“我们承诺维护秩序，杜绝抢劫、绑架和勒索犯罪，保护米切肯州不受敌对组织的侵害。”这里的敌对组织指的是泽塔斯人。此外，他们还邀请其他卡特尔共同加入一个全国性的反泽塔斯联盟。

然而“圣殿骑士”花在扭转犯罪现象上的时间比“米切肯人家族”还要少。除了控制毒品贸易之外，圣殿骑士卡特尔还开始恐吓当地民众，犯下了他们承诺要“杜绝”的所有罪行。他们强迫种植鳄梨和酸橙的农民进贡，要求每生产一公斤都要支付一定的“孝敬”；他们恐吓玉米种植者廉价出售他们的作物，然后以双倍的价格倒卖给玉米饼制造商；他们肆意强暴妇女、绑架，甚至当众拷打、处斩反抗者。他们还控制了米切肯州大部分地区的政治秩序，任命当地的政府官员，控制市政预算，并收买当地警察为自己效力。

“圣殿骑士”不仅威胁当地农民，还威胁本土企业和跨国企业。从 2010 年开始，他们竟明目张胆地劫掠铁矿石公司的原料，或者干脆霸占矿山。然后再将产品卖给加工商、分销商以及中国工业企业，后者是铁矿石最大的需求者，建造并几乎完全控制了如今的墨西哥第二大港——拉萨罗・卡德纳斯港。2010 年，他们运走了 100 多万吨非法采掘的铁矿石，对墨西哥的国家经济和国际地位造成了冲击。“圣殿骑士”现在如同一只重达 800 磅的蚂蟥，为墨西哥的有组织犯罪开辟了一个全新领域。

然而，尽管卡尔德龙发起的战争在东部和西部都遭受了种种挫折，但事实证明，最令人沮丧的是边境地区中心地带的事态发展。

世界谋杀之都——华雷斯市

华雷斯市的噩梦，不能简单地解释为贩毒集团之间为控制这条通向美国市场的重要通道而争战不休，尽管这正是问题的核心所在。这样的世界级灾难降临到这座城市是基于一系列历史原因，有些甚至可以追溯到第二次世界大战，不幸的是，这一切在 2008 年同时出现。

1942 年，美国和墨西哥启动了“短期劳工计划”[①]，这是允许墨西哥农业工人在美国农场从事季节性工作的一系列双边协议。由此，数十万农民来来往往，从而结束了布拉沃河以北的（低工资）劳动力短缺，实际上扭转了 1930 年代大萧条时期由于贸易顺差而开始大规模驱逐劳动力的情况。1964 年，“短期劳工计划”终止，部分原因在于美国劳工抗议削减农场工人的工资。而墨西哥人发现，他们去北方工作这条路被堵死了。为应对由此造成的严重失业问题，墨西哥政府启动了

---

① Bracero Program，西语中，称“墨西哥工人”为 Braceroam，意为用手臂和手工作的人。通常指 1942 年至 1964 年间，美墨两国政府签订的跨国劳务计划，它不仅标志墨西哥季节工的移民活动从自由化阶段转向制度化阶段，也加剧了墨西哥人合法或非法的越境活动。该计划是发展中国家向发达国家移民的典型代表，也是墨美移民的一个特殊历史阶段，在两国移民史上占有独特并重要的历史地位。——译者

“边境工业化计划”①。在此过程中，他们参照了中国港台地区的做法——建立自由贸易区，允许外国公司在其中建厂，雇用当地工人将各种进口零部件组装成成品，比如电视机。而公司对“进口”零件不支付任何关税，只对劳动者的增值部分缴纳出口税，由于工资极低，增值的部分并不太大。墨西哥政府的“保税加工厂”计划——“保税加工”（maquiladora）一词源于磨坊主为他人加工谷物而收取的“磨坊主应收比例的费用”——为美国公司提供了廉价劳动力、税收减免的优惠以及一个离美国本土几步之遥的地方（不必漂洋过海）。

美国企业对这一计划欢欣雀跃，整个 1970 年代和 1980 年代期间在边境开设了大量工厂。其数量从 1965 年的 12 家（雇工 3000 人）增加到 1990 年的 1920 家（雇工 460258 人），此时墨西哥这类保税加工厂的数量已经超过了其亚洲竞争对手的。华雷斯从周边贫困的农村地区吸收了大量移民到这片工业飞地（enclaves）工作，从而在这一保税加工业居于领先地位。1950 年至 1990 年间，该市总人口从 12.26 万人增加到 80 万人。

由于 1994 年签署了《北美自由贸易协定》以及当年比索贬值了一半以上，保税加工厂数量在 1990 年代再次大幅增长。通货膨胀率因此从 1994 年的 7%上升到 1995 年的 52%，从而使以美元计价的墨西哥工人工资下降了近 30%。美国企业争先恐后地从墨西哥的超廉价劳动力中获利，这就是为什么在 1995 年至 2001 年间该国整体经济增长率下

① 即 Border Industrialization Program。——译者

降，而保税加工厂就业率却平均每年增长11%的原因。在华雷斯市，加工厂的工人由1994年的140045人，增加到2000年的262805人，几乎翻了一番。而随着劳工的到来，城市总人口也急剧增加，从1990年代初的80万人猛增到1990年代末的120多万人。

人口激增带来的红利向北方迅速蔓延，然而尽管工人们在某些方面要比他们在农村的生活好一些，但工资下降的压力（由于当地的竞争以及日益加剧的国际竞争）使他们始终处于贫困之中。工厂大门外，贫民窟不断蔓延，生活条件极为恶劣。一些摇摇欲坠的房屋是用美国工厂装卸码头的运货托盘建成的，自来水、有效的污水系统、铺设好的街道及电力，对很多人而言极其有限，甚至可望而不可即。学校、医院、公园、公共交通工具——通常所说的公共设施——更是严重短缺。华雷斯，尽管名为城市，但从某些方面来讲，不如说它是私营部门飞地中的一座工人圈养栏。

社会压力也居高不下，尤其是与性别差异有关的方面。那些装配厂原本是为解决男性失业问题而设立的，后来却更愿意雇用年轻的单身女性，因为她们工资更低，并被认为更具可塑性。而这正是绝望的农户们所需要的，他们面临着农业危机，迫切需要增加收入来源。城里的保税加工厂的设立，使得农户们可以将自己的女儿送入工业劳动力大军，事实上，年轻女性在这支大军中已占绝大多数。而工作强度、工作环境和薪资却很糟糕。这些保税加工厂的雇主付给墨西哥妇女的工资，大约只有布拉沃河对岸的女性工资的六分之一。更糟的是，这些女性还要面对男性的敌意，其中很多是失业男性。他们的敌意，并不单单是因为女性夺去了他们的工作机会，而是因为独立和流动的劳动妇女团体对根深蒂固的男权社会的性别秩序提出了挑战。

大约从 1994 年开始，当比索贬值导致贫困加剧，保税加工厂就业率上升而女性得到更多就业机会，一场针对女性的暴力瘟疫席卷全城，受害者绝大多数是保税加工厂的工人。强奸、殴打、折磨和死亡原因越来越暴力（勒死、刺伤、残害）的案件的数量开始上升，这些杀戮受到了警察的教唆（有时甚至是由警察实施），而黑暗的街道使女性更易受伤害，变相助长了杀戮。1993 年至 2003 年，超过 340 名女性遇害，其间，愤怒的抗议者把“在华雷斯遇害的妇女”这句口号喊得举世皆知。虽然有些杀人事件是出于特定情况和个人动机，但是很显然，谋杀案的泛滥并不单单是个别事件的集聚而成，而是源于某种根植于城市社会生态的东西。

1990 年代也是“天空之王”阿马多·卡里略·富恩特斯的鼎盛时期，他在 1993 年成了华雷斯卡特尔的霸主。到 1995 年，他那些装载着哥伦比亚可卡因降落到华雷斯机场的喷气式飞机，每年都带给他超过 120 亿美元的收入。毒品向北流动，与因《北美自由贸易协定》而扩大的合法产品大潮肩并肩或者夹带在其中进入美国，为卡里略·富恩斯特及其同伙提供了丰厚的利润，使得他们可以安然享受奢侈的生活。与此同时，毒贩队伍也壮大了，他们游走于城市之中销售了数以吨计的产品。有人认为，这支队伍的人数正好与加工厂流水线上的工人数量相符。直到“天空之王”于 1997 年突然去世，他的地盘都是秩序井然。当然，谋杀是非法行业的生意之一，他们不能把此类生意的纠纷提交法庭来解决，但可以把谋杀案控制在每年200到300起。

随着21世纪的到来，危机四伏的局势又雪上加霜。由于中国加工厂的劳动力更便宜，一些公司便将业务迁往亚洲。2000年3月，美国互联网泡沫破裂，经济陷入衰退。墨西哥经济随之迅速跳水：它一直对美国的金融动荡极为敏感，而现在由于《北美自由贸易协定》这一枷锁的拖累，它比以往任何时候都更加脆弱。边境地带遭受的破坏就更严重了。2000年至2002年间，华雷斯市的保税加工厂就业形势急转直下，529家工厂倒闭，（总共26.2万个岗位中）约4.9万个工作岗位就此消失。

后来的事实证明，这一次的经济衰退是短暂的，过山车式的经济发展再次抬头。不仅就业率上升，移民人数也是如此。到2005年，华雷斯的人口达到146.41万，以致一些人担心这个欠发达城市根本无法维持这么多人的生存。① 令人担心的事还远不止这些。1997年"天空之王"去世后，出现了一贯会有的继任危机和随之而来的不稳定，但到了21世纪初，阿马多的兄弟维森特·卡里略·富恩特斯差不多算是坐上了头把交椅。如今，维森特自称为"总督"，并通过与锡那罗亚卡特尔的"矮子"古斯曼结盟巩固了自己的地位。但是在2004年，一系

① 当然，这样的评价是见仁见智的。2008年，华雷斯被极具影响力的金融时报集团出版的著名杂志《外国直接投资》评为"未来之城"。《全球直接投资解决方案：网络世界的企业发展》网站也兴奋地宣称："祝贺墨西哥奇瓦瓦州华雷斯市在《外国直接投资》杂志评选的2007/2008年度北美大城市类别（50万至200万人口）中成为'最具综合成本效益'的大城市，并位列'最佳基础设施'大城市的前五名!"

列令人不安的迹象表明，这一针对海湾卡特尔—泽塔斯集团结成的联合阵线即将解体。

2004 年 9 月 11 日，“天空之王”阿马多的另一个兄弟鲁道夫·卡里略·富恩特斯被杀，据信杀手是“矮子”古斯曼所派。此事导致 3 个月后，“矮子”古斯曼的兄弟阿图罗·古斯曼·洛埃拉遭到报复性杀害。随着联盟的瓦解——其彻底解体只不过由于与海湾卡特尔及其泽塔斯的战事不断才推迟——华雷斯卡特尔内部的派系斗争也在加剧，从而削弱了“总督”本来就没能完全掌控的权力。

一旦东部与西部的战争因 2007 年的停战协议而结束，锡那罗亚卡特尔和华雷斯卡特尔之间也终于决裂，随之而来的是全面混战。2008 年 1 月和 2 月，暴力事件呈上升趋势，60 天内就以 100 起谋杀案创下了历史新纪录。4 月，卡尔德龙发起了“奇瓦瓦行动”（类似于布什在伊拉克的“增兵”行动），最终派出数千名士兵和联邦警察进驻该市。此举无异于火上加油。截至 2008 年底，已造成 1600 人死亡。

就在这一年，又一场灾难降临到这座城市的头上。9 月 15 日，美国雷曼兄弟公司申请破产。随后，美国经济下滑，导致墨西哥经济出现 20 年来最大幅度的下降。2009 年，其国民生产总值萎缩了 6.6%，创下了拉丁美洲国家经历过的最大跌幅。

暴力升级再加上大萧条，可谓雪上加霜，它阻断了外国投资，对边境的保税加工业造成了毁灭性后果。华雷斯市是组装工作劳务输出最集中的城市，受到的打击也最大。制造业就业人数在此前 10 年曾减少了 5 万，现在又失去了近 5 万个工作岗位，从 2007 年 7 月的 214272 个，降至 2009 年 12 月的 168011 个，减少了 22%。蒂华纳的工作岗位也减少了 21%。另一个打击是：美国的墨裔美国人也受到了经济萧条的影响，他们往墨西哥汇款的能力减弱，仅在 2009 年，墨西哥的这一重要收入流就减少了 16%。2006 年至 2009 年，全国有 1000 万人生活在贫困线以下。

经济学家指出，作为部分补偿（partial compensation），所谓的非正规经济在 2008 年到 2009 年增加了近 100 万个工作岗位，尽管很少有人注意到这样一个事实，即这些职位中有很大一部分不是由勇敢的独立企业家创造的，而是由那个屹立不倒的最大的商业部门创造的。卡特尔雇用失业者为其效力，从像骡子一样越境运毒到杀人，简直无所不为。这样的差事前景诱人（鉴于没有其他选择），特别是对于刚走出学校、走上街头的年轻人而言。2010 年的一项研究发现，在华雷斯市，年龄在 13 岁到 24 岁的青少年有 12 万人，占总人口的 45%，他们既没有在任何教育机构注册，也没有正式就业。相反，许多人挥舞着卡特尔提供的卡拉什尼科夫突击步枪和 AR－15 突击步枪，已经从高中生变成了娃娃脸的杀手，时刻准备为钱杀人。（在华雷斯，每具尸体的价格为 85 美元，可以买到一周的啤酒和玉米饼。）数以千计来自该市无限滋生的贫民窟的青少年被卷入了冲突，他们要么是由华雷斯或锡那罗亚卡特尔直接招募的，要么是被这两大卡特尔手下的街头帮派吸纳的。

到 2009 年，多方面力量恳求卡尔德龙应对经济危机。墨西哥天主教会通过墨西哥大主教管区的周报《来自信仰》发表讲话，宣称美国金融危机证明野蛮的投机性资本主义“已经失败”，呼吁回归一种讲求社会责任的经济形式。民主革命党提议墨西哥银行拨出250亿美元用于建设公共工程①，以创造就业机会、重振经济。洛佩兹·奥勃拉多还呼吁政府取消汽油和电力价格中所有上涨的部分，为所有学生提供教育津贴，并从原住民和城乡贫困人口开始，为老年人制定粮食预算。

卡尔德龙的回应是提出了一个应急方案，旨在扭转数十年来对华雷斯社会结构的忽视，但这种做法实际上等于是给一个刚刚被枪杀的病人贴创可贴。他称赞自己的“我们都是华雷斯人”计划是“一揽子政策干预措施”，其目的不仅是消除暴力和犯罪的影响，还要解决暴力和犯罪滋生的根源。其措施包括：71所学校延长上课时间；建立“安全学校”计划，“通过预防成瘾和暴力犯罪来打造安全的环境”；向1379家中小企业发放“软贷款”；对贫困城区的19个公共场所进行“拯救或改善”，包括体育设施、公园和社区中心；让更多人加入“大众医疗保险”（Seguro Popular），即联邦政府的免费医疗保险计划；让联邦反贫困计划覆盖的家庭数量翻一番（达到21808家）；这一计划名为“机会”，是卡尔德龙从福克斯和塞迪略时代继承来的，旨在为低收入家庭提供有条件的现金补助，招收他们的子女入学，“定期为他们进行体检”。然而这些颇有价值的倡议的可悲缺陷，因为一个新足球场的首次使用而凸显了出来——它被用作了屠场，7人在此被杀害。

① 指政府资助或政府直接从事的各项建设，包括公路、水利、住房等，或者政府资助的地区性开发计划及工程。公共工程是西方各国财政政策中的一个重要组成部分。——译者

政府对这场危机的反应是在全国范围内通过2010年的预算削减，采取紧缩措施以“恢复投资者的信心”。

具有讽刺意味的是，有一件事似乎颇能振奋投资者的精神，那就是毒品利润继续像以往那样持续流动。考虑到墨西哥的经济困境，分析家们对墨西哥银行业的良好表现感到惊讶，卡尔德龙政府将此归因于1994年金融危机后进行的金融改革。但根据联合国毒品和犯罪问题办公室主任安东尼奥·马丽亚·科斯塔的说法，在全球危机最严重的时候，似乎是“价值数十亿美元的毒品收入在维持金融体系的运转”。这位联合国毒品机构的“沙皇”认为，事实证明，被洗白后南下进入墨西哥银行金库的300亿美元是处于崩溃边缘的机构“唯一可用的流动资本”。在2010年6月15日的一次新闻发布会上，墨西哥财政部长对这一富矿的规模进行了较为适度的评估，他说，在墨西哥开展业务的41家银行有“100亿美元无法在这个国家经济活动的适当动态范围内予以解释”。①

卡尔德龙确实曾试图纠正这种情况，他下令采取措施限制现金存款，并于2012年10月通过了一项温和的反洗钱法案，加强了对银行、赌场和信用卡公司的监管，限制在某些房地产交易或购买和销售车辆、

---

① 汇丰银行接受了锡那罗亚卡特尔至少8.81亿美元的现金存款，一个夹子夹着成千上万的美元，用的盒子是专门按照其柜员窗口的尺寸精确设计的。此外，该银行对超过6700亿美元的电汇未能有效监控，其中有超过94亿美元通过墨西哥汇丰银行购买了美国货币。高管们承认他们没有遵守反洗钱规定，2012年该银行被罚款19亿美元——大约两个月的利润——但检察官没有提起刑事指控，以免令银行倒闭并进一步破坏全球金融体系的稳定。“罪名太大而无法起诉”是一种共识。

珠宝、贵金属、手表、宝石和艺术品时进行现金交易。但据墨西哥财政部报告，在2010年的反洗钱调查中，仅有2%的案件因被告被判刑而告终，有效执法的前景似乎一片黯淡。

卡尔德龙并没有直面金融危机和体制危机，反而选择在军事领域加倍发力。在华雷斯市，大约有800多名警察被解雇，由军队和联邦警察取代他们的工作。截至2009年3月，至少有4500人到位；到了8月份，已超过7500人。随后在2010年又进一步增援，卡尔德龙坚称："打击墨西哥的敌人，我们绝不退缩。"

在这一点上，他得到了美国政府的全力支持，尽管政权发生了变化，但美国政府仍对卡尔德龙派军队进入墨西哥城市街头的战略表示支持。承诺美国将在3年内向墨西哥提供价值14亿美元的硬件和培训的《梅里达倡议》，是布什总统在2008年签署的，但实施却落在了奥巴马总统（2009—2017）身上。2009年4月，奥巴马总统在其第一次任期内访问墨西哥时，称赞了卡尔德龙对毒品卡特尔采取的行动，并承诺要加快《梅里达倡议》提供的武器的运送，使其尽快到达墨西哥政府手中。①

---

① 然而，这些注定要落入卡特尔手中的武器继续以轻快的速度流向有利可图的地方。奥巴马承认了这一点，并指出（就像布什所做的那样）从墨西哥黑帮手中夺取的武器有90%以上来自美国。奥巴马答应采取行动，说他会推动美国参议院批准《美洲国家禁止非法制造和贩运枪支、弹药、爆炸物及其他相关材料公约》（CIFTA）。在这一点上他失败了。他还表示，他赞成恢复美国对攻击性武器的禁令，但在这方面他甚至拒绝尝试，因为考虑到全国步枪协会和共和党的顽固态度，他认为枪支控制，哪怕是输出到黑帮，也不可能成为政治议题。

随着华雷斯市暴力事件的爆发，奥巴马政府和五角大楼的联合部队司令部担心墨西哥可能会成为一个“失败的国家”。他们想知道，卡特尔的暴力活动是否会引发政府的崩溃，导致该国陷入混乱，并反过来“可能要求美国基于其对自己国家安全所造成的严重影响而作出回应”。2009 年 4 月，国土安全部部长珍妮特·纳波利塔诺宣布将向边境地区派遣数百名联邦特工和其他人员。

随着墨西哥死亡人数的上升，卡尔德龙请求布什提供武装无人机方面的支持，他对它们在伊拉克和阿富汗的威力印象深刻。白宫拒绝了，担心会造成附带伤害（一如在伊拉克和阿富汗那样）。

但是在 2009 年 7 月，一名美国边境巡逻队员被枪杀后，“掠夺者”无人侦察机投入使用，不过只限于侦察，并由美国飞行员在美国国内控制，而墨西哥军队或联邦警察指挥官指挥它们在格兰德河以南进行飞行。奥巴马还批准美国缉毒署和中央情报局分别对墨西哥的对口部门的培训，以便使用对基地组织和塔利班成员采用过的“高价值目标”战略来追捕大毒枭。美国人还试图通过测谎、药物测试和审查候选人等方法建立值得信任的墨西哥机构，但这些行动每每都被内奸渗透。

2010 年是形势更令人焦虑的一年。1 月，（据“维基解密”披露）美国大使馆官员认为卡尔德龙正在努力应对“不断升级的暴力事件，这些事件使他很容易遭受批评，认为他打击犯罪的战略已经失败”。9 月，国务卿希拉里访问了墨西哥，宣布贩毒集团的暴力活动很可能“正转变为我们所说的叛乱，或成为叛乱的根源”。2011 年 2 月，美国陆军部副部长表示，贩毒集团“可能会接管靠近我们边境的一个政府当局”，事态一旦发展到这一步，美国可能就要出动“武装部队”来打击“在我们边境或刚刚越过边境到达我国境内的叛乱”。

这种对美国可能采取军事行动的暗示，唤起了墨西哥人的回忆，就算他们想不起 1846 年波尔克的武装入侵[①]，也会对 1916 年潘兴的突然侵犯[②]记忆犹新。因此，这在墨西哥掀起了一场轩然大波，使得美国立刻收回了这一说法。但几天后，2011 年 2 月 15 日，美国移民与海关执法局（ICE）特工詹姆·萨帕塔被泽塔斯人用从美国走私来的武器射杀。这是自 1985 年基基·卡马雷纳事件以来发生的第一起这样的谋杀案，导致一些人要求允许越来越多的美国特工在墨西哥携带武器。2011 年 3 月，卡尔德龙飞往华盛顿与奥巴马会谈，此举令后者对其在打击毒品卡特尔方面的“非凡勇气”表示赞赏，并坚称美国完全支持卡尔德龙的禁毒战。为了支持墨西哥人在华雷斯市采取的行动，美国当局在得克萨斯的布利斯堡附近安排了“头脑风暴会议”，美国联邦警官进入了华雷斯市的联邦警察作战室。

但是，在这座四面楚歌的城市中，人们很快发现军方将当地所有人都视为潜在的毒贩杀手（其中很多人确实是），对可疑的平民和市政

---

① 波尔克（James Knox Polk，1795—1849）是美国第 11 任总统（1845—1849），1846 年美国挑起对墨西哥的战争。经过近两年的美墨之战，墨西哥失去了包括得克萨斯在内的 230 万平方公里的土地。——译者

② 潘兴（John Joseph Pershing，1860—1948）是美国陆军上将，又称“铁锤将军”，曾在 1916 年至 1917 年率 1.5 万名军人远征墨西哥，镇压当地的农民游击队。——译者

警察都实施了毫不留情的打击，这样一来，军方无异于在制造问题而不是解决问题。更糟的是，军方和联邦警察中的很多人就像被贪婪的病毒传染了一样，纷纷暴露出了人性的阴暗面，肆无忌惮地偷盗、强奸、抢劫、绑架。尽管他们一开始受到了当地人的欢迎，但许多人很快就改变了想法，不断对他们的滥用职权进行投诉。2011 年 11 月，人权观察在一份报告（《既无权利也无安全：墨西哥"禁毒战"中的谋杀、酷刑和失踪问题》）中声称："墨西哥的'禁毒战'并没有减少暴力事件，反而因安全部队的杀戮、酷刑和其他骇人听闻的滥用职权行为使其急遽增加，而这只会使该国许多地区的无法无天与恐怖气氛恶化。"[1] 负责整个奇瓦瓦州行动的是第三步兵连的指挥官曼努埃尔·德热苏斯·莫雷诺·阿维尼亚少将，他很快被解除了职务，并被指控犯有刑讯逼供、谋杀以及与毒贩勾结等罪行。但屠杀仍在继续。

一场杀戮、绑架、敲诈勒索、抢劫、帮派冲突、血腥复仇和刺杀活动的狂潮笼罩着这座城市。机枪的扫射声如同汽车警报一般，成了生活中常见的噪音。街上到处散落着 AK－47 和 AR－15 步枪以及 0.40 口径和 9 毫米口径手枪的空弹壳，被斩首、焚烧、肢解的或布满弹孔的尸体也是随处可见。

2009 年 8 月，华雷斯市的谋杀率被宣布为全球最高，令排在第二的加拉加斯望尘莫及。到这年年底，已有 2660 人死于非命，几乎是 2008 年总死亡人数的两倍。2010 年，死亡人数更是达到 3116 人。

---

① 2006 年至 2009 年间，针对墨西哥国防部涉嫌侵犯人权的投诉增加了 1000%，大大高于福克斯政府时期。

2007 年至 2011 年间，成千上万的人逃离这座城市，那些有钱有势的人越过边境在埃尔帕索[1]和冲着北方的地方定居下来。据报道，华雷斯市有 10 万所房屋空置或者被遗弃、毁坏。

在这座人间地狱里，死亡似乎无处不在，这是一场针对所有人的战争，已无法用理性来解释。当时居住在华雷斯市的记者查尔斯·鲍登在他那篇令人难过的报道《谋杀之城》中写道，“暴力如今似乎已经融入了社区的机理之中，并没有什么单独的原因、单一的动机，也没有开关按钮来启动或结束它。”暴力“就像空气中的尘埃，已经成了生活的一部分”。哦，不对，鲍登又补充道：“暴力不是生活的一部分，它现在就是生活本身。”

但流血并不是毫无意义的，也并非莫名其妙。尽管它由于卡尔德龙的干预而引发，但归根结底是为了争夺市场控制权，因为胜利者最终将获得数百亿美元。2011 年，“矮子”古斯曼及其锡那罗亚卡特尔大大削弱了“总督”的势力，卡尔德龙被迫撤出火上浇油的军队，以重组联邦警察和地方警察部队，这时候暴力事件开始逐渐平息，截至年底，死亡人数降至 2086 人。2012 年，锡那罗亚卡特尔已经明显取得了胜利（尽管还没有完全取胜），死亡人数也跌跌撞撞地降至 750 人——这仍然很残酷，但数量的变化足以反映出明显的质的变化。商店重新开张，市民沉浸在一种相对平静的气氛中。

但是这一次，巨人之间冲突的缓解是通过一方取胜而不是双方停

---

① 美国得克萨斯州西部城市，地处美墨边境。——译者

战来实现的，而且也没有使全国其他地方的冲突偃旗息鼓。恰恰相反：战争导致了连带犯罪的大规模蔓延，它们像猛兽一样到处横冲直撞，对这个国家造成了严重的破坏。

连带犯罪

卡尔德龙认为他的根本目标不是查禁毒品，而是打击毒枭对国家权威事实上（也近乎是法律上）的挑战，从而结束有组织犯罪对公共秩序和安全的破坏。但这位总统将胜利理解为通过逐个消灭毒枭来瓦解卡特尔，他认为这种斩首行动会削弱贩毒组织，并很有可能会摧毁其控制墨西哥大部分国土的能力。若是按照这个标准，他的 6 年任期确实取得了巨大成功，他的部队在行动中共抓获或击毙了 37 个最大头目中的 25 人。然而，最终的结果并不理想。

一方面，2006 年，主要的犯罪组织有 5 个左右，他们在 2012 年合并为两个超大型卡特尔——锡那罗亚与泽塔斯，前者控制了墨西哥的西部，即这个国家的一半领土；后者则控制了东部。卡尔德龙竟然在无意之中进一步推动了该行业的权力集中。与此同时，海湾卡特尔、贝尔特兰·莱瓦、华雷斯卡特尔、蒂华纳卡特尔和“圣殿骑士”的位置都已经降到了第二。

另一方面，无组织犯罪激增。九头蛇法则再次应验。卡尔德龙发起的战争，再加上犯罪行业的裂变，催生出了大约 80 个小型犯罪组织，自由企业制度以及与之相伴而生的残酷竞争就此死灰复燃。卡尔德龙辩称，由此引发的帮派内部、各帮派之间以及针对平民的暴力事件的大爆发，恰恰意味着他的禁毒战的成功——这与一个人发烧表明其身体正在抵抗病毒感染的道理是一样的。这种抽象概括令人不安，而他竟借此把公共秩序可怕的崩溃描绘成不过是风平浪静前的风暴。

事实上，随着竞争对手对新市场的开辟，战时对收入来源的争夺正在重塑犯罪活动的格局。在美国，1933 年禁酒令刚取消时也出现过类似情形。当合法公司重新控制烈酒的生产和销售时，已经因从事酒类交易而腰缠万贯、权势熏天的犯罪组织的头目们，被迫进入其他行业，如敲诈、勒索、赌博和卖淫，使生意多元化。在 21 世纪的墨西哥，生意与其说出现了分歧，不如说形成了分化。大佬们继续控制着大型跨国毒品交易网络，把后起之秀们推向本地市场从事多元化生意。

在这种情况下，由国家统计、地理和计算机研究所汇编的统计数据显示，墨西哥的犯罪率飙升，扭转了自 1990 年代以来保持的历史性下降趋势。其中遥遥领先的是绑架。

绑架案大量发生，上一次是在 1990 年代的经济危机期间，大多是由单独行动的犯罪分子实施的，与当时有组织的贩毒分子并无关系。事实上，有时候甚至还会出现相反的情况：当锡那罗亚地区某些单干的枪手开始绑架富有的牧场主，并切断其手指催促其家人尽快支付赎金时，大毒贩们下过命令，禁止这些人在他们的地盘上干这种勾当，否则就要别想活命。也许这就是该州的绑架案发案率在全国最低的原因之一。

在卡尔德龙发动禁毒战的那些年里，绑架案再次飙升。一项政府研究发现，2005年至2010年间报告的绑架案增加了317%，2008年增长得尤其快，2010年达到了1350起。报告的绑架案与实际发生的比率通常为1∶10，因为受害人家属担心报警（如果一开始他们没有这么做的话）会提高绑匪杀害被绑架者的几率；所以犯罪学家认为，墨西哥的绑架率可以说是全球最高的。

大部分的肮脏生意都是由小型帮派承担的，他们从战争的混乱之中崛起，因越来越多的年轻人入行而实力大涨。面对经济危机的打击再加上禁毒战的中断，这些年轻人正在寻找发财致富的门路。他们与当地警察部队中被解职的警察一起遭到军方驱逐，军方认为他们（这并非毫无道理）都听命于卡特尔。这导致了双重的不利后果，不但削弱了现有的地方治安力量，还造就了一批失业的持枪分子。

这些新入行的犯罪分子抢劫的往往不是富人和保护措施严密的人，而是一些专业人士和小商人、医生和汽车经销商，甚至是像石油工人这样稍稍富裕些的雇工。而且，他们物色的猎物几乎都是当地人，而不是美国人和欧洲人。

这并不是说，大型卡特尔放弃了这个机会。事实上，泽塔斯也涉足了这一领域——对于一个全副武装令人闻风丧胆的犯罪组织来说，这是一项显而易见、手到擒来的副业——但他们以工业化规模来从事这种犯罪活动，瞄准的是从中美洲来到布拉沃河边境的大批移民，这些人成为源源不断的潜在受害者。

从 20 世纪 70 年代到 90 年代，危地马拉人、萨尔瓦多人、洪都拉斯人和尼加拉瓜人一直在逃离他们的国家，不仅因为内战连绵，还因为有数十万人死于其本国政府和美国政府支持的敢死队之手，或者不知所终。已有超过 200 万人逃往墨西哥和美国。2000 年以来，有 18 万人被杀的中美洲北三角区（萨尔瓦多、危地马拉和洪都拉斯）一直是拉丁美洲最贫困和全球最暴力的地区。这里的谋杀率从 2007 年前后开始急遽上升，到 2012 年，每 10 万人中有超过 90 人被杀（洪都拉斯），远远高于墨西哥的 21.5 人（美国为 4.7 人）。谋杀率的上升，原因之一是墨西哥贩毒集团的到来激起的反应，他们血液里本就流淌着本国的杀人文化，这时候又在其中加入了自己的野蛮色彩。

持续存在的混乱局面，反过来又造成每年有 40 万至 50 万人逃到美国避难。大多数人选择趴在被称为“野兽”的货运列车车顶偷渡；如果几个家庭能把钱凑在一起的话，他们会乘坐公共汽车或卡车过境。有组织的犯罪分子与不法警察勾结，大肆抢劫、强奸、绑架、杀害他们。[①] 据泽塔斯人估算，这种绑架虽然每一票获益低，但可以积少成多，因而有巨大的潜在利润。要知道，即使是最穷的移民也有亲戚，如果这些人肯倾尽家财，那么绑架者在一个肉票身上就可以赚到 5000 美元，干 1 万单绑架至少可以得到 2000 万美元。而且，他们有能力通过列车来从事绑架活动。这种设想并非奇谈怪论。2009 年，墨西哥国

① 据估计，每 10 名女性中就有 6 至 8 人会在北上途中遭到毒贩、罪犯、警察、政府官员或其他移民的强暴或性侵；许多人早有防范，在出发前就开始服用避孕药。

家人权委员会已有 9758 起绑架案记录在案，这些都是 2008 年 9 月至 2009 年 2 月这 6 个月里报告的。2010 年 4 月至 9 月间，该委员会登记了 214 起大规模绑架案，被绑架者达 11333 人。尽管如此，政府和媒体对这种围猎和绑架勒索行为并没有予以太多关注，直到这一年圣费尔南多发生了 72 名移民被屠杀事件，震惊了墨西哥全国，才使大家注意到途经墨西哥的中美洲人的凄惨遭遇。

而那些克服重重困难到达美墨边境的人，又会面临另外的问题。加固的隔离墙，并没有完全覆盖 2000 英里的边境，留下了一系列的空隙疏漏，通常毗邻危险地带，这些地带造成了边境防御上的一些漏洞，是非法移民进出美国的唯一途径。但是，这也让他们容易受到成群蒙面强盗的袭击，这些强盗非常清楚非法移民的必经之路，就在那里等着抢劫和强暴他们。更危险的是毒枭，他们是悄悄通过这些地带的，一旦移民的大规模流动引起了边境巡逻队的注意，他们就会恼羞成怒。有一次，在墨西哥和亚利桑那州交界的一个小镇上，锡那罗亚卡特尔的毒贩在他们“专用”的一条穿越沙漠的路线上抓获了近 300 名移民，他们用棒球棒敲碎了这些人的脚踝，以示惩戒，此举同时也起到了威慑作用。还有一次，他们干脆把闯入其路线的一群中美洲移民一杀了之。有时候，他们还会绑架一些人以索要赎金；有时候，他们会强迫移民为其运毒，以换取北上的自由。此外，卡特尔也会充当蛇头，通过帮移民偷渡大赚一笔。考虑到边境加强防范，偷渡难度加大，他们还会收取更高的报酬。

绑架是一种针对个人的敲诈勒索。但是，初来乍到的罪犯们饥肠辘辘，面对眼前大把的生财机会，他们也想分一杯羹，愿意支付一定报酬来补偿对把持这块地盘的犯罪分子及其财产造成的损害。直到 2008 年，有组织犯罪造成的破坏都相对较小。但是后来泽塔斯人意识到，既然他们已经控制了大部分城市区域，何不把自己的地盘变成狩猎区。于是，他们要求餐馆、酒吧、迪斯科舞厅、妓院、汽车经销商、出租车停靠站、药店和殡仪馆——城市生活中所有的商业基础设施——向他们支付保护费。不交钱的商户就会吃枪子，或被烧得片瓦无存——为了教训蒙特雷的一家顽固的赌场，泽塔斯在放火的同时堵住了所有出口，造成 50 多人死亡。

这种枪口下的生财之道，加速了贩毒集团在墨西哥全境的扩张，控制的地盘越大，赚的钱也就越多。泽塔斯人甚至开始特许当地一些人有偿使用他们的旗号，以他们的可怕名声来便利敲诈勒索。[①] 其他贩毒集团也迅速加入，“米切肯人家族”以及取代它的“圣殿骑士”，都成了这类犯罪活动的行家里手，他们将敲诈对象从小企业扩展到农业和工业部门，对酸橙种植者和采矿者造成了较大的冲击。

而禁毒战加速了这种新犯罪活动的蔓延。2008 年之后，华雷斯市也出现了敲诈勒索，原因之一是为了补偿因争夺地盘和当局镇压而中

---

① 这种做法缺乏组织性，但在 20 世纪初美国著名黑手“帮”中颇为盛行：单干的敲诈勒索者会在勒索信上盖一个黑墨水手印，不付钱就没命，如此一来，人们开始相信这些勒索者都出自一个可怕的犯罪团伙；事实上，黑手只是一种作案手法，并不是一个犯罪组织的标志。

断的其他生意所造成的损失，另一原因是被解职的警察也成了跃跃欲试的一股势力。华雷斯市的商会很快就开始伤脑筋：虽然他们从没对大量毒品流经该市或者毒资回流大加抱怨，但现在他们愤怒地呼吁联合国派部队来干预。

除了绑架和敲诈勒索，各种抢劫和盗窃也死灰复燃，使得1990年代初以来一直在下降的犯罪指数转而急速上升。其中一些是老花样，比如汽车盗窃。偷牛活动也卷土重来。2010年9月，至少有11个州的偷牛案件增长了30%至50%，这些牛随后会在市场上公开出售，牧场主将这种情况归咎于贩毒集团活动范围的扩大。在这方面，卡特尔的活动规模同样远远超过普通小偷的能力。泽塔斯人再次成为这一领域的先驱。2008年到2009年年底，当联邦政府的注意力集中在其他地方时，他们（及效仿他们的卡特尔）从墨西哥国家石油公司偷走了价值超过10亿美元的石油。而办法不过是直接在联邦输油管道里插根管子，把石油抽到偷来的油罐车里，然后卖给得克萨斯州的石油公司。

几乎所有这些罪行都没有受到应有的惩罚。卡尔德龙曾以为，他可以在禁毒战过程中即时修复被破坏的刑事司法系统，但事实证明他错了。即使他的一揽子司法改革方案确实在2008年获得通过，其中包括将审判制度从封闭的审讯式改为类似美国的公开抗辩式，并且特别禁止使用酷刑。

但首要问题是，鉴于国家执法机关大规模腐败、效率低下和缺乏公信力，如何将罪犯带进法庭。2012年，墨西哥国家人权委员会发现，每100起罪案中只有8起被报告，其中仅有1%受到检察官的调查。禁毒战中的杀戮引起了更多的关注：其中只有5%被调查。但没有任何一起被定罪。几乎所有的罪犯都被豁免了。杀人者实际上像是获得了“007杀人执照”。这种有罪不罚的现象也扩展到了上层集团，在卡尔德龙6年任期内，几乎没有任何洗钱者或腐败政客被捕。

军方也获得了事实上的豁免权。尽管因为屡次被指控践踏人权——犯下谋杀、强奸、刑讯逼供之罪——而一再名声扫地，但几乎从未受到惩罚。根据国际特赦组织关于2010年至2013年间提交的7164起刑讯逼供的投诉的一份报告，根本没有人被定罪。

军方在处理逃兵的问题上倒是更为严厉。墨西哥国防部的报告显示，2006年12月至2012年4月间，有56886名士兵开小差——超过了武装部队人数的四分之一——其中约五分之一受到追捕和惩罚（刑期因军阶而不同，最低为一个月监禁）。另外五分之四的人中，大部分就这样销声匿迹了，很多人担心这些人自愿投靠了卡特尔。卡尔德龙已经提高了他们的薪水，但是工资仍然很低，这使得士兵很容易在受到诱惑时心动。尽管开小差的士兵还是很多，但也许正是因为卡尔德龙肯加薪，才使得在他任期内开小差的士兵人数只有福克斯任期内的一半。

发声与沉默

在打击卡特尔的战争中，卡尔德龙将重点放在重新夺回领土的实际控制权上，这是可以理解的。他坚信（无论对错），为了实现这一目标，使用武力是理所当然的。但是，这场冲突还有另一个层面，尽管少有人提到，那就是关于战争什么可说、什么不可说（或读、看、想）的争论，也就是关于公众看法和讨论的分歧。在这方面，他也遇到了可能出乎其意料的挑战。

随着革命制度党失去政治权力的垄断地位，以及由此丧失对国家媒体的支配权，墨西哥总统通过控制公共平台来阐述国家话语的权力已经被大大削弱。过去，革命制度党主席和革命制度党把持的国家最高当局发出的几乎是同一种声音，政府高层传递出的信息和做的分析都非常接近革命制度党的路线。此外，革命制度党的制度对于通过私人渠道传播的信息也产生了巨大影响。在电视界，媒体大亨与政府官员建立了密切的政治、经济、社会和意识形态联系。墨西哥电视联盟[①]（1973 年成为墨西哥电视和媒体集团[②]）与执政党携手合作，该公司负责人埃米利奥·阿兹卡雷加·米尔莫喜欢自称为“革命制度党的战士”，他的各个电视频道因审查学生运动的报道、封杀 1968 年大屠杀的报道而臭名昭著。在平面媒体界，效忠政府的出版人和记者会获得奖赏（政府补贴和内部消息），而那些走得太远的人则会被取消广告赞

---

① 即 Telesistema Mexicano。——译者
② 即 Televisa。——译者

助，新闻报道也被国有报业公司拒绝刊发，甚至还会受到人身伤害和死亡的威胁。

被认为需要进行信息管制的最敏感地带之一，是革命制度党官员与贩毒集团之间有组织的勾结所形成的市场体系。尽管人们普遍认为腐败几乎无处不在，但邪恶要求人们以沉默为美德。在 1980 年代可卡因泛滥时期，当双方的利害关系都日益显著时，政府采取了极端的手段来压制未经许可和不受欢迎的报道，尤其是涉及冷战问题的报道。

1984 年，著名记者曼努埃尔·布恩迪亚不仅为报社工作，在权力圈里人脉极广，而且还撰写了有关政府腐败、执法部门与犯罪组织勾结以及中情局秘密行动的一系列调查报告。邪恶的“铁三角”——政府、暴徒和中情局——认为，布恩迪亚即将揭露他们资助尼加拉瓜反政府武装的行为，于是决定干掉他，在他离开墨西哥城的办公室时从背后射杀。此案一直“悬而未决”，直到 1989 年，何塞·安东尼奥·佐瑞拉·佩雷斯——已被解散的可耻的国家安全理事会的前局长，相当于墨西哥的 J·埃德加·胡佛——才因策划这起谋杀案而被捕入狱。

1990 年代，随着毒枭势力的壮大，他们也开始分担让民众保持沉默的工作。1997 年，阿雷拉诺·菲利克斯兄弟下令暗杀赫苏斯·布兰科涅拉斯，后者是墨西哥记者和出版人，也是蒂华纳《泽塔》(Zeta) 杂志的创办人之一，以报道腐败和贩毒事件而闻名。布兰科涅拉斯因为发表了雷蒙·阿雷拉诺·菲利克斯的照片而激怒了后者，一队杀手向布兰科涅拉斯的汽车射出了180发子弹，杀死了他的司机和保镖，但他本人仅仅是受了伤。布兰科涅拉斯还会继续工作下去，但他的余生只能像个囚犯一样生活在他那用砖砌起来的家和坚固的办公室里，一旦他要从这座“监狱”移动到那一座，身边得跟着一大队保镖。

21世纪初，特别是在卡尔德龙的6年任期内，对记者的暗杀变得越来越明目张胆，其意图也越来越明显。

2009年，北部边境科阿韦拉州一家报纸的罪案报道记者埃利塞奥·巴龙·赫尔南德斯发表了一些关于警方腐败丑闻的文章。这些报道促使大约300名警察被解雇，也导致了他本人的死亡——11名蒙面枪手闯进他的家，在他惊恐万状的家人面前殴打他，随后将其带走。26小时后，有人在一条沟里发现了他的尸体，身上有5处枪伤，还有遭到酷刑折磨的印记。

第二天，在他的葬礼期间，镇子上到处悬挂着条幅，上面写着：**“我们就在这儿，记者们。问问埃利塞奥·巴龙吧。‘矮子’古斯曼和卡特尔绝不宽恕。当兵的，还有记者，当心你们的小命！”**真相似乎就摆在眼前。然而几周后，几名嫌疑人在与此无关的事件中被拘留，据说他们承认（酷刑之下？）谋杀了巴龙·赫尔南德斯，但是说命令是泽塔斯人——“矮子”古斯曼的敌人——下的。这是真的？还是造谣？没人知道，也不会有人知道，因为没有人听说过这几位所谓的凶手的更多情况。没有再逮捕谁，没有审判，只留下一个问号和一名记者的尸体。

2010年，在北部城市萨尔蒂约，当地报纸《萨尔蒂约报》的记者巴伦廷·瓦尔德斯·埃斯皮诺萨刚刚发表了一篇报道，关于泽塔斯一个头目及一名被卡特尔收买的警察在当地一家汽车旅馆被抓的事。几天后，瓦尔德斯被绑架，并遭到了严刑拷打，挨了5枪，随后他的尸体（手脚被绑）被丢在那家旅馆的外面，旁边放着一张手写的条幅："谁要是敢不听话，这就是下场！——致所有人。"

这些都不是孤立的事例。墨西哥在谋杀记者方面有着悠久的历史，但重要的是，要了解暗杀的模式以及暗杀事件的时间分布情况。一份严谨的报告列出了1876年至2012年间已被证实的总共289起谋杀案（其中包括几起失踪案，几乎可以肯定是谋杀案，只是找不到尸体）。1876年至1935年——包括波菲利奥独裁时期加上墨西哥革命时期以及其后的一段时间——共发生33起谋杀，平均每年2.3起。1936年至1982年间发生33起，平均每年0.48起。从1983年至2000年，当贩毒已成为大生意，这个数字上升至92，平均每年5.1起。这一数字在福克斯当政时期仅略有增加，共发生35起，平均每年发生5.8起。但是在卡尔德龙执政时期，记录在案的死亡人数为106人，年平均人数升至17.7人。2012年，国际新闻协会的"死亡观察"（Death Watch）不仅将墨西哥列为"2011年全世界新闻记者丧生最多的国家"，并且发现应对谋杀负责的人基本上都没有被逮捕和起诉。

贩毒集团和腐败官员如此肆无忌惮地攻击新闻媒体，其意图非常明显：他们要求媒体闭口不言，希望遏制不必要的信息传播。可以说，在很大程度上他们如愿以偿。

2010年，《萨尔蒂约报》为表明其已完全理解记者瓦尔德斯·埃斯皮诺萨的尸体传递的“信息”，迅速宣布“自今日起，本报将不再刊登与贩毒有关的任何新闻，以避免再次发生类似事件”。2012年7月，新拉雷多一家地区性大报宣布因为“缺乏自由从事专业新闻工作的条件”，将停止对“暴力争端”的报道，此前不久其办公室遭到了手榴弹袭击和步枪射击。[①] 其他媒体也开始将他们的报道限制在政府官方新闻稿，或警方报告提供的信息范围之内。如果出版物没有内部审查程序，其记者会自觉担负起这一职责。正如库拉亚坎《Ríodoce》周刊的哈维尔·瓦尔迪兹·卡德纳斯所说：“当你在写一篇有关毒枭的文章时，你不会想到编辑……也不会想到读者，你想到的是毒贩，想他们会不会喜欢，会不会有意见，会不会在门外等着把你带走。毒枭已经控制了新闻工作。”

这多少有些言过其实，因为腐败的执法官员，主要是州和地方一级的执法官员，维护联邦政府的官方说法也关系到他们自己的利益——即打击毒枭是团结一致的人民和善良的国家（“我们”）与犯罪阶层（“他们”）的战争，这是一条敌我分明的清晰的故事线，一旦暴露出政府与歹徒相互勾结，局面就会混乱不堪。同样，如果电视网和

---

① 正如那番话所表明的，对媒体的攻击不仅仅是杀害个别记者。报纸和电视台的办公室时常会遭到汽车炸弹、手榴弹、简易爆炸装置（这些年来在伊拉克被广泛使用）以及枪手的袭击，有时还会收到几个被砍下的脑袋，用冰袋装着，就放在他们门外的台阶上。

国家媒体过度关注日常生活中的可怕现实，卡尔德龙那套必胜的说辞——犯罪团伙危如累卵，“我们”正将“他们”各个击破——就可能会泡汤。对于禁毒战的报道占据了国家媒体的主导地位——晚间新闻尽是来自各条“前线”的报道——但总体而言，大众媒体在节目中放大了所谓的“胜利”，比如抓住了一个贩毒头目或者缴获了大批毒品，而不是记者冒着掉脑袋的危险进行报道这一丑陋现实。

由于主流信息渠道并不能提供多少有关杀手行动和军事行动的信息，人们转而向社交媒体寻求更多的详细信息。这种替代性传播网络，是近来科技发展的结果。2000 年，只有不到 300 万墨西哥人可以上网；到 2006 年，已达到 2000 万人；到 2012 年，是 4000 万人，占总人口的三分之一以上。手机使用者也在爆炸式增长，2000 年至 2012 年，手机用户增加了 600%，当时拥有一部手机的人口约占 80%，尽管购买手机的成本很高，而且需要向卡洛斯·斯利姆[①]的垄断经营的电信公司付费才能接入网络（这在很大程度上排除了穷人使用手机的可能性）。

这样一来，墨西哥危险地区的居民就可以在推特上查询自己上班的路上是否正在发生枪战，以决定是否绕行。这种帖子越来越多地被标记在一起，最终形成了一种特有的新闻服务，第一个也许就产生于最危险的塔毛利帕斯的雷诺萨镇。

博客开始出现，博主们发帖讲述当地的毒品暴力事件，尽管此举

① 墨西哥电信业大佬，2010 年至 2012 年福布斯富豪榜榜首、2013 年胡润全球富豪榜榜首，控制着墨西哥和拉丁美洲许多电信企业。——译者

可能会有风险。2011 年 9 月，两具尸体被人发现吊在新拉雷多的人行天桥上，上面贴了张条子，写着："哪个蠢货敢在网上乱写，这就是下场!"此后不久，新拉雷多一家报纸的著名编辑玛丽亚·伊丽莎白·马西亚斯·卡斯特罗无视这一警告，在自己的博客上发表了一篇关于该地区有组织犯罪活动的文章。几天后，她的身体被发现，旁边是她被砍下的脑袋和一个电脑键盘，还有一张有字母 Z 的纸条，上面写着："我有此下场，只因我的文章。"很快，同样的命运又降临到了她的一位合作者的头上，后者同样被斩首，尸体上附了这样一句话："我之所以有此下场，是因为我不明白自己不该在社交媒体网站上乱写。"

毒枭的禁言令当然不可能适用于他们自己。事实上，在卡尔德龙执政时期，卡特尔发表了一连串公报，以大量的文字和图片对总统主导公众话语的能力发起了挑战。

在某种程度上，他们是让暴力自己说话，将对手、记者、警察、平民吊死，或者枪杀、焚烧、砍死、斩首，然后将尸体扔在各种公共场所（如公路、广场、政府大楼门前），即使不配文字，也足以博人眼球。无声的尸体，见证了罪犯的凶残和政府的无能。但他们采用这些沟通方式时，通常会给被害人的尸体附上文字信息：或手写在纸板上；或用冰锥刻在尸体胸前；或在裹尸布上乱抹难以辨认的字样；或不厌其烦地在条幅上印了宣言悬挂于天桥；或在被劫持的公共汽车和卡车两侧贴上从侧面转弯的标识以堵塞道路，从而把信息送到进退不得的司机的眼前。

在卡尔德龙时代，随着卡特尔从语言上和视觉上强行进入公共领域，带有毒贩所要传递信息的条幅数量飙升，可谓无处不在。在墨西哥许多州，这些条幅每周会出现一次，有时每天都会出现，针对的是敌对帮派、一般民众或者政府部门，有时也针对以上所有人。

2011 年 9 月，锡那罗亚卡特尔的一个帮派在路障上留下两条信息，以此挑战泽塔斯对韦拉克鲁斯州的控制权。第一条信息宣布“这块地盘现在有了新主人”，第二条号召“韦拉克鲁斯人，别再让他们［泽塔斯人］勒索你，也别再向他们缴保护费了”。现场堆着 35 具尸体，据称都是泽塔斯人，这使得信息中的意思得到了强化。随后，泽塔斯人在市中心张贴了印刷精美的倡议书，呼吁“全体韦拉克鲁斯市民”千万不要“上当受骗，［认为泽塔斯人］是他们的敌人”。

另一个共同的主题是抱怨政府不能“一视同仁”。华雷斯市的一个黑帮在市里悬挂了一块牌子，上面写道：“这是给所有市民的公开信，以便让大家知道联邦政府一直在保护‘矮子’古斯曼，而这家伙是杀害很多无辜百姓的罪魁祸首……自从维森特·福克斯上台并释放他以来，‘矮子’古斯曼一直受到国家行动党的保护。”“他们为什么不和我们面对面地开战?”牌子上用质问的语气写道，“我们请政府对所有卡特尔都一视同仁、一个都别放过!”

泽塔斯人还贴出了招兵买马的海报，目的是让军人开小差。这样的广告还出现在大幅毯子上，悬于桥头，上面写着：“战士们，曾经的战士们，泽塔斯的行动队需要你们!”“我们会给你们家人很多钱、很多食物，还会照顾他们！来吧，别再挨饿受虐了！”

这些都不是传统意义上的政治宣传品。墨西哥毒贩与哥伦比亚的“哥伦比亚革命武装力量”（FARC）或秘鲁的“光辉道路”[①] 之间并无共同之处，他们没有自己的意识形态，对政治权力的争夺毫无兴趣，也没有煞费苦心去赢得民心——尽管他们确实在竭尽全力说服民众，让民众相信他们才是更强大的犯罪组织，从公众的角度来看，有时他们甚至暗示自己才是公众利益的捍卫者。2012 年 3 月，“矮子”古斯曼的枪手在新拉雷多杀死了 14 名泽塔斯人，并抛尸街头，还在附近张贴横幅，宣称古斯曼要将这座城市从泽塔斯人手中解放出来。锡那罗亚卡特尔的头目嘲讽泽塔斯人是“一帮酒鬼和洗车工”，宣称“我们是毒贩，不能跟老实巴交的打工仔、小贩混为一谈……我要教这些败类像锡那罗亚人一样做事，不搞绑架、不搞贿赂、不搞敲诈”。

卡特尔并不止步于在印刷品上舞文弄墨；事实上，他们很快就进入了全新的互联网世界。其首要策略之一是发布自制的视频，其中最有效的一种形式就是把敌对帮派成员、政客、腐败官员的手脚绑住，让他们坐在椅子上接受审讯，并用数码相机现场录制下来。这些人认罪后会被立即处决，不是击毙就是斩首。而歹徒会再次试图说服观众相信他们的行为是公正的，他们对被审判者（被说成是人民的敌人而不是生意对手）的判刑和处决是合法的、值得称许的，而且维护了人

① 秘鲁极左游击队组织。——译者

民的利益，做了政府已经摆明不能做或不愿做的一些事情。因此，2011年，海湾卡特尔公布了一段视频，展示的是8名海湾卡特尔成员一人一下地轮流用斧子肢解一名据说是泽塔斯杀手的过程。这一残忍情节持续了8分34秒，最后，叙述者举起受害者的头颅，宣布这次处决是为了报复泽塔斯人的第二次圣费尔南多大屠杀——罗伯特·戈麦斯在其《一种新的视觉机制：社交媒体中的毒品战》一文中指出，“这是在叫板”，意在公开表明“合法性是墨西哥一种正义的力量”。即使他们的所作所为未能令观众改变对他们的印象——观众仍然认为拍视频的人和他们授意实施的人都是邪恶的罪犯——但这些视频已然向大家原原本本地展示了他们随心所欲地杀人的权力和自由。

随后，这些表演在卡尔德龙6年任期内专门报道缉毒战和毒贩火拼的网站上重播了数百万次。其中最著名的是[①] 2010年3月推出的“毒贩博客”（BDN），对于是谁想出这个点子、谁创建了它，有各种各样的说法。这个博客之所以能够存在并影响广泛，部分原因在于它是向所有人开放的。它不仅发布（以及转发）由知名机构的真正的记者撰写的报道，也从普通民众那里征集“照片、视频、笔记、链接或者事发地的信息”，并要求其主页“匿名发布”。这个博客上的第一个帖子是关于某个小镇上的一场枪战，甚至连警方都无法确证其发生过，但偏偏被一名开车路过现场的市民无意中拍到了，并上传到YouTube，随后被“毒贩博客”转载。但很快，该博客网站就开始播放卡特尔自

① 参见（建议谨慎观看）http://www.elblogdelnarco.org。

己制作的极其恐怖的视频——都是审讯、斩首、枪战和刑讯逼供的场景——也包括描述其他恐怖犯罪场景的镜头，而后者原本只有军方或警方才能看到。

“毒贩博客”（及其在 YouTube 上的分身）的出现，在新闻界和广大市民中间引发了争议。而制作者从一开始就声称，这个博客网站是对媒体为免遭毒贩报复而采取自我审查的一种回应，并声称他们展示给公众的情节都是未经过滤、未经记者中和、未经政府审查的（当然他们也承认未经核实）。虽然看起来恐怖，反映的却是墨西哥当前的现实，而人民有权了解这些。尽管网站声称无意谋利，但广告投放对此多少有些影响，而且这部分收入无疑能抵消掉一些成本。更令人不安的是，生产者和消费者的意图目前尚不明确，后者甚至已达百万之众。网站上这些残暴的场面是否提供了必要信息，以便民众进行自卫或者动员全民反抗？抑或这仅仅是色情作品——比如虐杀电影（snuff films）——的一种形式，类似于可以发布自制色情作品的网站？它们究竟是质疑大屠杀，还是对大屠杀最荒唐部分的重新包装？①

对于“毒品民谣”也有类似的辩论——正如我们所看到的，这是

① 应该强调的是，有些专门发布与毒品有关的内容的网站并没有这种含糊性的问题。比如 2009 年开始运营的英语网站“边境地带”（Borderland Beat），在对未经事先联系直接发来的内容进行选择时，它是温和克制的（因此不是未经过滤的），也是包容大度的。该网站极其依赖自己的普通投稿人撰写的文章（尽管因为担心毒贩报复，都是匿名发表的）。一个名为“洞察犯罪”的非营利组织于 2010 年 4 月成立，由乔治·索罗斯的“开放社会基金会”资助，其网站主要转载新闻报道，并附有评论、对之进行的深入调查。

一种古已有之的形式——并在卡尔德龙的毒品战期间迅速蔓延，为当代文化注入了一种虚无主义（但非常适合跳舞）的音乐，其歌词赞颂了黑帮头目及其释放出的暴力。“肩上扛着AK-47和火箭筒，”其中一首小曲这样唱道，“敢从我的路上过，就砍掉你的头。我们嗜血、我们疯狂、我们是杀人狂。”这些歌曲把“矮子”古斯曼和“芭比娃娃”视为英雄，传诵他们的事迹，赞美他们对现存秩序的反抗，对军队和外国佬的蔑视，并因此而臭名远扬。

这类民谣通常会得到其歌唱对象的资助，有些歌词反映出它受到了毒枭的资助。尤安·格里洛指出，只要区区1000美元，就能让作曲新手写出几行诗句赞美某个很有前途的暴徒；而成名的音乐家为卡特尔的某个重要成员创作一首曲子能得到数万美元。然而，当这类民谣在持续不断的战争中渐渐成为武器——毒枭们付钱贬低自己的敌人——民谣作曲家就成了更大的冲突的牺牲品。被称为“金鸡”的瓦伦廷·埃利萨尔德在雷诺萨博览会上做压轴演出时被打成了筛子，泽塔斯人之所以杀他，是因为不满他的歌曲——尤其是《致我的敌人》——为锡那罗亚卡特尔唱赞歌。“拉昆塔乐队”在奇瓦瓦的一家舞厅里演出时，一名穿着连帽衫遮住脸的枪手端着AK-47一通扫射，造成乐队5名成员死亡；据信这些人被杀是因为他们的一首歌曲（El Corrido deLaLínea）赞美了华雷斯卡特尔的武装组织。对于绝大多数的音乐人遇害案，就像记者遇害案一样，警方没有确定任何嫌犯，也没有逮捕任何人。

批评人士认为，这类民谣美化毒贩，助长暴力。锡那罗亚和奇瓦瓦等一些深受犯罪集团冲击的州则禁止在广播和电视上播放这些民谣，也禁止人们在酒吧和夜总会现场演唱。然而这样的管制很容易规避，不仅这种民谣在网上唾手可得，而且音乐光盘——封面上是几个戴着滑雪面具、拿着卡拉什尼科夫突击步枪的男人——几乎可以在任何地方买到。据说，仅库拉亚坎一地就有五家唱片公司制作毒品民谣，每家公司都有大约200名制作人。或许可以说，两者之间的影响应该倒过来讲：与其说是歌曲激起了战争，不如说是战争增强了歌曲的吸引力（尽管歌词充满煽动性，但它们的波尔卡式旋律依然保持着传统风格）。

以死亡为导向的毒品文字、视频和音乐通过墨西哥商业文化迅速传播，而除此之外，卡尔德龙打击毒品的那些年恰好也是死亡导向的宗教信仰迅速扩张的时期。强盗圣徒赫苏斯·马尔韦德，据说是一位罗宾汉式的神话人物，生活在波菲利奥·迪亚斯独裁统治时期，在锡那罗亚长期备受敬仰，但到了卡尔德龙任期内，对于这位留着大胡子、穿着白西装的男人的崇拜更上一层楼。

从更广的层面上讲，对于死亡圣神（Saint Death）的崇拜也是如此。死亡圣神源自远古时代的欧洲，后来传到墨西哥。毒贩一直视其为他们的女神，把她的形象——一具精心穿戴、装扮的女性骨架，手里拿着一把可怕的镰刀——文在身上，不仅乞求她保佑他们的毒品平安到达北方，也在杀人前乞求她的庇佑。墨西哥全国所有牢房的墙壁都以她的形象为装饰。

在毒品战争期间，对于死亡圣神的崇拜以惊人的速度增长，甚至吸引了很多跟犯罪活动无关的墨西哥穷人和工薪阶层。跟这位女神有关的物品销量激增，圣坛与路边祭坛的出现频率越来越高，尤其是在北部边境各州。据估计，她在墨西哥的信徒人数（安德鲁·柴斯纳特在他《献身于死亡：死亡圣神，骷髅圣徒》一文中指出）高达 500 万（约占总人口的 5%）。而其他受墨西哥毒品文化影响的国家，包括美国部分地区，也出现了很多追随者。

卡尔德龙将死亡圣神视为毒品文化的最高体现，也对她发动了战争，一度派军队推倒了边境上的圣坛（很快圣坛又拔地而起）。已经因新教教徒人数增加而感到头疼的天主教会，亦对这位“瘦骨嶙峋的女性”表示谴责，这也是亲天主教的国家行动党成员帮助他们攻击这位瓜达卢佩圣母[①]的对手的另一个原因。但考虑到当时的情况，卡尔德龙反对邪教的事实并不能推翻这种可能性，即他发起的禁毒战是导致邪教蔓延的一个重要因素——这也是他主旨明确的社会行动的又一个始料不及的后果。

民间社会的躁动

卡尔德龙对事件形成个人表述的努力，遭遇了来自毒枭的主要挑

① 1531 年，一个印第安天主教徒声称在墨西哥中部城市瓜达卢佩见到圣母显灵，因而建造了瓜达卢佩圣母大教堂，现为著名的朝圣地。——译者

战，那么社会上又是怎么看的呢？广大民众能插得上嘴吗？政府官员和犯罪集团用高分贝传递的信息是否已经占据了公共空间的发声渠道？

事实上，民间涌现出无数个人勇敢（或鲁莽）反抗毒贩和/或军队的活动，但悲哀的是，大多数都被镇压了。不过，比较有组织的反抗活动的存活率则要高得多。已经成立或正在成立的团体在全国各个角落如雨后春笋，其中很多都高举人权旗帜。这些组织绝大多数都是民间组织，要么是独立自治的，要么附属于教会和大学，都致力于建成一个能避开政府和政党普遍存在的腐败的民间团体。在卡尔德龙时代，有数百个这样的组织活跃在民间。

这样的组织有许多在地方有实体，他们收集和公布政府侵犯人权行为的信息，时刻注意本地的帮派暴行，搜寻失踪人员，对侵犯人权的案件提起诉讼，起草立法提案，并且/或者为妇女、移民、记者等特殊群体提供保护。① 还有些组织的影响力是全国性的。② 更有一些地方

---

① 其中包括：新拉雷多人权事务委员会、奇瓦瓦州人权委员会、捍卫和促进人权委员会——埃米利亚诺·扎帕塔（位于马塔莫罗斯）、边境研究和促进人权中心（雷诺萨）、人权中心——弗雷·巴托洛美·德拉萨斯（恰帕斯）、美墨人权问题双边中心（蒂华纳）、弗雷·弗朗西斯科·德维多利亚人权中心（墨西哥城）、公民支持人权中心（蒙特雷）、移民人权中心（华雷斯市）以及科阿韦拉州寻找失踪人口联合部队。

② 其中包括：墨西哥保卫和促进人权委员会、墨西哥捍卫人权联盟、ASILEGAL：人权法律援助组织、反酷刑和有罪不罚现象团体、记者权利之家和徒步记者团。还有诸如国家社会传播中心这样的组织，也把帮助非政府组织制定媒体战略作为其工作的一部分。

组织与国家机构联合起来,① 并与各种国际组织②建立了联系。

人权活动亦是一项以身犯险的事业。数十名社会活动人士遭到威胁、殴打、监禁、折磨和杀害——仅 2011 年就有 31 人遇害——这些案件几乎总会成为悬案,无人受到法律惩罚。2010 年出现了一个名为“捍卫人权紧急行动”的组织,以追踪此类袭击事件、为维权人士提供安全培训为己任。

除了这些由民间推动的活动,1989 年还成立了一个相当大的机构——墨西哥国家人权委员会(CNDH),隶属于内政部。虽然它一直是由政府提供充足的资金,但也获得了一种准独立地位,有权调查除司法机构外的所有受到指控的政府部门,其主席相当于国家监察人员。该委员会是受害者寻求昭雪冤情的为数不多的渠道之一,也是人权改革过程中遭遇某些体制性障碍的证明。但是,就像 2008 年成立的“人权观察”组织一样,一旦需要“真的采取补救措施并推动改革以改善墨西哥糟糕的人权记录时,国家人权委员会的表现总是那么令人失望”。在随后的几年里,类似的批评趋于平缓。2014 年,该委员会时任主席劳尔·普拉斯岑西亚因为玩忽职守、侵占资金等行为而遭到抨击,其中包括从 14 亿比索(约合 9500 万美元)的年度预算中截流一部分

① 比如由 71 个非政府人权组织组成的 REDTDT(全国人权民间社会组织网络)以及另一个由多个机构联合组成的名为“我们假装投降”的组织。

② 这些组织包括:国际人权联合会、国际刑事法院联盟、人权观察、大赦国际、美洲人权组织国际联盟、美洲国家组织美洲人权委员会、拉丁美洲驻华盛顿办事处、拉丁美洲工作组、保护记者委员会、无国界记者、“第 19 条”。

用于谋求个人连任，最终竹篮打水一场空。

尽管这些组织做了许多有价值的工作，但他们大都没有考虑过动员群众参与进来。也有一些实体机构接受了这种挑战，其中大多数是由失去家庭成员的个人发起的，他们家人的不幸遭遇要么跟犯罪组织有关，要么跟军队有关，要么跟警察有关。很多受害者家属选择组织起来调查失踪事件，追踪关键证人并说服他们出庭作证；少数选择组织游行示威，希望他们的诉求引起全国关注。

其中最著名的是诗人哈维尔·西西利亚，他的儿子 2011 年 3 月在莫雷洛斯州首府库埃纳瓦卡遇害，系贩毒团伙所为。4 月 4 日，西西利亚发表了一封措辞激烈的公开信，名为《致墨西哥政客和罪犯》。

“我们已经受够了，”他在信中正告政客，谴责他们“任由我们的孩子被杀害”，谴责他们“发起的战争计划不周、行动无能、领导无方”，谴责他们的腐败“与犯罪行为形成了共谋，并逃脱了法律的惩罚”，谴责他们“穷凶极恶地”“争权夺利”以致无法形成解决问题所必须的团结。“市民已经对州长、警察、军队失去信心，每天战战兢兢、痛苦不堪。”他总结道，接着提醒州政府官员“何塞·马蒂[①]对执政者说过的话：‘如果你无能，那就辞职吧。’”。

“至于你们，罪犯们，”他接着说，“我们也受够了你们的暴力、寡廉鲜耻、残忍、愚蠢无知……过去，你们尚有荣誉感可言。你们的营

① 19 世纪的古巴独立运动先驱。——译者

生还没有那么残忍，还不会去伤害平民百姓和他们的家庭。而现在，你们已经不加区分了……你们已经成了懦夫，就像那些毫无人性的、杀害男女老幼的可怜的纳粹暴徒一样。我们已经受够了，你们的暴行简直非人类所为——还不是禽兽，因为禽兽也干不出你们干的事——只有低等生物、恶魔、低能者才干得出来。”

但是，鉴于“我们的身后有成千上万具尸体，包括无名的和有名有姓的，也就是说，有这么多无辜者被杀戮、弃之如敝履”，西西利亚认为，怒气冲冲地吼几句是不够的，而是“必须伴随着大规模的群众动员”。因此，他宣布，“我们必须走出家门，走上街头”，以建立一个“全民联合体，我们必须依靠它去打破恐惧和孤立，打破那些无能的政客和残忍的罪犯希望我们的灵魂与肉体生活在其中的那种恐惧和孤立”。

西西利亚号召在莫雷洛斯和全国各地的城市举行示威游行，呼吁大家“必须用我们的身体、我们的脚步、我们的怒吼来发声”。他的号召得到了全国的响应，数十万人在 40 多个城市集会，他们举着横幅大声疾呼：“够了就是够了！”“别再有流血！”“别再有人受害！”随后，2011 年 5 月举行了一次为期三天的游行，从库埃纳瓦卡行进到墨西哥城（距离北部约 60 英里），最后在墨西哥城的宪法广场汇集成大型的示威活动。在接下来的几天乃至几周里，随着一场争取正义和尊严的基层民众的和平运动逐渐成形，出现了一些更具体的目标。抗议者呼吁逐步结束毒品战，要求军队撤离街头（按部就班地）、毒品合法化以及卡尔德龙政府的公共安全部长赫纳罗·加西亚·卢纳辞职。许多抗议者还要求卡尔德龙本人下台。

那位诗人建议与卡特尔达成协议，而协议的前提是墨西哥人应该停止在美国的支持下相互暗杀。他指出，“犯罪组织所配备的，杀害了我们的孩子、士兵和警察的武器都来自美国，而他们没有采取任何措施阻止这一切”，因此，“如果美国不起诉并禁止军火工业生产武器——一种合法的恐怖行为——我们为什么要起诉毒品生产者?”毒品消费应该被视为“公共卫生方面的问题”，如果美国拒绝这样做，那么“他们的毒品消费就是他们自己的问题，与我们无关”。应该让罪犯们通过自由竞争的方式决定如何向外国佬出售毒品，只要能达成协议“不牵扯平民，不伤害无辜，帮派冲突中手下败将的待遇必须符合人权标准”。

2011 年 6 月，随着西西利亚获得国际社会的关注，卡尔德龙同意与其在查普尔特佩克城堡①进行公开辩论，允许电视直播。西西利亚呼吁“为这场毫无意义的战争的所有受害者”默哀片刻，并指责总统不仅应对 4 万人的死亡负责，而且未能创造就业机会，在教育和公共卫生方面也毫无建树。他要求总统向国家、向遇难者和失踪者的家属道歉。尽管卡尔德龙为自己没能保护好这些受害者而道歉，但他仍然坚称自己采取武力没有错，只是后悔没有早点把军队和联邦警察派到街头。在此次公开辩论现场和其他地方，他都坚持认为关于士兵和警察虐待及致人失踪的报告都是孤立案例；不能把墨西哥军队视同专制

① 亦是墨西哥国家历史博物馆所在地，位于查普尔特佩克公园内。——译者

政权的行刑队；他不能也不应该在对不安全因素动手之前坐等执法机构的改变；抗议者应该对绑架和杀害他们的罪犯说“不”，而不是对打击罪犯的士兵说，因为罪犯才是他们的敌人！①

2011年10月，西西利亚与卡尔德龙又进行了一次电视辩论，两人依旧坚持各自的立场，但由于卡尔德龙对美国越来越不满，所以他朝西西利亚的观点略微倾斜了一点。他指责美国对毒品的需求助长了暴力，呼吁美国打击毒品消费，减少流向墨西哥的毒资，至于“如何做到这一点”，他认为“是美国自己的问题”。他还表示，如果美国做不到的话，不如让毒品合法化，这样也许美国“需要开通可卡因运输［线路］”，即使他们打算这样做，也“应该让路线从佛罗里达州或其他地方通过，而不是从这里”。如果这些都不起作用，美国应该寻求其他解决办法，他补充说，“这是一个需要进行国际讨论的议题”。

而西西利亚却让这件事跨过了国界。在组织了从墨西哥城向北至华雷斯市、向南至危地马拉边境的另外几次国内游行之后，这位诗人

① 最初，海湾卡特尔被认为是杀害西西利亚儿子的罪魁祸首，该组织很快在莫雷洛斯挂起了一系列横幅，否认与此有关。事实上，他们绑架了南太平洋卡特尔（贝尔特兰·莱瓦组织的分支）的一名成员，殴打之后绑在一辆废弃的卡车上，并提醒当局此人参与了对西西利亚之子的谋杀。在此人向联邦警察供认时，贝尔特兰·莱瓦组织也挂出一批横幅否认与西西利亚儿子之死有关，并信誓旦旦地称自己的人“不会滥杀无辜”。2012年6月，军队抓获劳尔·迪亚兹·罗曼，贝尔特兰·莱瓦组织在莫雷洛斯州的著名负责人，并宣称此人应对西西利亚儿子之死负责。这位迪亚兹·罗曼当时好像是莫雷洛斯警察，负责监督在库埃纳瓦卡打击毒贩（包括他本人）的行动。当一些警察试图抢劫或勒索西西利亚及其朋友时，孩子们说要举报他们，好警察打电话叫来了迪亚兹和一些实际上已经跟他一样加入南太平洋卡特尔的坏警察，竟然真的是这帮人干的。

把他的运动发展到了北方。2012 年 8 月至 9 月，120 人组成的一个大篷车队以寻求有正义和尊严的和平为口号，由在毒品战争中遇害和失踪墨西哥人的父母及兄弟姐妹率领，从圣地亚哥横穿美国去华盛顿，他们行程 5700 英里，在 26 座城市举行活动，引发了媒体的广泛报道。但在当时，卡尔德龙总统的任期即将结束，民调显示他的政党已被民众抛弃，而墨西哥的政治气候也突然发生了变化。

十

2012 年

2012 年 7 月 1 日，此次总统选举将不仅仅是一场对毒品战争的全民公决，但考虑到竞选最后几周不断冒出来的新闻报道，这一话题显然是处于非常重要的位置。在新拉雷多，一辆冷藏箱里装有 14 颗人头的货车停在市政厅大门外；9 个人被吊死在一座桥上。在韦拉克鲁斯，一位市长从自己家中被绑架，几天后人们发现他的尸体被绑着，伤痕累累。在蒙特雷，49 具无头尸体被丢弃在附近的小镇上，而且手脚全没了。在墨西哥城，两队身穿制服的联邦警察在国际机场发生枪战，其中至少有一队效力于贩毒团伙，三名警官在食品区丧命。

卡尔德龙不能再参选，但无论谁被国家行动党推举为候选人，都必须参照他的履历进行评估，而对他的评价将取决于人们对这场由他发动的战争的评判。卡尔德龙没有假手于人，而是做了自我评判，声称这场战争取得了成功。2012 年 11 月底，他认为战争已经摆脱困境。由犯罪组织实施的谋杀案数量终于下降，这种情况是他就职以来首次出现，几个月来再没有发生过耸人听闻的大规模杀戮事件，游客青睐的旅游地相对平静。在不久之后的一次演讲中，他坚称自己执政期间的功过是非“历史会做出评判”，并表现出对此满怀信心。但是，如果说暴力事件的减少意味着卡尔德龙获得了成功——正如他在任期最后几天所强调的那样——那么，除非无视他最初导致暴力升级所造成的影响，否则很难接受其关于“任务已完成”的说法。

人们转而统计遇害者的数量。他们估计，在卡尔德龙的总统任期内发生的“与毒品战争有关”的谋杀案应该不是个小数目，并因此讨论起了该如何证明某件谋杀案“与毒品战争有关”。① 但大家普遍认为，很多人生命的结束方式无疑都符合“与毒品战争有关”的法律标准。比如这些人的死亡，或表明与有组织犯罪有关（有 3268 起谋杀）；或死于大口径武器之下（或者死于贩毒团伙的其他标志性手段）；或是在卡特尔的视频（以及自我吹嘘）中有所记录；或者有明显证据表明生前遭受过酷刑折磨（对 4645 具尸体的检查清晰地反映出了这一点）；或者是被斩首的（有 1892 具无头尸体）。②

---

① 对于可怕的尸体数量清点工作的统计（和政治）问题，有透彻调查，参见海因勒（Heinle）、罗德里格斯（Rodríguez）和谢尔克（Shirk）的《墨西哥的毒品暴力》（2014）。

② 这些数据来自颇受尊敬的《改革》报在其“executonometer”栏目中公布的统计数字。

符合这些标准的死亡人数是由卡尔德龙政府谨慎统计并公之于众的，原因之一在于所有伤亡者在人们看来几乎都是歹徒。由政府出面调查，意味着帮派分子会被清除出政府工作人员的队伍——不是政府的人干的，就是其他帮派的人干的——政府方面有时候会对此直言不讳。比如，有位墨西哥将军告诉媒体，说他们不应该谴责政府又杀了一个人，而应该庆幸世上少了一名罪犯。但是，随着战争的持续，这一论点变得越来越难以维系，反对屠杀平民的呼声也随着对军队和警察侵犯人权的投诉而增加，这也许是卡尔德龙政府在其任内最后一年停止统计遇害者尸体的原因之一。其实，大部分暴力事件都属于帮派内讧，是卡特尔或其他帮派为抢夺市场份额而进行的火拼。据尼克·斯泰因伯格等人权分析人士判断，绝大多数受害者并不是犯罪分子，而是有家庭的、工薪阶级年轻男性。即使是那些无可抵赖的“杀手”也并非“天生杀人犯”，而是无论愿不愿意都会被卷入其中的。杀人，是小镇里唯一的行当。

然而官方名单在总数之下设置了一个楼板，这个楼板无懈可击，因为它是卡尔德龙政府自己造的。2012 年 1 月，政府承认在 2006 年 12 月至 2011 年 9 月间，至少有 47515 人在“与毒品战争相关”的事件中丧生（与此同时，政府宣布不再公布新的官方数字）。多方面信息显示，他对 2011 年 10 月至 2012 年 12 月间的额外死亡人数的保守估计约在 1 万人，于是把死者总数的基线定在 6 万人左右。[①]

---

① 据《改革》报报道，2012 年有 9577 起有组织犯罪实施的谋杀，而另一份同样受推崇的刊物《Milenio》报报道，当年的死亡数字为 12390 人。

然而，这个数字还必须加上一定比例的“失踪”或“被失踪”人口。卡尔德龙的手下也保留了这些比例的一份清单——尽管这份清单在他任期内一直处于保密状态，直到他离任前两天才（被政府内部的一位分析人士）泄露给了《华盛顿邮报》。清单上载有卡尔德龙任内因各种原因而失踪的超过 2.5 万人的姓名。一些名字的旁边还标注了令人不寒而栗的话（“她的女儿被强行带上了车”；“这位父亲被几个穿制服的男人逮捕，从此下落不明”）。此外，名单上还有一些人可能已经非法移民到了美国，或者只是背井离乡。下一届政府将会公布一个经过删减的版本，它表明，在向失踪者家人核实其报告失踪的亲人是否可能再次出现后，仍有大约 8000 人失踪，其中的一个未知比例与毒品战争有关。这个数字——后来被改为 1.2 万人——引发了激烈争议，因为它没有考虑到正不断从乱葬坑里挖出的数百具身份不明的尸体，尽管政府承诺会建立一个 DNA 数据库，以便与失踪者亲属提供的信息进行比对，但政府并没有对这些尸体进行检查，也没有像智利、阿根廷和南非那样设立类似于真相调查委员会的机构。

承认每年大约有 1 万人失踪和假定已死，那么 6 年间的总数保守估计也有大约 7 万人，但是，人们对这个数字仍存在争议。有责任感的记者、学者、社会活动家和人权倡导者通过查阅新闻报道、法律文件、医院记录和其他许多资料，不慌不忙地调查得出一个更高的数字。在蒂华纳出版的《泽塔》周刊仔细地计算出这一数字为 10.9 万人。但是，没有人认为这个数字会小于政府所定的基线。鉴于统计数字是如此血腥，卡尔德龙将暴力事件的减少视为其军事行动取得成功就很难说得通了。就算卡尔德龙一根手指都没动，死亡人数也几乎可以肯定会减少，但这只是因他干预而导致的死亡人数的一小部分，那么他也就无需去降低由他抬高的暴力事件数量了。

不仅没有取得成功，而且也没有实现什么目标。一些胜利还可能会使国家行动党候选人借机宣称这些人并没有白白牺牲。或许从某些离奇的、划算的道德演绎角度来看，禁止向外国消费者出售毒品可以保证这些杀戮不会发生?

但是，相关记录并没有在这方面给人们以任何安慰，因为各种指标都清楚地表明，尽管卡特尔之间发生了种种混战，毒枭们仍然设法将注意力集中在自己的生意上。无论是从价格、数量还是质量来看，非法之物的流动并没有丝毫减少。墨西哥的大麻、冰毒和海洛因在美国比以往任何时候都更便宜、更丰富。联合国的调查显示，2012 年，美国街头每克可卡因的价格与 10 年前的大致持平，而且纯度也没有下降。这一年，布鲁斯·巴格莱与伍德罗·威尔逊中心的一份报告认为，贩毒组织比以往任何时候都做得更好，所有指标都表明用来遏制它们的战略普遍以失败告终。

在卡尔德龙的眼皮底下，一些卡特尔以专业精神引入了新的高科技策略：更宽敞的隧道，配备了铁轨、电力和通风系统；潜艇——平均长度为 60 英尺的运毒潜艇可以运载数吨可卡因；还有无人机——这些“空中骡子”运毒时只是一个个在雷达屏幕下方跳跃的光点。不过，卡特尔也部署了一些过去的技术含量低的设备。美国缉毒署一名前行动负责人指出，在美国沿亚利桑那州的一段边界竖起高科技围栏几天后，卡特尔就用上了弹射器，并开始向边境另一边弹射数百磅重的大麻包。“我们的围栏是目前最先进的，”他沮丧地说，“可他们在用 2500 年前的一种技术对付我们。”

不过，毒品运输的主要途径还是公路。得益于《北美自由贸易协定》，合法商品的流动量非常巨大。据美国运输局统计，2011 年有近 490 万辆卡车和 6100 万辆私家车越过美墨边界，而检查人员充其量只能对其中一小部分进行检查。至于所有不经意间的大有所获——破纪录的毒品突击搜查被卡尔德龙吹嘘为他成功的标志——事实真相却是，毒品一直在如河流一般向前奔涌。

更糟的是：如果减少毒品消费是卡尔德龙的目标，那么他似乎让情况变得更糟了。墨西哥自身的毒品消费有所增加，这反过来又强化了暴力程度，因为小毒贩们在争夺控制权——争的不是国际市场，而是当地的街头巷尾。承蒙美国全国步枪协会的好意，如今他们才能用美国来的武器在街头巷尾开战。

也许，卡尔德龙留给未来接班人的最大的担子就是恐惧。

犯罪分子开辟新的职业道路——特别是绑架和敲诈勒索——的能力，反而得到了提升，其原因在于：毒品战导致公共秩序崩溃，警察腐败的惊人增加，一个几乎已经不复存在的刑事司法系统所造成的彻底的有罪不罚现象，以及在许多领域都近乎“一败涂地”的状态。而这一切恰恰是卡尔德龙原本想要避免的噩梦。

当这些帮派竞相树立自己的品牌时，他们的暴力行为变得越来越离谱，使得社会各阶层都产生了一种无力的恐惧，以致社会生活弱化、公共空间废弃、邻里之间的不信任感增加，人们普遍感到无助。在2011年墨西哥的一项全国民调中，三分之二的人表示非常害怕会被绑架，三分之一的人在过去三个月中曾受到犯罪分子的侵害，43%的人不再让孩子在街上玩耍，45%的人晚上不再外出，74.3%的人认为报警“有点”或“非常”危险（其中84.6%是北方人）。当禁毒行动被称为“战争”时，（社会各阶层中）58%的人认为有组织犯罪正在走向胜利，只有18%的人认为政府将最终获胜。

最终，卡尔德龙的政治遗产将由国家行动党2012年总统候选人约瑟菲娜·瓦奎斯·莫塔承担。瓦奎斯·莫塔——大党派中的第一位女性候选人——其专业是经济学，曾为商业组织工作，并为主妇们写过一本励志书，之后投身于政治和行政事务。她曾在众议院任职，当过社会发展部部长，又担任过公共教育部部长。她操持过2006年卡尔德龙的竞选活动，并于2012年获得了提名，尽管她并不是卡尔德龙理想的人选。作为国家行动党的一员，她无法让自己远离卡尔德龙的战争，无论这场战争多么不受欢迎。所以，她干脆反其道而行之，承诺会将卡尔德龙激进的军事行动继续下去，直至摧毁卡特尔，并且她像卡尔德龙那样认为是卡尔德龙的强硬政策——而不是“矮子”古斯曼在同行竞争中获胜——降低了华雷斯的谋杀率。她还表示将与美国执法部门进行更加密切的合作。

洛佩兹·奥勃拉多再次为民主革命党发声，坚决批评军事化方针，强调这是在侵犯人权，并承诺要对战争伤亡者提供更多援助。与卡尔德龙一样，他也呼吁建立一个统一的警察指挥部门，以便逐步从军队手中接管安全行动；强调训练新兵应该在灌输警务专业技能的同时，进行道德和公民价值观的教育。他还提议停止中央情报局特工和美国缉毒署特工的活动，重新考虑是否遵照《梅里达倡议》继续接受军事援助，重新关注打击犯罪分子金融网络的情报活动。

但是，一位年轻、上镜、梳着大背头的候选人在获得提名后立刻在民调上跃居首位，并且一直保持到赢得大选，他就是墨西哥州州长恩里克·佩尼亚·涅托。这位精明的候选人此次代表革命制度党卷土重来，该党上一次向总统宝座发起冲刺是 12 年前。佩尼亚·涅托在整个墨西哥州——围绕自治的联邦区（确切地说是墨西哥城）——以及该州革命制度党中根基都很深，该州并没有受到之前国家行动党赢得总统大选的影响。从青少年时代起，他就通过家庭关系进入了州政治圈，并拥有法学学士学位和工商管理硕士学位。与近年上台的总统不同，他的两个学位都并非来自美国的大学。他从事过商业和法律工作，然后进入政府，担任了一系列越来越重要的职务，并与革命制度党的高层人物和州里的富豪建立了良好的关系。（佩尼亚的叔叔亦即他的导师为他铺平了升迁之路，这位叔叔是 1999 年至 2005 年间墨西哥州臭名昭著的腐败州长。）2003 年，他在州议会得到两年任期，然后当选为州长（2005—2011）。民众普遍认为他是一名称职的管理者，以兴建基础设施而闻名（在他任职期间，州内公路增加了两倍）。不过，他在打击犯罪方面的记录好坏参半。佩尼亚·涅托和他的总检察长阿尔弗雷多·卡斯蒂略对一个在该地区四处留下遇害者头颅的犯罪团伙进行了打击，从而避免该州其他大部分地区谋杀案的大幅增加。但是，暴力袭击女性的案件飙升，在他第一个四年任期里，抢劫案的报案增加了近 50%，绑架案则翻了两番。他还暴力镇压了农民的抗议活动，这些农民抗议征用他们的土地兴建国际机场。他在 2012 年获得总统竞选提名，得益于他迎娶了一位流行歌星，得益于他知晓如何在电视镜头前展示自我，并且正如学生抗议者指控的那样，还得益于墨西哥电视和媒体集团带有偏见的报道，而墨西哥电视和媒体集团的新闻节目是该国的主要信息来源。游行示威者高呼："佩尼亚，电视是你的，街道是我们的。"

恩里克·佩尼亚·涅托在毒品战方面制定了一项精明的战略。他将延续卡尔德龙的战争，但将重点从抓捕毒枭和突击搜查毒品，转为减少由他前任所引发的暴力事件。他将专注于打击国内而不是跨国犯罪——重点是绑架和勒索而非毒品流动——把墨西哥人民的安全保障放在首位，而不是极力讨好美国缉毒署和美国国会。这一做法暗含着民族主义的潜台词，即外国佬应该守好自己的边境，而不是要求成千上万的墨西哥人为他们而死。

他也像他的竞选对手一样要求建立一支国家警察部队，但除此之外，他从没有谈到打算如何实现这一目标。他打算创建"国家宪兵队"，一支自治的、4 万人的特种部队，以逐步取代即将撤回军营的军队。宪兵队将为混合兵种：其级别和档案要有"军队效力的背景"——这一术语从未被解释过，但被认为是指卡尔德龙的战争中身经百战的老兵——而领导层则是平民，所受训练的内容是如何使用警察手段而不是压倒性的军事力量。尽管批评家们也的确好奇这4万人与过去的4万人有何不同，想知道如何打造这支部队并使他们远离腐败，但在纸面上，这确实是迈出了鼓舞人心的一步。

具有讽刺意味的是，恩里克·佩尼亚·涅托所拥有的，恰恰是洛佩兹·奥勃拉多和瓦奎斯·莫塔所没有的、革命制度党的腐败遗产，也就是说，一种与有组织犯罪讨价还价的能力。这种过去的消极因素，现在看来倒是颇有积极意义。西西利亚等人呼吁与卡特尔达成协议。从政治角度讲，革命制度党不可能公开表示赞同。但是，一部分选民相信，如果革命制度党在大选中获胜将恢复其原来的做法，即只要卡特尔遵守某些规定并让政府得到应得的那份，就允许他们自由运作。在这个问题上，恩里克·佩尼亚·涅托的对手无意中帮了他。卡尔德龙警告说，革命制度党可能会为了维护社会安宁而与卡特尔谈判。美国官员私下里也担心这个。佩尼亚·涅托坚决否认他会做这样的事。这让那些希望战争继续下去的人感到安心，而让那些希望减少暴力的人想当然地认为他在撒谎。事实上，由革命制度党主导的旧的市场体系碎得太厉害，很难再重新捏合到一起。除非再掀起一次卡特尔化的浪潮，否则有太多新帮派，根本无法正常交易。由于反对党和爱管闲事的新闻媒体的存在，总统已经失去了对这样一个神秘的政府发号施令的能力。不过，许多人相信革命制度党能够且一定会与卡特尔达成协议；他们以前就这样做过，当然可以再做一次。

佩尼亚·涅托在处理墨美关系时，也自创了一套模棱两可的策略。国家行动党一提到要加强与美国的禁毒合作，民主革命党就拖它后腿，革命制度党则两面三刀，在设定新障碍的同时，承诺要保持“密切有效的合作关系”。恩里克·佩尼亚·涅托坚称，墨西哥不会出现携带武器的美国特工，也不会有哥伦比亚和中美洲那样联合的武装缉毒行动。如果能由美国提供援助和技术支持，由墨西哥来操作，那么在墨西哥使用无人侦察机收集贩毒情报是可以的。他还赞成由美国军队和警察来训练其墨西哥同行——民调显示，这一立场获得了75％的人的支持。

恩里克·佩尼亚·涅托本来想说，这样一来白宫与墨西哥总统之间的关系可能会有很大改善，但鉴于美国因未能打击武器向墨西哥的流动并降低美国对非法毒品的需求而对卡尔德龙的尖锐批评，他最终没有宣之于口。事实上，华盛顿青睐的是革命制度党的立场，而不是国家行动党的立场。2012年，美国参议院外交委员会根据该会主席约翰·克里的命令提交了一份报告，这份报告认为，“为打击有组织犯罪而进行的军事部署取得了有限的成功，而且在某些情况下导致了对人权的侵犯”。因此，美国应该“鼓励墨西哥减少其军队在国内安全方面的行动”，并为墨西哥提供警务方面的培训人员，而不是更多黑鹰直升机。同时，该委员会还注意到，卡尔德龙消灭卡特尔大头目的核心战略“由于没有强调墨西哥平民的日常安全需求而广受批评”，因此也对佩尼亚·涅托的办法提出了批评，担心如果墨西哥人没有看到暴力减少，可能会转而支持与卡特尔达成协议。

最终，佩尼亚·涅托以38.15％的选票赢得大选。洛佩兹·奥勃拉多获得 31.64％的选票，瓦奎斯·莫塔获得 25.4％的选票。恩里克·佩尼亚·涅托以微弱优势获胜，但这点优势足以将大选之后的抗议活动降到最低限度。[①]

① 卡尔德龙很快前往哈佛肯尼迪政府学院任教，并开始撰写回忆录，该回忆录于 2014 年出版。

十一

2012年—

革命制度党未能在众议院或参议院占据多数席位，因此必须寻求盟友才能开展工作。于是，佩尼亚·涅托哄骗其他政党的代表加入了“墨西哥公约”。这一幕后协议缓和了公开的争论，并为通过几个关键的新自由主义目标的立法扫清了道路。值得注意的是，除了修改《宪法》允许外资进入墨西哥石油部门外，还通过了有关电信垄断、反洗钱、税收政策和教育体系的法律（2013年2月，恩里克·佩尼亚·涅托的政府逮捕了墨西哥教师工会严重腐败的负责人，从而使他在这个领域确立了反腐资格）。[①]

---

① 有人建议佩尼亚·涅托以另一种方式“出手”，即利用司法系统向特定利益集团提供和平援助。因此，他有可能通过向军方求助，安排了托马斯·安海（转下页）

对于毒品战争，恩里克·佩尼亚·涅托最初的策略是尽量少提，从而使争议淡出舆论前沿。他不仅没有身着军装、集结部队，还竭尽所能地避免谈及流血和毒品之类的话题——他会低调行事、转移话题，将大家的注意力转向他的经济计划。美国方面则获悉，这位新总统不会像他的前任那样直接介入禁毒工作，而是会委托其内政部长处理墨美两国打击犯罪的机构之间正在开展的合作。

这种行事风格的转变很快影响了媒体报道：一项研究发现，在他就任后的前三个月，媒体对“有组织犯罪”和“贩毒”等词语的使用减少了50%。犯罪分子似乎在媒体上销声匿迹了。卡特尔杀手被捕后供认其恐怖罪行的录像也消失了。最早见到的效果之一是顶级度假胜地的旅游业开始复苏，包括巴亚尔塔港、洛斯卡波斯和坎昆岛等。一名官员将此归功于总统的新策略：“当总统不怎么谈及毒品和暴力时，全国的报纸便不怎么报道这些了，国际媒体这方面的新闻也随之减少。人们渐渐把他们感知到的东西变成了现实。”

佩尼亚·涅托还将他的公开发言重点从打击犯罪转向预防犯罪。

（接上页）莱斯·达瓦阿莱将军的释放与复职，后者被卡尔德龙以站不住脚或捏造的证据指控犯有腐败罪，尽管他的罪可能只是倾向于革命制度党而已。前总统萨利纳斯曾支持佩尼亚·涅托代表革命制度党参加竞选，佩尼亚·涅托当选后投桃报李，释放了他的兄弟劳尔。可以想象，他通过释放拉斐尔·卡罗·昆特罗而不是其他人向卡特尔们发出了一个信息。当时昆特罗仍因谋杀美国缉毒署特工卡马雷纳而服刑，一获释立即消失得无影无踪。官方表示提前释放他是因为突然发现司法程序中存在技术性问题，这不仅令人难以置信，也激怒了美国缉毒署和美国司法部。但是，这一教父级（如今算是祖父级）的墨西哥犯罪头目在新时期影响力如何还很难说。尽管如此，这一系列释放暗示了一个共同的目的。

上任两周后，他在国家安全委员会的一次公开会议上对州长、军人和安全主管们说："我们将把机构工作的重点集中在解决犯罪现象产生的[社会]根源，而不仅仅是其后果。"两个月后，即2013年2月12日，他宣布将启动一项预防犯罪计划，拨款92亿美元用于旨在改造暴力犯罪最严重的城镇和街区的社会计划（创造就业机会、改善卫生条件和社会服务）。"我们必须多强调预防，"总统说，"因为我们不能仅仅把继续使用更先进的武器、更好的设备、更多的警察和更多的武装部队作为打击有组织犯罪的唯一方式。"

墨西哥政府工作重点转到经济上被美国媒体和企业注意到并放大了。关于这只新崛起的"阿兹特克之虎"① 的讨论很多，它的国民生产总值快速增长，表明其正大步迈向韩国和中国台湾等"亚洲虎"形成的发展模式。外媒对墨西哥的报道也由阴转晴，比如《纽约时报》上，托马斯·弗里德曼等专家开始强调墨西哥的潜力，而不是它存在的问题。2013年2月23日"情人节"这天，弗里德曼在《墨西哥如何重返国际舞台》一文中坦言："在印度，人们会问你中国如何；在中国，人们会问你印度怎样。他们想知道，这两个国家究竟哪一个会成为21世纪更具实力的经济大国？现在我有了答案：墨西哥。"没错，"贩毒集团、犯罪组织、政府腐败和法律意识淡薄"还会继续"拖累这个国家"，就像能源、电信和媒体领域令人窒息的垄断以及羸弱的基础教育

---

① 阿兹特克人创造了灿烂辉煌的墨西哥古文明，开创了阿兹特克族最兴盛的时期。因而今人以"阿兹特克之虎"表达对《北美自由贸易协定》实施后的墨西哥现代经济所寄予的厚望，希望其充满活力。——译者

系统对这个国家的拖累一样。但是，“这里有些东西不太对劲，”他从蒙特雷的报道中发现，“就好像墨西哥人下意识地认定，涉毒暴力事件就是他们生在其中并与之对抗的一种生活环境，而不是可以由他们再去定义的东西。”他呼吁人们多加关注墨西哥的新技术初创企业、多项自由贸易协定、廉价天然气的发现，尤其要注意鉴于中国工资成本的上涨，墨西哥“正从亚洲夺回自己在制造业市场的份额，并且其汽车、航空和家用产品等领域正在吸引比以往更多的全球投资”。

其他人也表达了同样的论调。香农·奥尼尔写了一篇有关外交事务的文章，名为《墨西哥制造》，宣布“现代墨西哥是一个中产阶级国家”，理由是世界银行估计墨西哥 95%的民众属于中产阶级或上层阶级。英国《金融时报》表示，佩尼亚·涅托的新自由主义政府的成就将超过“拉丁左派”的吸引力。商人又为这一任政府加了分：全球最大的资产管理公司（4.5 万亿美元）“黑岩集团”（BlackRock）的老板拉里·芬克，称墨西哥是“一个难以置信的增长奇迹”。

美国政府对这些说法深表赞同。2013 年 5 月，奥巴马总统高调出访墨西哥城。他在国家人类学博物馆发表演讲时承认，“墨西哥全国上下都在为国家安全做出无畏的牺牲”。但他强调，世界都在注视着“一个正在创造新的繁荣局面的墨西哥，一个跟全世界做生意的墨西哥。看着它正在成为一个制造业强国（从蒂华纳到蒙特雷，再到瓜达拉哈拉，然后跨越中部高地），成为汽车、家电、电子产品等领域的全球领导者”。

奥巴马还说：“我看到了一个让数百万人摆脱了贫困的墨西哥。因为有了几代人的牺牲，如今大多数墨西哥人才可以自称为中产阶级，过上了他们父母和祖父母梦寐以求的高质量生活。”他坚持认为，“我们两国之间的关系，不能以我们面临的威胁来定义，而应该由我们能够共同创造的繁荣和机会来定义”。

美国《时代》杂志的资深记者蒂姆·帕吉特是为数不多的没有被“非理性繁荣”冲昏头脑的记者之一。2013年3月，他在《墨西哥的新繁荣：为什么这个世界该让炒作降降温》一文中表示，对“大力鼓吹要将血腥的头条新闻突然变成玫瑰色的横幅”持保留态度，并提醒读者墨西哥仍有横行肆虐的“黑帮屠杀”、巨大的“社会不平等”、“腐败无能的司法体系”、“无耻的商业垄断”以及极度贫困。

事实证明，帕吉特确有先见之明。墨西哥经济在佩尼亚·涅托执政第一年的余下时间里萎靡不振，仅以1.1%的速度增长，受美国经济的持续低迷和投资者对犯罪活动的担忧拖累，增长率远低于地区平均水平。财富向在顶层的人聚集：2013年到2014年间，墨西哥亿万富豪的数量增长了23%，而排名前10%的富豪占国民总收入的42%。许多中产阶级家庭的收入停滞不前甚至下降。国家社会发展政策评估委员会（CONEVAL）发布的一份报告显示，大约5300万墨西哥人（约占总人口的45%）生活在贫困中，而且这一数字已经保持了20多年。这份报告无异于对“中产阶级国家”的说法兜头泼了盆冷水，给那些以为《北美自由贸易协定》已使所有经济衰退的国家都得救的人当头一击。

人们观察到的贫困率的一些巨大差异是不同测量系统使然。国家社会发展政策评估委员会采用了多维方法，不仅考虑收入，还考虑他们所获得的教育、保健服务、社会保障、基本服务和食物。而以收入为基础，将贫困线（2012 年）定为城市地区每月 2329 比索（约合 177 美元）、农村地区为 1490 比索（约合 113 美元），那么“赤贫者”数量大约会减少一半。

威尔逊和席尔瓦（Silva）对 2013 年国家社会发展政策评估委员会的报告进行了分析，指出墨西哥的中产阶级人数确实在增长，但贫困阶层的人数也在增长。他们发现，“尽管墨西哥经济发展相对强劲，但近年来以收入增长来衡量的贫困率的确有所增加”，“相当令人不安”，并对此给出了各种具体的解释，例如 7180 万墨西哥人没有获得社会保障，这在很大程度上是因为他们在“非正规部门”（包括毒品行业）工作。出现这种结果，恰恰是因为“正规部门”就业机会不足，而就业机会不足又是经济增长不足造成的。

但墨西哥是近年来唯一一个贫困加剧的拉美大国。玻利维亚、巴西、智利和哥伦比亚近年来利用经济增长都将贫困水平降低了 30％以上；为什么墨西哥没有呢?

也许，进步和贫困的同步增长——正如亨利·乔治 1879 年在《进步与贫困：对工业萧条和需求为何会随着财富增加而增加的调查》一书中所说——部分原因可以追溯到墨西哥制定的新自由主义政策。托马斯·弗里德曼指出，墨西哥制造业的增长——也可以称为保税加工业或血汗工厂的复兴——很大程度上受益于中国的工资上涨。但他没有追问，墨西哥的工资为何没有上涨。保罗·艾米森认为，这种停滞不前某种程度上与 2012 年通过的“劳动改革”立法有关，这项法案是由国家行动党和革命制度党的国会议员在卡尔德龙 6 年任期的最后阶段通过的。它实际上摧毁了墨西哥 1970 年的劳动法，赋予雇主更大的权力去对付工人，尤其是随意解雇的权力。腐败的工会一直都支持革命制度党，对于工人也毫无助益。《北美自由贸易协定》也没有这方面的规定；更不必说，最低工资每天仅有 67 比索（不到 5 美元），根本没有失业保险，只有 30%的劳动力享有社会保障。因此，2012 年制造业的平均工资仅为美国的 18%，而汽车业更是出了名的低收入行业，这就是为什么近 60%的劳动力会选择非正规经济。所以，或许弗里德曼所说的拉低中国工资水平的步伐并没有什么值得夸耀的。

至于犯罪问题，事实证明，佩尼亚·涅托当政的头两年可谓毁誉参半。

具有讽刺意味的是，他的政府在抓捕毒贩头目这一件事上表现最好，而这恰恰是他当初承诺不会作为工作重点的。2013 年 7 月，墨西哥海军陆战队未开一枪就逮捕了泽塔斯的头号人物——“米格战斗机”特雷维诺·莫拉莱斯。美国当局送来的情报说，以活活烧死受害者而闻名的特雷维诺·莫拉莱斯经常造访新拉雷多的边境地区，为了看望他刚出生的孩子。接到消息后，海军陆战队乘坐黑鹰直升机展开搜寻，发现他正躲在一辆卡车上，于是冲下来逮捕了他。2014 年 2 月，墨西哥政府利用美国缉毒署的数据追踪到了特雷维诺的对手——锡那罗亚头号毒枭“矮子”古斯曼，趁他与妻子在马扎特兰海滨公寓度假时逮捕了他，这一次同样兵不血刃。2014 年 3 月，“圣殿骑士”的头目——

“头号疯子”在米切肯州死于暴力。2014 年 10 月，卡特尔中的头号人物——赫克特·贝尔特兰·莱瓦被抓获，当时他正在圣米格尔·德·阿连德的一家海鲜餐厅吃鱼肉玉米饼（同样没有枪战）。那里靠近克雷塔罗市，生前他一直假装是当地中等富裕的商人，在房地产和艺术品市场都有所涉足。一个多星期后，维森特·卡里略·富恩特斯——日渐萎缩的华雷斯卡特尔的首领——也在一场不流血事件中落网。抓获这些顶级毒枭的同时，也逮捕了大量二流角色。

所有这些事件的影响尚不明朗。对于九头蛇法则将再次应验的担忧也没有得到证实，尽管这个国家还在饱受前卡特尔分化成的小帮派之间不断争斗的蹂躏，尤其是“战士联盟”和“赤色分子”之间的纷争，“四十三人事件”就与此有关。以“矮子”古斯曼为首的卡特尔，不仅组织完善，也是卡特尔中最有商业头脑的，此时似乎正在进行权力的平稳过渡。由于“矮子”的长期合作者伊斯梅尔·桑巴达想尽办法保持价值数十亿美元的毒品交易源源不断，因此“矮子”古斯曼才能通过重金贿赂政府官员和唯利是图的商人，获得一如既往的保护。特别需要指出的是，他的锡那罗亚卡特尔仍然控制着华雷斯几乎所有的市场，尽管卡里略·富恩特斯贩毒组织的残余势力——尤其是其武装组织“火线”（La Línea）和“阿兹特克贫民”（Barrio Azteca）——在新朋友泽塔斯帮的帮助下，正在挑战他们的市场地位。（如果“火线”和“阿兹特克贫民”发生冲突，华雷斯市无疑将会再次陷入水深火热。）

更令人不安的是，有报道称，2014 年 6 月，4 个主要的卡特尔在边境城镇彼德拉斯内格拉斯举行了一场毒品组织首脑会议，这场景说起来有点像漫威漫画里“超级罪犯联盟”坐下来开会。会上，贾利斯科新一代卡特尔、卡里略·富恩特斯（华雷斯）集团、贝尔特兰·莱瓦集团、泽塔斯帮探讨了建立一个新联盟的可能性，试图以此联盟重新规划墨西哥毒品交易的版图。若锡那罗亚卡特尔与这帮超级罪犯之间爆发混战，无疑将是一场巨大的灾难。

佩尼亚·涅托对卡特尔成功地实施了斩首行动，无论其长期效果如何，短期内并没有获得赞誉，原因在于墨西哥各地爆发了其他类型的犯罪活动，人们开始怀疑他处理犯罪问题的能力。总统当然可以指出（事实上他也确实这么做了），2013 年，即他上任的第一年，凶杀案数量比前一年（卡尔德龙任期的最后一年）略有下降，据他估计死亡人数在 18388 至 22732 人之间（比 2012 年的死亡人数少了 8%到 13%），然而这个数字没有把数千名失踪人口包括进去。[①] 但是，在这 12 个月间，墨西哥成了全球绑架案之都，2013 年报告的绑架案超过 1698 起，比 2012 年增加了 20%，是有记录以来最严重的一年。更可怕的是，据专家估计，有 80%到 90%甚至更多的绑架案并没有报警，家人害怕报警会危及被绑架者或者自己的生命，因为警察很可能与绑架者是一丘之貉。被绑架者不仅有富豪——有钱人确实也能采取更高级的安保措施，而且还有店主、医生、木匠、出租车司机以及一些普通劳动者。而犯罪分子越来越低龄化，他们不在乎每一票的赎金少，

---

① 卡尔德龙的 6 年任期内有 12930 人失踪，平均每天失踪 5.9 人；而截至 2014 年 10 月，佩尼亚·涅托任内的失踪人数为 9384 人，平均每 24 小时失踪 13.4 人。

因为可以多劳多得。对媒体而言，2013 年也是特别糟糕的一年，是 2007 年以来暴力活动最猖獗的一年：至少有 10 名记者被杀，据国际组织“第 19 条”统计，媒体从业者共遭到 330 次袭击，尽管是非致命的，其中 60%是当局所为。

恐惧感也在升级。墨西哥国家统计、地理和计算机研究所对受害者所做的调查发现，2013 年，人们的不安全感比以往任何一年都更强烈。面对墨西哥官员的沮丧，美国国务院认为恐惧是对现实过于理性的反应。美国在 2014 年 8 月发布了旅行警告，提醒人们 2012 年有 71 名美国公民被报告在墨西哥遇害，2013 年达到 81 人。游客也是车辆抢劫、公路抢劫和绑架的受害者——据报道，2014 年 1 月至 6 月，有近 70 人被绑架。自 2010 年 7 月以来，美国政府雇员一直被禁止开车去美墨边境或者墨西哥内陆、中美洲从事非公务活动。

与此同时，墨西哥的治安部队也受到抨击。国家人权组织联盟已向国际刑事法院检察官办公室提出申诉，要求后者调查军队和警察在打击有组织犯罪过程中“系统而大范围地”虐待成千上万平民的行为。联邦警察普遍被指控滥用职权和贪污腐败——尤其是向途经墨西哥的移民勒索钱财。

随后，2014 年 6 月 30 日，在墨西哥州南部小镇特拉特拉亚，一支 8 名士兵组成的夜间巡逻小队在一座空仓库撞上了 22 名黑帮分子，现场当时还有两名捆绑着的敌对帮派成员以及 4 名女性（一名离家出走的 15 岁女孩以及赶来救她的她那当教师的母亲；还有两个被捆绑着的女孩，她们是被歹徒从街上抢来的）。巡逻队命令黑帮分子从仓库里出来，后者以开枪作为回答，一名士兵受了轻伤。巡逻队开枪还击，打死打伤了几个人。短暂交火后，黑帮分子缴械投降。士兵们叫嚷着“你们这些狗东西不配活在世上”，然后将他们一个一个地处决了，并咒骂：“这会儿你们的胆量上哪儿去了，你们这些狗娘养的!”他们还杀死了在交火中受伤的那个离家出走的女孩，但放过了她的母亲和另外两个女孩。然后他们把枪塞到死者的手中，重新布置了犯罪现场，使这些人看起来是在向士兵开枪时被打死的。墨西哥州州长、州检察长和军队最高指挥官都痛快地接受了他们的说法。事实上，州检察长的人抓到了那两名被绑架的女孩并严刑拷打，逼迫她们附和士兵们的谎言；那位教师虽然获释，但同样受到了恐吓威胁，要她跟官方统一口径。

在美联社和《时尚先生》（拉美版）杂志的记者走访现场，发现了犯罪现场有明显被重新布置的迹象后，这个把戏被戳穿了。然后他们追查到了那位教师，后者勇敢地同意说出真相。那两名被囚禁的女孩也改了口。这样一来，多个国际人权组织要求彻查此事，华盛顿也坚决要求对此进行“可信”的调查。最终，佩尼亚·涅托下令将此案移交给联邦政府部门，三名士兵受到了非法处决的指控，但没有牵扯他们的上级。当地官员也没有被控胁迫证人。“人权观察”说，佩尼亚·涅托对这件事的反应是如此迟疑，“其政府形象已然破烂不堪”。这说出了很多人的心里话。①

---

① 2015 年 1 月，“人权观察”敦促奥巴马总统向佩尼亚·涅托明确表示：“如果墨西哥无法在起诉侵犯人权的罪行方面取得显著成果，［美国］政府将无法再证明《梅里达倡议》中的人权要求得到了满足。”

备受推崇的国家宪兵队直到2014年8月才成立，但事实证明，它不过是人们期待的那个国家宪兵队的一个影子罢了。这个原本希望独立于军队和联邦警察的4万人的组织，（在军方的坚持下）已经被裁减为5000人，并隶属于联邦警察部队。从军衔和档案看，他们不是原来打算招募的那种老兵，而是一群受过良好教育、经过严格筛选出来的年轻人。他们从未在任何武装部队服过役，但确实是由墨西哥军队训练出来的，他们的指挥官与来自哥伦比亚、智利、西班牙、法国和美国的警察部队指挥官受教于同一所学校。这些人固然缺乏经验，但好在还没有沾染上腐败。对于他们的安排，不是取代军事单位成为维持社会治安的主要力量，而是把他们空降到热点地区（像特警队一样），在那里有组织犯罪已经扼杀了几乎所有的地方企业及外国企业。

然而，打击有组织犯罪最关键的行动来自公民本身，这一点完全出乎人们的意料。在一场起义中，他们迫使联邦政府把希望搁置在一边的议题放在了首位。

自卫军：武装起来的民间团体

2013年2月24日，随着饱受摧残的愤怒市民的加入，毒品战争开始重登报纸头版。这些新加入者没有游行、抗议，也没有要求政府保护他们免受犯罪分子的掠夺，而是拿起枪向一个罪大恶极的卡特尔发起了攻击。

这个后来所称的“自卫运动”，实际上第一次出现是在两年前，地点在米切肯山上的契兰镇，那里的原住民布雷佩查人长期遭到“圣殿骑士”的围困。几个世纪以来，布雷佩查人通过砍伐周围的橡树林来维持经济、保护文化，但近年来外来的伐木工像蝗虫一样涌入，而且在持枪歹徒的保护下掠走了大约70%的树木。“圣殿骑士”还把他们在该州其他地方实行的恐怖统治延伸到了契兰镇，在当地强奸、绑架、杀戮，胡作非为。向市政府、州政府部门申诉，事实证明毫无用处，因为他们（和警察）放心大胆地为有组织犯罪效劳；实际上，卡特尔就是当地大部分地区的政府。可以说，契兰镇就像黑泽明电影《七武士》中的山村一样，被强盗围困，只不过没有武士去营救他们，所以他们决定自救。

2011年4月15日，武装起来的小镇居民，不分男女老少，连同各政党的代表们揭竿而起，驱逐了镇上所有的警察部队。他们恢复了1917年的《宪法》规定要严厉制裁的一种古老的社区警务传统，将一个本来用于维护内部秩序的机构变成了对抗外部威胁的武器。他们用缴获的AR-15步枪将伐木工扣为人质，封锁了镇上的所有入口，也封锁了通往木材区的所有道路，为防范“圣殿骑士”入侵，他们点燃了数百处篝火让其彻夜不灭，由此成功建立了一个无匪地区。

大约两年后，也就是2013年2月24日，佩尼亚·涅托政府成立之初，米切肯州阿帕钦甘山谷（位于地势低洼的特拉卡里恩特地区）两个镇上的几十名居民决定成立一支自卫军，以抵抗“圣殿骑士”的勒索。但这支队伍并不是由原住民组成的，他们甚至也没有得到准法律的保护。这群开采石灰的人、牧场主和小企业主从小处做起，在街道上巡逻，设置路障，伏击乘坐黑色越野车路过小镇的“圣殿骑士”成员，最终在镇广场附近爆发了激烈的枪战并取得了胜利。接下来的8个月里，其他城镇纷纷效仿，争相动员农场工人、工厂工人、医生和出租车司机，直到山谷里聚集起了数千名社区居民、民兵或治安队员。居民和商人的捐款是他们的资金来源，比起向卡特尔缴保护费，大家更愿意支持民团。武器主要是在美国购买并走私到南方的，还有一些是从“圣殿骑士”手中缴获的。许多农民在狩猎俱乐部学会了射击，而其余的人现在和曾在墨西哥军队服役的人一起接受训练。这种民间抵抗运动席卷了整个米切肯州，并逐渐蔓延到邻近的格雷罗州，民团用武器赶走了“圣殿骑士”，解放了一些牧场、村庄和城镇（尽管解放的只是建有地方自卫军的城镇，并且是发出过求助的）。

这种地方民兵组织的迅速蔓延，让包括联邦政府在内的很多人颇为震惊。佩尼亚·涅托政府的第一反应是要把他们当作罪犯来解散。据说，他们的队伍中窝藏着“圣殿骑士”的敌人，这些人来自米切肯北面的州——贾利斯科新一代卡特尔。他们的枪支恐怕都是从犯罪分子的供应商那里获得的。据该州首府的官员回忆，“米切肯人家族”最初承诺过要跟平民打成一片，但很快变成了吸血鬼。“人权观察”的社会活动家还记得，当年的哥伦比亚准军事组织也同样变成了弗兰肯斯坦式的怪物。从更抽象的角度来看，一些人认为民团运动对政府垄断武力使用权构成了威胁。正如一位国会领袖所说，“一个允许公民武装起来、自己伸张正义的政府，是失败的政府”。

站在“圣殿骑士”横行的米切肯州乡村一方来看，政府认为使用暴力是其独有的权力这一想法实在太荒谬了。民兵组织的一名创始人指出，政府之所以焦虑，其原因很简单，因为“政府从来不愿意承认，我们能够做到它从来不想做的事”。民兵们承认，他们的队伍里肯定有一些蛀虫，这场运动发展得如此迅速，人员素质确实难以保证。但他们否认队伍中有什么重要的卡特尔成员，觉得只不过是几条小鱼趁着风向跳上了船而已。此外，正如一位高级领导人所说：“那些将国家交到我们手中的大英雄也的确不是什么无可挑剔的人。”

然而 2013 年 3 月，联邦部队奉命到达当地，逮捕了几十名民兵，收缴了他们的武器，但很快领教了当地人对他们的拥护程度。在一次逮捕行动中，数百名自卫军蜂拥而至，扣留了部队士兵，直至其战友获释。对此，佩尼亚·涅托立场坚定，强调“这种自己伸张正义的做法是违法的，政府将予以打击”。

2013 年 5 月，佩尼亚·涅托把自己将冲突非军事化的初衷抛到脑后，向当地增派了 6000 人的部队和联邦警察。但是，这些人一到现场就意识到解散社区自卫组织将会受到顽强抵抗，于是选择与他们结成事实上的联盟，在他们解放新城镇时掩护他们。截至 2013 年 10 月，民兵们已完全打破了卡特尔对几个自治市的控制。“自从我们来了之后，很多犯罪分子都逃走了，”一位民兵首领解释道，“我们在几周内办到的事，是警察和军队几年都没办到的。”“我们不怕这些卡特尔，”另一位民兵首领挥舞着武器说，“他们有枪，我们也有。而且我们人多。”

2014 年 1 月，民团准备向阿帕钦甘山谷挺进，这座拥有 12 万人口的小城是“圣殿骑士”的堡垒，他们决心冲入巢穴，斩杀恶龙。由于害怕发生大屠杀，佩尼亚·涅托又派去了数千人的部队和联邦警察。但他也采取了一个更大胆的计划，决定将米切肯视为一个破产的州——如果不以一败涂地来形容的话——准备派人去接管那里。于是，前墨西哥州检察长阿尔弗雷多·卡斯蒂略被任命为“安全和整体发展专员”。然而，墨西哥其他各州都没有这样的职位，它让人联想起旧帝国时代的总督，因而其合法性令人怀疑。38 岁的卡斯蒂略轻而易举地推开了米切肯州州长福斯托·瓦列霍——这位州长似乎无力阻止不断上升的暴力事件——他还另外带来了几十名联邦政府官员，将州警察局、检察官办公室以及其他战略机构一一控制，并着手炮制法律文件使这一过程合法化。①

卡斯蒂略还与民兵领导人达成协议，同意有条件地承认他们：要么加入一个改头换面的市政警察部队——穿制服领薪水，要么在军方控制下的“农村防卫队”临时服役。② 因此，佩尼亚·涅托提出了他的

---

① 这一接收战略早在两个月前，即 2013 年 11 月 4 日就已经开始部署。当时，政府宣布海军、陆军和联邦警察将取代当地警察部队（被解除武装并停止行动）和海关官员，接管拉萨罗·卡德纳斯港的安全工作。这一港口城市自 10 年前向集装箱船开放以来，已经获得了巨大发展，港口的水深使其在承接运往美国市场的亚洲货物方面足以与洛杉矶匹敌。但这需要驱散“圣殿骑士”，后者据估计每年要从中渔利 20 亿美元。几个月后，即 2014 年 5 月，该市市长因涉嫌与毒贩、绑匪和劫匪勾结而被捕。次日，墨西哥当局扣押了一艘载有 68 公吨非法铁矿石的船只，自 2014 年初以来，总共扣押了 200 多公吨这样的铁矿石，其中绝大部分是运往中国的。

② 农村防卫队最初是 19 世纪为控制盗匪而组建的民兵组织，墨西哥革命之后，他们在保卫合作社农场方面发挥了作用，但早已消失。卡斯蒂略重建这一基层组织，要求民团领导人向军方提交一份成员名单，并对其武器登记造册。导致他们迟迟征不到兵的原因之一是大家认为，穿上军服太容易被“圣殿骑士”盯上。

新路线，并告诉记者：“那些有资格保卫地方安全的人——自卫队声称这是他们的原则——应该在法律规定的机构内工作。”

政府还宣布了一项计划，将拨款 34 亿美元为米切肯州建造公共工程和公共住房，并改善教育、为社会发展提供资金（尽管事实证明，这些计划中的绝大部分早已在酝酿之中）。

随着局势的缓和，民兵和联邦部队之间展开了新的合作。2014 年 1 月，他们开始携手占领新的城镇；2 月，他们攻进阿帕钦甘城。数百名士兵和警察在城市街道上巡逻，民兵队员持枪驻守郊区的检查站。获得解放的当地人提供了大量情报，使“圣殿骑士”的几个重要成员落网。其中一个是该市市长，他不仅是当地贩毒市场真正的老板，而且恰巧是“头号疯子”纳扎里奥·莫雷诺的侄子。

人们都以为莫雷诺已死。然后到了 3 月 9 日才发现，莫雷诺根本没死。2010 年有报道称他已经死亡，“圣殿骑士”也竖起了一座座“致敬圣纳扎里奥”的神坛，但米切肯州的百姓始终说他还活着，民兵自卫队也乐于每到一地就将神坛炸成碎片。“我们一直都知道他的死是一场闹剧，因为有人在附近见过他。”一名民兵首领说，并补充道，这位大毒枭经常在斗鸡活动和派对上露面。然而，当地方百姓主动提出要领军队去他家门口时，军队摆出居高临下的姿态，把这些人的坚持当作故事听多了，分不清传说和现实。但最终，军队相信了他们，追踪莫雷诺并将其击毙。这是莫雷诺第二次现身，但一转眼又没了。[①]

---

① 这一次，被士兵和海军陆战队击毙的纳扎里奥·莫雷诺在阿帕钦甘一家医院进行了尸检，现场被 150 名全副武装的警卫包围，以确保尸体不会被他的手下抢走。

3月底，墨西哥海军陆战队还击毙了恩里克·普兰卡特，他是莫雷诺的两名高级助手之一，而另一名——绰号“老师”的戈麦斯·马丁内斯在逃。没过几周，联邦政府又迈出了大胆的一步，逮捕了米切肯州内政部长赫苏斯·雷纳，指控这个仅次于州长福斯托·瓦列霍的二号人物与“圣殿骑士”勾结。就在州长宣布辞职后没几天，也就是在逃的“老师”公布了他和州长儿子亲密谈话的一张照片后不久，州长儿子被捕，州长本人退休。一名民团领导人说：“我们很高兴政府终于开始干正事了。”另一位说：“我们正与政府合作，肃清米切肯所有犯罪分子将指日可待。”

事实证明，这种乐观还为时过早。卡斯蒂略和佩尼亚·涅托从没有为自己端卡拉什尼科夫突击步枪的军队与民团的合作感到高兴，现在更希望能一刀两断。或许是因为觉得仍有“圣殿骑士”成员在逃，政府的打击部队认为现在“是时候跟他们分道扬镳了”。他们担心落选的持有枪械的自卫队队员可能会脱离他们的掌控（甚至黑化），在这方面，哥伦比亚的自卫队转变为准军事组织的事颇有警示意味。令他们不安的是，民兵们并不打算跟他们一起开展更大规模的缉毒战，也拒绝追捕毒贩和毒品生产者。一名发言人说：“我们不会去搜寻［冰毒］实验室，因为那不是我们的责任。”他们没什么野心，不过是“希望不再发生绑架、失踪和敲诈勒索”。鉴于米切肯州近35%的人口受雇于“非正规”经济，他们的不情愿并不令人惊讶。

然而4月初，卡斯蒂略下令民兵解除武装，就地遣散，否则就逮捕他们，而他的部队也把枪口对准了民兵领袖。“头号疯子”死后没几天，当局就逮捕了伊波利托·莫拉。他是第一批被捕民兵领袖之一，被控参与杀害了他在民团中的一名竞争对手（不管真相如何，长期的不和有时确实会蔓延到领导层）。莫拉的被捕以及随后发生的一些事（州监狱和联邦监狱很快关押了 100 多名民兵）在自卫军看来不啻为背叛，许多人对此深感愤怒。一些民兵拒绝解散，拒绝交出武器。他们说，他们已经解放了 30 多个城镇，还想将这项工作进行到底，清理米切肯州全部 113 个城镇，抓住或杀掉“老师”，有可能的话，甚至去驰援在暴力中煎熬的阿卡普尔科。2014 年 6 月，警察和军队士兵逮捕了这些民团领导人中较为顽固的一个——何塞·米雷莱斯博士，并以携带非法枪支为由关押了他的 70 多名支持者。

政府部队与民间自卫团体结盟，部分摧毁了该国最强大的犯罪组织之一，并将许多腐败的保护伞开除公职；然后政府突然终止了联盟，这么做或许可以理解，毕竟这种合作没有任何法律依据。但是从战术上讲，有点操之过急。① 根据政府自己的统计数据，随着民兵运动陷入混乱，犯罪率再次飙升，谋杀和敲诈勒索案件位居榜首。数百乃至上千名“圣殿骑士”枪手仍在米切肯州的其他地方逍遥法外，其中就包括“老师”，尽管卡斯蒂略早在 2014 年 3 月就宣布此人已“走投无

① 不仅操之过急，而且下手太重。米雷莱斯所受的待遇比一些被捕的毒枭还差：他被蒙着眼睛，戴着头罩、手铐，不许打电话，不能见律师，不能打胰岛素，头部和面部被剃得干干净净，还被蒙上眼睛乘坐直升机飞了 5 个小时，最后被监禁在离其支持者和卫队 1000 公里之外的索诺拉监狱。这引发了大规模的人权抗议。

路并束手就擒”。2014 年 9 月，逍遥法外的“老师”在一封公开信中表达了对局势的看法，并承认“圣殿骑士现在确实状态不佳”。他写道：

> 我们伤亡惨重，但我们仍然屹立不倒，直面敌人。他们抓到我们，我们认了。但他们能进入米切肯，靠的是欺骗手段和迷惑大家……现在轮到我们打回来恢复米切肯的秩序了。我们知道这很难，但并非不可能。看到我们的人民受苦，我们很生气。对于你们的背叛，我们不会忘记，也不会原谅；你们将会为此付出生命的代价。那些签署了他们的判决书的人，也不会得到宽恕。
>
> 我们已经回到了米切肯而且比以前更强大，看着吧，我们真的会教训那些该死的乡下人［自卫队］。我们的人还在很多城镇里，我们得提醒你们，他们还没有摆脱我们。我们不会离开米切肯，我们会继续支持米切肯的人民，并得到他们回馈的支持。我们已经得到了最高层的认可和支持！！！
>
> 我们理解你们的困惑。你们为什么要离我们而去呢。我们是人，当然会犯错，但对我们来说［你们］是最重要的。我们绝不会让年轻人用这些肮脏的冰毒。而现在……年轻人正遭受它的毒害。慢慢来，一切都会好的。是的，一点一点，

走着瞧吧。[①]

但是当时，墨西哥中央政府的注意力早已转向塔毛利帕斯州。2014 年 4 月，海湾卡特尔发生了内讧，泽塔斯帮借机挑战其在某些市场的统治地位。随着休战的普遍破灭，帮派之间的枪战在几周内就导致 100 多人丧生。数千人在州首府维多利亚城和坦皮科市举行示威游行，他们身穿白色衣服，要求政府予以保护。

与此同时，自卫运动的发展给了联邦政府采取行动的额外压力。至于这种发展究竟是令人鼓舞还是使人惊恐，取决于各人看问题的角度。伊达尔戈的乡间是孕育这场自卫运动的温床，那里就像塔毛利帕斯州许多地区一样，在佩尼亚·涅托上任的第一年就遭到敲诈和绑架潮的侵袭，事实上这个国家大部分地区都是如此。当地民兵组织佩德罗·门德斯纵队，以 1860 年代当地一位与法国作战的将军的名字命名，已经吸纳了数百名武装人员。他们实行宵禁，用沙袋筑起边界，

---

① 人们怀疑，他的这套说辞是否部分源于他在 2013 年从两名记者那里得到的公关建议，其中一人是“老师”戈麦斯·马丁内斯从米切肯的墨西哥电视和媒体集团招来咨询的（随后的谈话被偷偷录了下来，并于 2014 年 9 月透露给媒体）。“老师”对当地民众以及国内和国际媒体对自卫队的传颂、大量报道非常不满，便询问记者如何改善他的公众形象。他们劝他采取更好的媒体策略，并提出了各种具体建议，包括他们可以（也确实这样做了）安排美国福克斯新闻的电视采访。摄像机还拍到了他递给他们一大笔现金的镜头。这些录像一公布，记者就被解雇了。也许“老师”的公开信本身正是他新媒体策略的一部分，尽管他真正的用意是告诉大家他可以神不知鬼不觉地让政治和媒体大腕自证其罪，这等于使“老师”掌握了操纵杆——以公布录像带作为威胁——可以对付那些职业生涯还没被他毁掉的人。

建起了社交媒体通讯网络，还处决了几个泽塔斯人。他们宣称罪犯只会向“血与火”低头，呼吁“与绑架者长期斗争和持续战斗”。泽塔斯人无法进入该镇，但在2014年5月，他们在一个偏远的村落射杀并焚烧了9人。还留下了一张纸条，上面写着：“伊达尔戈人，别跟这个纵队掺和。我们可不是好惹的。这是第一次警告。听好了：我们是泽塔斯。”

佩德罗·门德斯纵队意识到他们不是卡特尔杀手的对手，就跟那些穿着白衣游行、期望政府保护的人一样，只不过纵队期待的是各种合作。他们断言：“只有诚实的战士和武装人员才能解决社会上的不安全、暴力和犯罪问题。”其他人并不认可这种说法。维多利亚城的一名游行者说：“我认为自卫团体是危险的。鞋匠的职责是做鞋，商人就该去做生意，打击犯罪要靠训练有素的警察，而不是随便什么人拿把枪就能胜任。”

2014年5月中旬，佩尼亚·涅托先从塔毛利帕斯州下手了。内政部长米盖尔·安格尔·钟抵达该州最大的城市雷诺萨，宣布联邦政府将派陆军、海军和联邦警察来恢复秩序，就像在米切肯州那样。为了区别于卡尔德龙的做法，钟强调，此举旨在带来结构性转变。这个有300多万居民、基本上无法无天的州，将被分为四个区域，每个区域都由一名军人负责提供安全保障——对城市中心、公路（卡特尔们已占据多年）以及港口和机场进行全年无休的巡逻。40个警察部门将被解散，然后会建立一个新警察的培训中心，州总检察长办公室将被撤销。钟说，这项计划至少需要6个月才能出成果，塔毛利帕斯州的州警和各市政警察部队需要 3 到 4 年才能重建。没有任何迹象表明他有兴趣与自卫队合作，事实上这个计划很可能就是为了避免重蹈米切肯的覆辙而发布的。

“四十三人事件”及未来

就在这个关头，格雷罗州成为了全国（其实是全球）关注的热点。2014 年 9 月，从阿约特兹纳帕来的 43 名学生被带走，他们骇人听闻的命运结局在 11 月被揭开。正如我们在导言中所述，这激起了排山倒海般的抗议大潮——大规模的谋杀引起了大规模的震怒——以及对根本性变革的广泛要求。但是，以前的抗议活动总是来了又去，现有秩序经受住了每一次风暴，新的游行会渐渐散去，媒体会转而去关注一些新的可怕消息，集体的能量最终会消散，“阿兹特克之春”带来的前景将归于幻灭，这一切都是有可能的。如何将这种能量导入长期的结构性转变是当务之急，而我们必须看出现在的举国沸腾会发酵并冒出什么样的泡泡。从我们的视角，或者说我们展示的其中一个历史分析的视角来看，有几种粗略的方法可能值得大加关注。

我们认为，仅仅呼吁改革国家的刑事司法制度，或者铲除政治体制中的腐败，或者设置无法逾越的障碍来反洗钱是不够的。尽管这些目标都很有价值、不可或缺，但它们一直在被无休止地鼓吹并被证明是无法实现的。为什么呢？原因之一当然是现有的各种安排部署有强大的支持者——政客与警察、匪帮和商人——他们都从现状中受益匪浅。我们自始至终一直缺乏的，是对这种毒品秩序的反对者的有效动员，特别是公认的“公民社会”这一术语所涵盖的数百万大众。在我们看来，进行这种动员的巨大障碍——除了如此庞大的群体本身具有的差异性与分裂性之外——就是国家（尚未走向阴暗面的那部分）与已经出现的挑战现有安排的群众运动之间的脱节。这些群众运动包括自卫军、西西利亚示威者、学生抗议者、人权活动家、失踪者家属以及由43名学生遇害事件引发的各种抗议活动。

如果联邦政府将这些力量组织起来，而不是压制或忽视它们会怎样呢？或者找到一种办法赋予这些基层组织以权力，比如：像联邦部队和自卫队之间在米切肯州短暂联盟那样，在一个难以置信的极短时间内，将一个极其强大的贩毒集团从他们的地盘上扫除掉，如果承认他们划定了自己的地盘的话？比如：找到一种操作模式，它有可能规避地方治安维持会制度可能存在的危险，联邦政府对此制度一直极为担忧，以致放弃了动员群众的念头？比如：制定一些战略，将联邦政府接管腐败的州和地方的行动（像之前在米切肯州、塔毛利帕斯州，现在在伊瓜拉州和格雷罗州的其他市镇所做的）与州政府协助动员民间运动实体的行动结合起来？比如：找到某些办法，让公民直接参与减轻腐败（如果做不到根除的话）的行动？

要不要重新考虑一下人们时常提议的成立“真相委员会”的想法呢？这一设想包含多个侧面，能够协调和扩大现有人权团体和其他有关公民（特别是失踪者家属）的组织的工作，彻底清算毒品战争以及与之交织在一起的“肮脏战争”的成本。这么做，目标是让伤亡情况大白于天下——在农村进行调查并发掘乱葬坑，汇总绑架案的记录，细化现有的政府数据并建立一个全国性的失踪者档案库，其中要包括DNA信息，以便对死者与失踪者进行匹配。①

2014 年 11 月 27 日，佩尼亚·涅托总统在他的一揽子改革计划中提出了类似的建议，当时——因为感受到现场民众强烈的愤怒——他呼吁建立一个“国家失踪人员搜寻系统”和一个“国家遗传信息系统”。问题在于，在国家多次违背这类承诺之后，民间社会对新的承诺没什么信心。更重要的是，真相委员会不应该是一个关起门来自说自话的政府部门，而应该是一个完全透明的群众性机构，其组织模式本身就应是一个新政治秩序的典范。

等到佩尼亚·涅托支持建立一个国家反腐体系，并建议任命一名特别检察官为反腐专员时，同样的问题又来了，这个系统要受总检察长和总统管辖，这些人太容易受制于行政部门，因而缺乏可信度。反腐机构应该尽可能独立自主，在政府和民间社会之间找到自己的位置，从这两者那里获取资源。② 然而，国家可以提供资金并对受到指控的不法分子提起刑事诉讼，但广大民众能提供什么呢？

如今的社交媒体上，既有耳闻目睹的事实，又有遭受虐待的亲身

---

① 有关如何积累和呈现此类数据的示例，请参阅［由“数据四人组”（DATA 4）完成的］对已有的政府提供的在卡尔德龙和佩尼亚·涅托主政期间（迄今为止）失踪人数的细化的成果，它已由梅里诺等人编辑出版。以民间方法进行的法医学研究，可参看 Gobernanza Forense Ciudadana 的网站（http://gobernanzaforense.org/）。

② 一个由 80 名知识分子和团体代表组成的小组在探讨墨西哥腐败问题时，就这一点以及其他理由对设立特别检察官的建议表示反对。对此，可参阅毛里西奥·梅里诺及其同事在“问责网”上的成果：http://rendiciondecuentas.org.mx/somos-2/。

体会。在这一点上，我们认为社交媒体可以在发挥民间社会固有力量方面起到更大的作用。想一想，一旦看到警察或军人滥用职权，目击者就会掏出手机，并把拍下的照片、视频发到各种网站上。想一想，用相机拍下傲慢的行为，发到网上进行“病毒式传播”，让墨西哥人竞相观看的做法。① 想一想，旁观者拍摄的视频所产生的影响，比如这段：埃里克·加纳在酒吧被一位纽约警察局警官锁喉并摔倒在地，随后又有四名警察过来坐在他身上，即便当他急促地喘气并叫着“我没法呼吸了”，他们还在把他的脑袋往地上摁；不一会儿埃里克·加纳就撒手人寰。这段视频不仅迅速走红，还引发了美国和全世界成千上万人的几百种“我没法呼吸了”的垂死挣扎式的行为演示。正是新媒体这种唤醒广大民众的能力为公民干预提供了新的契机，但前提是要组织起来，才能让个体分散的力量发挥出巨大的能量。

或许有可能建立一个系统来受理目击者对正在发生的滥用职权行为的报告。佩尼亚·涅托提议在全国范围内建立一个 911 呼叫系统，但问题是谁来接听电话？市民显然不愿意向当地警察求助，这也合乎情理；若将有 1800 人的市政警力规划成 32 个州政府组织，理论上更便于管理，却忽视了集权化的危险，忘了州政府和联邦机构委实糟糕的纪录。②

---

① 参阅《Gatopardo》杂志上这篇文章中的推文，有些令人瞠目结舌，有些令人哭笑不得：http：//www. gatopardo. com/detalleBlog. php? id=359。

② 簇新闪亮的新国家宪兵队的成员和《梅里达倡议》资助的警察培训学校的毕业生，也许会揭开警民关系的新篇章，但在墨西哥人们已经看过太多这样的新开端迅速腐坏变质，因而感觉不到什么希望。

社交媒体与独立自主的反滥用职权、反腐败机构的结合，可能有助于规避这些问题。人们可以匿名投诉滥用职权或勒索的行为，但不是向市警察或州警察，而是向一个独立自主的腐败投诉中心、一个防范警察滥用职权中心或者一个公民行动中心（其座右铭是：谁来监督监督者?）。这个机构将实行自治——由民众中选出来的德高望重者领导，成员为无偿服务，包括律师、会计师和其他专业人士，并辅以学生志愿者组成的团体（也许通过“反腐行动队”——一个相当于和平队的组织进行动员）。

这个组织可能有三个部门。第一个部门的工作是将收到的指控和各种相关证据录入数据库。当针对某个人或某个组织的类似指控达到预定数量时，为了验证这是不是单纯的恶意传言，就需要对累积的指控进行深入调查，辨别真伪。这是第二个部门的职责范围，受过训练的调查员有权传唤证人，这有点像大陪审团。如果认为有足够理由进行起诉，那么公民起诉书——实际上已预先准备好，并附有证据和愿意作证的证人名单——就会交到刑事司法系统。接下来就轮到第三个部门负责跟进了，它将一直跟踪法庭对案件的进展（或没有进展），如果需要，还会通过社交媒体动员民众响应。若是有天分的话，这样的报道做出来能超过“真实犯罪”或“真人秀”节目。这个机构的经费将由具有公民意识的民众提供，再利用社交媒体（众筹）收集资源，这是比较理想的状态。这些只不过是解决问题的几个方案罢了。这样一个方法的机制和实用性究竟如何，需由该领域的专业人员来解答。①对于政府高级官员的腐败行为，可以采用类似的程序来处理，不过要想奏效，必须撤销他们现在合法享有的豁免权。这样一来，市长、州长和总统在任期内随时可能面临罢免其职务的全民投票，而不仅仅是在任期的头两年，墨西哥目前就是这种情况。在美国，大约有一半的州在《宪法》中规定了罢免条款，2011 年，在美国 150 次罢免选举中，有 75 次以官员下台而告终。

更放开一点说，佩尼亚·涅托既然建议联邦政府接管已证明被有组织犯罪渗透的城市，为什么不将这变成一种系统的定期性做法？当公众对银行系统失去信心时，富兰克林·罗斯福总统命令银行放假，关闭所有银行，只重新开放那些没有问题的银行。为什么不建立一种定期进行的腐败检查计划，由自治监管机构派律师、会计师和学生来检查账簿？没错，这样一来，监管者就会一直面临被他们监管的实体抓住把柄的危险，但是所有这些调查仍然会是公开透明的，其调查数据和结果都将在网上公布，让所有人都能看到。

---

① 专业人士：如“问责网”；墨西哥国立自治大学社会研究所的“腐败和透明的文献分析实验室”；“开放政府伙伴关系”；“透明墨西哥”——“透明国际”的一个分支机构，这里有世界各国的腐败程度的记录，据计算，墨西哥每年有 2 亿起腐败行为被登记在册。

业余人士做得也不差。公民记者一直在组织用推文追踪腐败——@anticorrupcion，蒙特雷一个名为“通过公民渠道”（Via Ciudadana）的小组，已经开始运营一条名为“腐败分子”的公共汽车路线，点亮了该市的 11 个“腐败地标”。年轻的社会活动家们希望“把腐败问题置于政治议题的中心”。参见：http://nyti.ms/1wW7zof。

1990 年代，纽约在打击暴徒对合法行业的渗透时，也采取了类似的措施。当时，黑帮分子已经垄断了鱼类和食品市场、服装制造、烘焙、卡车运输、垃圾收集和建筑等行业，对某些建筑行业的垄断已持续了半个多世纪。纽约市制定了新的监管程序，要求许可证持有者必须通过背景调查，这样就可以拒绝或撤销与黑帮有勾结者的许可证。有一次，为了清除贾维茨会展中心的腐败员工，竟解雇了所有人，只有通过背景调查者才能得到重新录用。这些措施并没有创造奇迹，但正如詹姆斯·雅各布斯在《纽约黑帮兴衰史》（*Gotham Unbound*）一书中所说，这些措施产生了相当大的积极影响。

从更大的范围来看，夸特莫克·卡德纳斯呼吁墨西哥制定一部新宪法，这听起来像是又一项赋予权力的计划，民众可以并且应该积极参与。含有社会正义条款的旧《宪法》，被零敲碎打地以一些不民主的方式废止或推翻。而这将是一次机会，可以计算新自由主义统治的成本和伤亡，并考虑旧墨西哥的哪些方面是民众希望新墨西哥保留的。鉴于目前存在的意见分歧，制定宪法将是一个充满争议的过程，但是把一切都摆到桌面上，积极讨论集体的未来，要好过沿着老路继续闷头前行。

在国家和民间社会建立一条新纽带势必将启动一系列与公民有关并赋予公民权力的计划；如果这不是新冒出来的什么乌托邦式幻想，那我们就必须考虑毒枭当前的实力。只要毒枭有源源不断的资金来贿赂政府和购买武器，别说成功铲除，就连节制他们似乎都不太可能。因此，鉴于美国政府在其本国公民使用毒品的问题上所支持的一种

“从禁止、阻断到监禁”的管制办法，我们在对其进行分析之后提出最后建议，即努力减少毒贩与政府的复合体可用的资源，这将为美墨两国人民提供了一个参与其中改变令人不满的现状的机会。

十二

新的方向

我们试图证明“墨西哥毒品战争”这种说法用词不当，因为这一现象是墨西哥和美国在过去100年里共同造成的。如果事实确实如此，那就表明“战争”的结束可能需要这两个邻国共同努力。有这种迹象吗?

是的，确实有。这20年来，人民越来越相信，两国官方实施的禁毒政策存在严重缺陷，应该修改或废除。起初，很少有人提出这种异议，挑战广泛（并强有力）的共识不仅困难，甚而是危险的。阻断毒品供应和监禁吸毒者被认为是对付美国日益增长的毒品消费的最佳办法，也是唯一可以接受的方式。但慢慢地，当两国执行的政策代价高昂且后果往往可怕的情况日益明显，支持这种方式的人也越来越多，一场打破毒品战争制度壁垒的战役就这样打响了。

以下是这场战役的一些关键时刻：

1996年：加州选民通过了第215号提案，即《同情使用（大麻）法案》[1]，将用于医疗目的的大麻使用合法化。推动这项提案的当地社会活动人士攻击禁毒势力那种微不足道的防御态度（比如安斯林格将大麻定性为致命的威胁），而他们推动大麻合法化不是为了消遣之用，是为了一种无懈可击的目的：治疗癌症和艾滋病患者。然而，这一新的州法不能取代联邦法，克林顿、布什和（尽管有悖竞选承诺）奥巴马任内的联邦政府竭尽全力地通过诉讼、民事禁令、缉毒署和特警队的突袭以及大规模逮捕等方法，阻止该州合法毒品供应商的扩散。尽管如此，加州的胜利还是引发了全国的连锁反应；到目前为止，已有23个州，加上哥伦比亚特区，将用于治疗目的的大麻使用合法化。

2006年：随着6年任期即将结束，一直坚决拥护以国家力量打击毒贩的维森特·福克斯总统签署了法律文件，使持有少量毒品或精神药物的行为合法化，这标志他的思想观念发生了转变。这一新法律禁止警察处罚携带以下毒品的人：（数量均为上限）5克大麻、5克鸦片、25毫克海洛因、500毫克可卡因，或者数量有限的LSD致幻剂、致幻蘑菇、安非他明、摇头丸或派奥特[2]。鉴于这些毒品在墨西哥的当地消费量仍然很少，酒精依旧是压倒一切的首选，因此，这项措施的影响

---

① 美国食品与药物管理局（FDA）有一条关于“同情用药”（compassionate use）的条款，允许尚未进入临床试验的药物让病人使用。——译者

② 仙人掌的一种，食用后会产生幻觉。——译者

只是象征性的。毕竟，外国佬才是最大的买家，而且美国似乎也不大可能效仿福克斯的做法。恰恰相反：在一场令人联想到安斯林格 1930 年代回归禁毒工作的活动中，华盛顿方面对福克斯大加抨击。美国缉毒署向墨西哥同行传话，指出这项政策的主要作用可能是让大学生成群结队地涌过边界来吸毒，从而使美国遏制吸毒的努力全都白费。不到一周，福克斯就被迫让步。

2009 年：2 月，福克斯总统的前任欧内斯托·塞迪略与哥伦比亚和巴西的前总统共同召集并主持了一个拉丁美洲知识分子和政治领袖委员会，该委员会编写了一份表明立场的文件《毒品与民主：一种范式转变》，其中对现状表达了谨慎的反对。他们说："基于根除生产、扰乱毒品流通以及将毒品消费定为犯罪的禁毒政策，并没有产生预期的效果。"相反，"30 年来，在该地区推行的'毒品战争'战略"导致了"公务员、司法体系、政府、政治系统，特别是警察部队的腐败"。打破批评的"禁忌"势在必行，因为承认"美国禁毒政策"失败是采取"一种导向更为安全、有效、人道的毒品政策新范式"的先决条件，就像一些欧洲国家所做的那样。这些欧洲国家将吸毒者的地位"从非法市场上的吸毒者，转变为公共卫生系统需要照顾的病人"。

葡萄牙是其中一个典型。回想起 1930 年代墨西哥的"萨拉查·比涅格拉计划"①，葡萄牙 2001 年已将所有非法药物"除罪化"。持有和使用毒品仍是非法的，但只是行政罪行，当事人不是被送进监狱，而

① 萨拉查·比涅格拉是一名医生，开办了一家戒毒中心。——译者

是要接受“劝阻”；若想摆脱毒品依赖，还会得到医疗服务。反对者所预言的可怕后果，如毒品消费的剧增并未出现。相反，与毒品有关的疾病（例如通过注射感染的艾滋病病例）减少了，部分原因是教育运动所致，部分原因是瘾君子因为担心在除罪化之前被捕而不敢寻求帮助。分析家称之为“巨大的成功”，尤其是它极大减轻了刑事司法系统的负担。

也是在 2009 年，卡尔德龙总统亲自提出一项类似的除罪化法案，并获得通过。该法案允许个人使用少量毒品，但仍然禁止种植和销售。它还允许当地警察追捕街区里的经销商（这些人以前归联邦当局追捕），为腐败警察提供了一个油水够足的新领域。卡尔德龙将其视为一项战时措施，它使得联邦部队可以将资源从小规模消费者身上转移到大规模经销商及毒枭身上。这对于吸毒也没有产生立竿见影的效果，也掩盖了年轻人冲去最近的地方购买注射器的恐怖故事。

2010 年：加州选民再次讨论了一项与毒品有关的投票倡议，即第 19 号提案，也被称为《大麻管理、控制和征税法》①。它将使持有和使用少量大麻、在自己家隐秘地种植适量大麻合法化，也把向商业种植者和零售经销商发放许可证合法化。第 19 号提案的支持者认为，由此产生的税收将使加州每年获得急需的 14 亿美元收入（经济衰退正在蔓延），还可以把为监禁非暴力的毒品使用者而浪费的数千万元资金节省下来，并解放警力去抓捕重罪嫌疑人。

① 即 Regulate，Control&Tax Cannabis Act。——译者

有人认为，这也将切断墨西哥暴力贩毒集团的巨额资金流，并使加州南面的邻居能够将执法资源用于打击更危险的犯罪，比如绑架和勒索。对于合法化和管制之后大麻价格可能下跌的程度，人们的估计大相径庭。如果白宫国家药品管制政策办公室的估计（就2009年的数据而言）是正确的，且超过半数的卡特尔的收入为向美国消费者出售大麻所得，那么他们的大部分生意将会蒸发，随之而来的是他们用于招募、购买武器和行贿的巨额利润也将丧失。

尽管如此，卡尔德龙还是强烈反对第19号提案，并认为美国对毒品消费的立场的任何软化，都将削弱他在控制墨西哥犯罪集团方面的努力。维森特·福克斯不同意这种看法（这并不影响两位国家行动党人的私交），他说，第19号提案的通过将是“向前迈出的一大步”，可以“为我们打开这方面的思路”。福克斯提出，墨西哥应该将整个大麻生产链都合法化，允许农民生产、制造商加工、经销商分销、商店零售。摆脱禁毒主义者的束缚，应该被视为“一项旨在打击和破坏黑帮的经济结构的战略，这种经济结构令其在交易中获得巨额利润，并滋生腐败、扩大其势力范围。”

墨西哥前外长、合法化的支持者豪尔赫·卡斯塔涅达，在《华盛顿邮报》上与人合写并发表了一篇文章，指出第19号提案若获得通过，将使毒品战争一如大家所认为的那样站不住脚，他问：“如果加州将大麻合法化，那么我们国家还有何必要继续在蒂华纳追捕毒枭？如果当地的7－11便利店都在卖大麻，为阻止墨西哥大麻进入美国而进行西部枪战式的战斗还有何意义？”当该提案被加州选民以53.5%的反对票否决后（46.5%的人投了赞成票），他旋即提出了这样的观点。

2011年：6月，全球毒品政策委员会成立，该委员会是2009年拉丁美洲那唯一一次活动[①]的扩大版。其中包括一批拉丁美洲前总统，比如欧内斯托·塞迪略，还有卡洛斯·富恩特斯等拉丁美洲文化名人。此外，还有一批来自美国的“前政客”，如前国务卿乔治·舒尔茨、美联储前主席保罗·沃克，以及联合国前秘书长科非·安南。他们发表的报告比之前拉丁美洲委员会那次要直截了当得多，其显而易见的紧迫感很大程度上反映了墨西哥不断飙升的死亡率。

委员们直言不讳地宣布：“全球禁毒战争已经失败，给全世界人民和社会带来了毁灭性后果。”这场战争加剧了“拉丁美洲的暴力、犯罪和腐败”，“其针对生产者、贩运者和消费者的刑事定罪及镇压措施的巨额开支”显然“并未能有效减少供应或消费”。相反，对消费者的压制妨碍了公共卫生措施在减少艾滋病毒/艾滋病和吸毒过量致死方面发挥作用。州政府和地方政府的预算大量耗费在监狱系统和数万名执法人员身上。

他们建议来个180度大转弯：结束“对使用毒品但不伤害他人者的刑事定罪、边缘化和污名化”；修改强制性量刑法，取消对持有少量毒品行为的处罚；试办一些受管制的交易市场，以削弱有组织犯罪的势力——从大麻开始，但不仅限于大麻。减少伤害的运动应该扩大，但是应该避免简单粗暴的“只说不”和“零容忍”政策，支持以可靠信

---

① 即2009年的拉丁美洲知识分子和政治领袖委员会。——译者

息为基础的教育工作。大麻、古柯叶和摇头丸被错划为危险的毒品，应予以修正。委员们还敦促尽快结束对数百万人的监禁，这些人中不仅有终端消费者，还有农民、信差和小贩，不少人本身就是暴力和恐吓的受害者，或是毒品依赖者，或是寻求摆脱贫困的穷人。禁毒政策“让监狱人满为患，毁掉了许许多多生命和家庭，却未能减少非法药物供应或者遏制犯罪组织的势力”。

华盛顿和墨西哥都迅速拒绝承认这份报告，都反对这种“法律规定”，并宣称不会退出毒品战争，而这场战争当时已造成大约 4 万人死亡。白宫表示：“奥巴马政府减少毒品使用的努力，并非出于文化战争或毒品战争的考虑，而是因为认识到毒品使用损害了我们的经济、健康和公共安全。”卡尔德龙说，他的政府“断然拒绝”这种“法律强力介入”导致毒品暴力增加的说法。

2012 年：拉美精英中出现了更多不同意见。3 月，当危地马拉总统提议将毒品合法化时，美国驻危地马拉大使馆迅速作出回应，对这一政策所代表的“重大公共健康和安全威胁”发出严厉警告。4 月，在第六届美洲国家首脑会议上，据报道，该地区几乎所有的总统都表示(尽管都是关起门来抱怨)，“美国赞助和主导的”禁毒战争根本不起作用，他们需要尝试其他办法。6 月，在美洲国家组织召集的会议上，美国国务卿约翰·克里到场为现有政策辩护，代表们意识到他们正冒着美国贸易制裁和失去军事及经济援助的风险，于是谨言慎行，避免公开表露不满。

但到了 2012 年 11 月，游戏规则改变了。科罗拉多州和华盛顿州的居民投票决定将娱乐消遣用途的大麻合法化。这下，成年人将可以自己种植、自己享用，在旅行时最多可以携带一盎司，还可以将相同分量的大麻作为礼物赠送给其他成年人。在公共场合享用仍是非法的，吸食大麻后神志不清的情况下驾车将以酒驾论处。更值得注意的是，这两个州都对大麻种植、制造和销售予以合法化，向政府申请许可，接受其监管并缴纳税收。由此可能产生的收入估计有数千万美元，大部分会被指定用于防止药物滥用、研究、教育和医疗保健。

科罗拉多州和华盛顿州没有加州的规模和政治影响力，但它们的决定所产生的反响将是惊人的、即时的和广泛的。正如福克斯和卡斯塔涅达预测的那样，这两个州（或者说任何一个州）批准合法化，促使墨西哥的官方口径发生了变化。

7月，在赢得墨西哥总统大选后不久，但在美国公民投票之前，佩尼亚·涅托宣布，他本人尽管不赞同毒品合法化，但“赞成在打击毒品贩运的战略上展开新的讨论。很明显，经过几年打击毒品贩运的斗争，我们的毒品消费、毒品使用和毒品贩运却增加了。这意味着我们前进的方向并不正确。各项措施没有奏效。‘我们’应该在国会、在北半球开展讨论，（他特别补充道）美国尤其应该参加这种广泛的讨论”。

然后，这种讨论11月出现在了华盛顿州和科罗拉多州。佩尼亚·涅托在坚持反对合法化的同时也表示，鉴于美国这两个州的决定，从国际视角来审视毒品政策较以往任何时候都更为紧迫。其助手和盟友更是吵闹不休。墨西哥国会中革命制度党代表团的领袖说：“大麻合法化迫使我们不得不认真考虑我们打击犯罪组织的策略，主要是因为全球最大的消费国已放宽其法律。”佩尼亚·涅托的首席顾问路易斯·比德加赖说：“显然，我们无法处理这样一种产品，它在墨西哥是非法的，我们努力阻止其流向美国，而在美国，至少在部分地区，如今它又是另一种不同的身份。”更积极主动的要算奇瓦瓦州州长、新总统的盟友塞萨尔·杜阿尔特，他说，“在我看来，我们应该转而批准出口”，然后“我们就可以控制这项目前由犯罪分子经营的生意了”。尽管有这些反应，但并没有朝着这个方向采取任何实际步骤。

2013年：5月，奥巴马在南部边境访问期间发表讲话，其间他宣布：“我们明白墨西哥发生的暴力事件，使墨西哥人深受其害，而其根本原因是美国对非法毒品的需求，所以，我们必须继续在这方面有所作为。”这番话引起了热烈的掌声。接下来他又说：“老实说，我不认为毒品合法化是解决之道。但我相信我们必须采取一种综合措施，不单是执法，还有教育、预防和治疗多管齐下。我们将会坚持下去，因为我们的孩子和我们国家的未来都有赖于此。”台下寂静一片，没有掌声。

8月，奥巴马的态度有所松动。司法部决定不起诉华盛顿州和科罗拉多州的大麻合法化，也不起诉这些州的大麻销售和消费，前提是大麻贸易受到严格管制，不跨越州界，并禁止未成年人使用。但联邦法律保持不变；大麻继续被列为附表I中的危险物质。

12月，他的态度再次松动。乌拉圭政府决心先发制人，不让墨西哥式的暴力在乌拉圭重演，遂将大麻的生产、分销和销售合法化并加以管制，允许家庭种植，种植者团体须登记注册，允许持有许可证的药店向成年人销售，由公共卫生部提供医用大麻。与前一年对危地马拉严厉警告形成鲜明对比的是，美国大使馆对这项新法律不置可否。

2014年：奥巴马颁布了一项国家药品管制战略，保留了禁毒主义框架，但弃绝了传统的毒品战争言论。白宫正在采取“21世纪的毒品政策”，它将“以科学为基础”，不像20世纪的那种做法，一直被“强大的神话和错误观念”所桎梏。过去，人们认为瘾君子“道德上有缺陷，缺乏意志力”，惩罚于他们是罪有应得。（哈里·安斯林格，这是你的调调吧！）但现代神经科学发现，成瘾其实是大脑的一种疾病，就像糖尿病、哮喘或高血压一样可以而且应该得到治疗（这一点在脑部彩超中得到了有力的印证）。这就是为什么他的政府要将毒瘾作为公共卫生问题来对待。白宫表示，“以执法为中心的‘毒品战争’对毒品政策的影响适得其反，且效率低下、代价高昂”，并坚称，“我们根本无法靠监禁来解决毒品问题”。但另一方面，“从另一种极端角度讲”，毒品合法化的做法同样有缺陷，比如它会导致毒品使用问题更严重，以致健康成本和犯罪成本更高（这番断言不仅明显是错误的，还完全忽视了新的州法律对降低危害和公共卫生问题的关注）。一边批评毒品战争，一边继续发动，这已然成为奥巴马政府的传统；而白宫国家药品管制政策办公室早在2009年就呼吁转变方向，关注公共卫生政策。但总统还是通过扩大瘾君子接受治疗的机会，为非惩罚性措施做出了切实的贡献。白宫估计，有2200万美国人需要接受治疗，但实际上只有200万人得到了机会。《患者保护与平价医疗法案》（又称为“奥巴马医疗法案”）要求保险公司提供这方面服务。

国际方面，2014 年，对于禁毒战争的另一个大本营——联合国的攻击开始升级。1961 年，由于美国的施压（由联邦麻醉品管理局局长安斯林格牵头[①]），联合国通过了一项《麻醉品单一公约》[②]（1971 年和 1988 年两次对条款加以补充）。其长期目标是“所有非医疗用途的毒品”最终“在一切地方都被取缔”，从而打造“一个没有毒品的世界”。所有签署国都同意根据联合国规定的刑事定罪政策调整其国内毒品立法。为确保对合约的遵守，还成立了一个“国际麻醉品管制委员会”。此后 50 多年里，每当某个国家考虑对毒品使用采取更宽容的政策时，就会遇到国际外交压力，要求“维护公约的完整性”。

2014 年 9 月，全球毒品政策委员会的一份新报告[③]（《采取控制措施：让毒品政策起效的途径》）对这一现状提出挑战，呼吁对国际公约进行更灵活的解释或彻底的修订，“以适应减少伤害、非罪化和法律监管政策的各种试行方案”。他们把目光投向即将召开的（2016 年）联合国大会毒品问题特别会议，认为这是“讨论毒品管控制度缺陷、确定可行性替代方案的历史机遇”。

在美国政策的另一个重要转变过程中，一位高级官员在 10 月对此作出回应，同意放宽该公约的内容。负责毒品和执法事务的助理国务

---

① 1962 年，70 岁的安斯林格退休，之后在联合国的麻醉品管制委员会担任了两年美国代表，在此期间将美国的禁毒政策推向全球。

② 即 Single Convention on Narcotic Drugs。——译者

③ 即 Global Commission on Drug Policy，报告为 *Taking Control*：*Pathways to Drug Policies that Work*。——译者

卿威廉姆·布朗菲尔德在联合国委员会发言时说："我作为美利坚合众国政府的代表，如果美国的50个州中有两个选择走这条路，我怎能不宽容地对待这种允许对大麻合法化进行一切实验的政府呢?"①

2014年11月，又有两个州（俄勒冈州和阿拉斯加州）和华盛顿特区选择了同一条路——通过选民投票决定将用于消遣娱乐的大麻使用合法化。

美国下一步怎么做?

显然，大众对大麻的看法发生了重大变化，而且这种变化似乎在加速。在1969年的盖洛普民意调查中，只有12%的人支持合法化。之后，这个数字缓慢上升，在1995年达到25%，2005年达到36%，2012年达到48%，一年后跃升至58%，已然突破了半数。这让人们普遍相信，即将于2016年在马萨诸塞州、缅因州、内华达州、亚利桑那州以及起关键作用的加州举行的投票倡议或合法化的立法提案，很可能会取得成功。

大麻改革会席卷全美，成为国家政策?这将取决于即将到来的政治斗争的结果。

---

① 另一方面，布朗菲尔德希望该公约继续它原有的严格管制。他说，国际社会应该"尊重现有的《联合国毒品管制公约》（*UN Drug Control Conventions*）的完整性"，尽管公约允许有更大的灵活性。这就是为什么人权机构华盛顿拉丁美洲办公室（WOLA）警告说，布朗菲尔德的声明可能主要是为了控制损害：如果联合国公约可以被解释为允许大麻合法化，即美国现在所希望的，那么或许要求更彻底地修订公约的声音就会消失。

一些强大的势力联合起来力求维持现状。其中包括那些本身就是禁毒战争的产物、不会长期存在下去的机构。如果法律基础有所改变，美国缉毒署将很难再为其每年约25亿美元的预算进行辩护。许多警察部门和检察官一直站在游说运动的前列，反对大麻投票倡议和毒品法改革进行立法，尽管也有人支持非罪化，因为他们认为对吸食大麻者的追捕牵制了他们追捕犯有重罪者的力量。而庞大的监禁系统因为收容了大量的入狱者而壮大起来，很可能会抵制任何减少重刑犯的做法，因为重刑犯是监狱的命脉，许多因非工业化而被迫将监狱管理作为生计的社区也是如此。

枪支游说团体可能不会受到毒品合法化的正面挑战，但武器制造商已经从非法及合法向墨西哥出售武器的交易中赚了大钱，美国全国步枪协会对任何可能危及史密斯 & 韦森公司利润的事都高度警惕。① 许多基于信仰组成的机构谴责对那些沉溺于不道德行为（有些人会说是邪恶行为）的人依法赦免。许多公共卫生机构也反对有毒物质的进一步扩散。

与这些令人生畏的禁毒主义政策做斗争的是一群日益组织起来推动废除它的力量，包括毒品政策协会、全国大麻法律改革组织（NORML）、大麻政策计划、大麻问题多数派、反禁毒执法行动队

---

① 理论上，枪支制造商和枪支使用者之间可能会有不同意见，后者包括猎人和为保护家庭安全而持有枪支者，他们并不总是赞同美国全国步枪协会以他们名义提出的立场。说不定可能会集会支持对严格控制出口的限制，从而获得《美洲国家禁止非法制造和贩运武器公约》（CIFTA）的批准。但未必能实现。

（LEAP）以及无数地方团体，比如像阿肯色州的“争取大麻合法化公民联盟”，其副主席是温泉城安息日教会的一位牧师，该联盟正致力于将有关大麻的修正案写入州宪法。其成员对这些论调和利益表达了不同看法，也提出了其他关切。

此外，公共卫生问题的关注者指责禁毒使得医疗保健的资源被用于惩罚；自由主义者反对政府侵犯公民私生活；陷入困境的州试图从中挖掘潜在的税收并降低对持有毒品强行执法的成本（达数十亿美元）；更别提因为喜欢而吸食大麻的美国人了，每年达到 3000 万。

在非裔美国人领导的反对警察军事化的大规模抗议活动的刺激下，公众反对入狱者数量的大幅增加、反对将大麻使用者大规模收监的声浪也高涨起来，这种大规模监禁，落网的绝大多数是有色人种（并非巧合）。从 2001 年到 2010 年，警方在全国范围内共逮捕与大麻有关者 820 多万人，几乎 90%都是因为持有而不是出售。1997 年至 2012 年间，纽约市一地便有 60 多万人仅仅因持有毒品就被捕入狱，其中 87%是黑人和拉丁裔。非裔美国人在经常吸毒者中占 14%，在因毒品方面的违法行为而被关进州监狱的犯人中占 56%。

即便这些人的刑期很短，但进过这种“古拉格集中营”的人终身带着印记。作为被判有罪的重罪犯，他们不能投票，不能担任陪审员，也不能获得食品券、住房或教育等公共福利；他们经常被解雇，工作前景堪忧。具有讽刺意味的是，这些找不到工作的受害者成为禁毒主义者想要解散的毒品行业在招募时的首选对象。“破窗”政策的支持者认为，重拳打击轻微犯罪阻止的是未来的重大犯罪——这一理论与应该禁止吸食大麻以免吸食者尝试更厉害的毒品的论点有些相似——但没有意识到对被捕者长期的毁灭性影响，对他们而言，破窗就意味着破碎的生活。

推动合法化的人也指出，捍卫禁令的道德家很少将他们的道德关切延伸到格兰德河下游，自然也就没有将大规模屠杀墨西哥人纳入他们的道德考量。他们还批评那些以公共卫生为由将涉毒定为刑事犯罪的人，指出采取减少伤害的策略的国家在减少与毒品有关的医疗损害方面要比有惩罚意识的国家做得好得多。他们还列举了美国一项旨在降低尼古丁这种致命但合法的毒品的吸食量的计划，这一计划已经使吸烟者数量显著地降至1930年代以来的最低水平。对于人们所称的大麻危害性的恐慌增多了，在这种情况下，反禁毒者指出死亡统计数据中的问题。任何人，扫一眼疾控中心列出的年度吸毒死亡人数就会发现，数字是一路下跌的：以2012年为例，吸烟导致的死亡人数为48万人，饮酒导致的死亡人数为8.8万人，过量吸食海洛因致死的有3635人，而吸食大麻致死的总数为：0。

权衡一下合法化的支持者与反对者的意见，并将惯性因素考虑进去，很难不对事态全面扭转的可能性感到悲观。而这正如美国的国父们所说，“经验证明，当邪恶尚可忍受，人类更倾向于承受而不是通过废除他们习惯的形式来纠正自己”。从另一方面讲，在美国历史上一直贯穿着一种强烈的务实精神，与它相伴相生的是一种时而会狂热的乌托邦精神。

1920年1月15日，反酒吧联盟发表媒体声明，欢呼合法酒类即将消亡。次日午夜，获胜的禁酒主义者为一个新生的国家而欢庆，他们高喊："一个思想干净、生活干净的时代终于到来了!"

12年后，即1932年，小洛克菲勒（他与他的父亲曾是禁酒令最大的个人资助者）懊恼地这样写道："禁酒令出台时，我希望它能得到公众舆论的广泛支持，而人们意识到酒精有害影响的这一天也能很快到来。但后来我慢慢地很不情愿地相信，这样的结果根本没有实现。相反，饮酒现象普遍增多；地下酒吧取代了公开的酒馆；出现了大批违法者；我们最优秀的市民公然漠视禁令；人们越来越无视法律；犯罪严重到前所未有的程度。"

小洛克菲勒在后来才去推动禁酒令的废除的，当时已经形成了一个强大的联盟，他们震惊于将美德强加于人的努力所产生的罪恶、帮派争斗产生的暴力程度以及国家在打击帮派的过程中出现的腐败。纽约市市长菲奥雷洛·拉瓜迪亚曾与反饮酒运动势力"干十字军"（the dry crusaders）激烈斗争，却未能获胜。对此他冷冷地说："单单保护佛罗里达海岸线我们就需要7.5万名海岸警卫人员，然后我们还要再派7.5万人去监视他们。"

然而这种腐败从未达到墨西哥机构那种腐烂变质的程度。美国在1920年代所达到的暴力水平（比如"情人节大屠杀"①），比起华雷斯

① 1929年情人节当天，美国芝加哥的北边帮（爱尔兰裔美国人及德裔美国人组成）7名成员在林肯公园被4名无名枪手集体射杀。一般认为，这是美国禁酒令期间，芝加哥帮派间的一次火拼，主使者可能是南边帮（意裔美国人组成）的艾尔·卡彭，因贩卖私酒而引发地盘争夺。——译者

市一地的死亡人数简直微不足道。然而，尽管禁酒主义者通过将禁酒写入宪法，（他们以为这样可以）确保法令的持久性，但美国还是设法扭转了局面；尽管不得不经历极其复杂的过程，在宪法中加入一项修正案并且为的是废除另一项修正案，这着实有些尴尬，但美国人还是将过去（现在仍然）认为比海洛因、可卡因或冰毒更危险的一种物质重新合法化，更不用说大麻了。

没错，时代不同，环境不同，牵涉其中的人也不同了。没错，21世纪不大可能重演一遍20世纪废除禁酒令的过程；但事实仍然是，美国以前这样做过，自然可以再做一次。大麻（也许还有其他毒品）的合法化不可能是一服立竿见影的灵丹妙药，相信它将在一夜之间结束毒品战争，就像禁酒主义者幻想禁酒后会迎来一个“思想干净和生活干净的时代”一样不现实。其中的变数太多，造成的结果无法预料。人们必须牢记，产生意料之外的消极后果与积极后果都是有可能的。但是，鉴于禁毒已经造成的损害远远超过了之前禁酒所造成的损害，现在是时候考虑改变了。

墨西哥下一步怎么办?

鉴于墨西哥仍然受制于美国政策，其本国领土上还有让人伤脑筋的邪恶贩毒集团，对于反对乌拉圭或科罗拉多州的做法进行重新考虑的可能性要高得多。但可能需要做一些修正。

在改变规则方面，佩尼亚·涅托政府除了猜测，一直不愿做更多的尝试。毕竟，革命制度党的战略是尽可能避免处理毒品战争问题，而是把重点放在新自由主义经济措施上。合法化需要对优先事项做出重大转变（尽管不是意识形态转变，但非罪化可能会被连带视为对自由贸易的打击）。然而，自卫运动以及如今全国上下因“四十三人事件”而掀起的怒潮，再加上国际投资者对犯罪持续猖獗的担忧，迫使佩尼亚·涅托不得不直面犯罪问题。但是，究竟该怎么做呢？鉴于效仿卡尔德龙再次实施全面军事打击几乎肯定是不可能的——事实俱在，这样做根本没用——那么，对付犯罪最有可能的方法之一就是走非罪化道路，让卡特尔失去它如鱼得水的环境。但这么做了就会与美国起冲突，而美国仍有足够的能力通过取消墨西哥各种资格以及其他措施对其进行报复，就像上个世纪那样。到底该如何摆脱这一陷阱呢？

可能性之一是：墨西哥城的民主革命党政客已经表示，他们将向该市的立法机关提交一份合法化方案，后者很可能会通过该法案。首都在文化问题上要比乡下开放，已经接受了堕胎和同性婚姻的合法化。[①] 但如果墨西哥城真的通过了，联邦政府将会像科罗拉多州和华盛顿州擅自采取行动后的奥巴马政府一样不知所措；他们要么起诉或下令逮捕，要么默许。此外，还要假设2016年加州的大麻生产和销售会合法化（目前民调显示65%的人赞成）。墨西哥的出口合法化可能不会平息仍在执政的奥巴马政府的愤怒；事实上，建立在毒品战争之上

① 墨西哥类似于美国毒品政策协会的组织是“全面毒品政策全民协会”(CUPIHD)。其成员有心理学家、记者、律师、学者、艺术家、医生和社会活动人士，包括著名的历史学家、毒品业社会学家路易斯·阿斯托加。

的整个政权可能变得不稳定，甚至难以为继。①

很多美国商人都倾向于这种可能性；微软一名前高管正在向投资者募集1000万美元的启动资金，准备创建第一个美国大麻品牌，为消遣娱乐场所和医疗机构提供从墨西哥合法进口的大麻。（他已经开始购买药店，并和维森特·福克斯一起巡回宣传他的愿景。）纽约在2014年7月通过了医用大麻法，并给卫生部18个月的时间选择五家公司，包揽从“种子到成品销售”的大麻生产全过程。这使得众多潜在种植者、投资者、说客、顾问和品牌公司都闻风而动。10月，900人涌向为期三天的东海岸大麻商业博览会、教育会议和监管峰会，各会场挤满了商贩和准备斥资2000万美元作为启动资本的风险投资人。久负盛名的反主流文化杂志《嗨时光》（*High Times*）宣布，计划创建一个私募基金“嗨时光成长基金”进军大麻业务。②

但是卡特尔呢？他们会如何应对这些变化？他们会如何处理大麻利润下降的问题？有些人正在纾困。2014年4月，锡那罗亚金三角地区的一份报告发现，农民不再种植大麻，大麻的批发价已经从每公斤100美元跌至25美元以下。“种这个已经不值当了。”说这话的罗德里

---

① 当然，加州为了保护其新兴产业免受国际竞争，可能会抵制墨西哥的进口。也可能会出现一个以那些呼吁能源独立的国家为榜样的运动，旨在使美国摆脱对外国大麻生产商的依赖。也可能共和党人会抓住这个问题大做文章，高呼：“居然对犯罪手软！”这样一来，希拉里·克林顿或民主党提名的任何候选人都很可能立即落败。

② 整个场景与包围古巴的资本势力有些相似，他们等待并希望古巴和美国当前对他们投资能力的限制统统瓦解——现在刚刚有了初步的缓和。

戈·西拉现年50岁，种了一辈子大麻。他又补充道："我希望美国人能停止大麻合法化。"

卡特尔真的准备好放弃大麻生产了吗？或许他们可以直接变成公司——锡那罗亚卡特尔有限公司？合法大麻的回报率会比较低，但开销也会较低——贿赂花费少了，武器方面的预算和运输成本也少了。那么卡特尔之间的竞争呢？泽塔斯人已经成为泽塔斯品牌各个环节的供应商，他们是否准备好跟和平贸易协会的"矮子牌"大麻烟卷制造商合作了？或者参加行业协会？美国烟草公司会不会成群结队南下，和以前可怕的杀手商人激烈竞争？这似乎不太可能。但目前这个问题并不紧迫，因为卡特尔可以轻而易举地转向一种尚未合法化的产品。事实上，他们已经这么做了。

锡那罗亚的毒品种植者正在将自己的地里种满罂粟，原因之一在于美国需求量的增加。美国当局试图遏制处方止痛药滥用的盛行，加强了对氢可酮和羟考酮等半合成鸦片制剂的管制。由于药片越来越贵且难以获得，卡特尔调整了自己的产品线，将海洛因如洪水般运往北方。同样，卡特尔也在试验培育古柯叶；2014年9月，恰帕斯州发现了63.9万株。

然而从长远来看，半违法半合法的局面或许无法长久，可能需要彻底废除禁毒制度，包括目前所有被定罪的毒品（正如墨西哥2009年的法律，哪怕只是持有少量毒品也要定罪，葡萄牙实行的全面定罪也是如此）。毒品作物平平安安的生产将成为另一种行业，如同种植鳄梨或制造龙舌兰酒。而且，通过为农民提供体面的农业就业机会，一定程度上可能会扭转《北美自由贸易协定》带来的一些损害。最终，需要通过向公民提供体面的工作、良好的教育和负担得起的医疗保健来解决墨西哥普遍存在的贫困、失业和经济不平等问题，从而实现真正的复苏。然而，这是一个社会项目，不符合通过石油投资不断满足新自由主义的需求和持续自救的幻想，尤其是现在石油价格已经崩溃。

通过将“墨西哥毒品战争”非罪化来终结它的存在，这在政治上是否可以想象？或许吧，双手沾满鲜血也未尝不是一种选择。由于盈利能力下降，卡特尔将面临巨大打击，希望他们和他们的后代（比如在伊瓜拉对那43人犯下野蛮罪行的“战士联盟”）可能会变得容易受到重组的、不太可能被贿赂腐蚀的执法部门的集中打击。如果民间社会当前一些强烈的正义、法律、秩序占主导地位的意愿迫切要求采取结构性解决方案，而不是另一种短期解决办法，那么，这个让墨西哥也许能摆脱自身困境的机会，很大程度上对美国也是有好处的。也许到那时候可以说：

够了！100年就够了。

致　谢

感谢约翰·奥克斯，感谢他坚持认为采取这种研究角度的一本书将对当前有关毒品“战争”的全球对话有所助益。也感谢萨曼莎·施内，感谢她翻译了卡门对这个话题的初步看法。感谢乔尔·费恩戈尔德对本书稿每个章节的犀利解读，对最终定稿给予了至关重要的帮助，同时还整理了我们的双语文献。感谢埃利莎·里奥斯·辛贝克处理了复杂的最后编辑工作。也感谢下列一直提供帮助的朋友：阿尔贝托·巴兰科、安娜·路易莎·利古里、露西娅·梅尔加、奈夫·耶希亚。

这本书很大程度上依赖于一些勇敢的记者所完成的工作（比如尤安·格里洛），他们经年奋战在“墨西哥毒品战争”令人心惊胆战的前线，冒着生命危险（甚至失去生命）带回了他们的故事。同样，我们也得益于许多学者（比如路易斯·阿斯托加）的工作，他们从无数角度对这一现象进行了研究。

我们俩都不是这个问题的专家，这一点对于真正的专业人士而言无疑是显而易见的。我们夫妇来自两个国家——卡门是墨西哥小说家和诗人，迈克是研究纽约的历史学家——我们一致认为，这样一本关于导致当前可怕的事态的美墨两国纠葛轨迹的书，可能会引起非墨西哥读者的兴趣。我们猜想他们对墨西哥的历史、政治或地理并不熟悉，所以才大胆落笔。以下参考文献中所列书目，是我们发现在建构本书中的分析和叙述时特别有用的作品。在此，我们向各位作者致敬，同时也要声明，书中如有任何错漏失误，皆与他们无关。

参考文献

"Ambassador's Private Dinner with President—Elect Calderon," *Wikileaks.org*, September 29,2013.

"Mexico Murders at over 101,000 in Past 6 Years, Report Says," *Latino.foxnews.com*, November 27,2012.

"Mexico's Presidential Election: Back to the Future," *The Economist*, June 23,2012.

Ahrens, J. M. "The Couple That Danced among the Dead," *El País in English*, October 13,2014.

——. "Mexicans Say 'Enough Is Enough' at Massive Protest Rally: Tens of Thousands from All Walks of Life Call for Changes to Prevent Another Iguala Case," *El País in English*, November 21,2014.

Ahrens, J. M. and L. P. Beauregard. "Peña Nieto Sends Troops to Tamaulipas," *El País in English*, May 14,2014.

Alexander, Michelle. (2010) *The New Jim Crow: Mass Incarceration in the Age of Colorblindness*. New York.

Althaus, Dudley. "How Colorado and Washington Could End Mexico's Drug War," *Globalpost.com*, November 10,2012.

——. "Even the 99 Percent Get Kidnapped in Mexico," *Globalpost. com*, April 14,2014.

——. "How Mexico's West Was Won: It Took a Village, and Plenty of Ak-47s," *Globalpost. com*, February 20,2014.

Althaus, Dudley and Steven Dudley. "Mexico's Security Dilemma: Michoacán's Militias—the Rise of Vigilantism in Mexico and Its Implications Going Forward," *Insightcrime. org & Wilson Center: Mexico Institute*, July 2014.

Alvarez, Lizette. "In Puerto Rico, Cocaine Gains Access to U. S.," *New York Times*, May 29,2014.

Andreas, Peter. (2013) *Smuggler Nation: How Illicit Trade Made America*. New York.

Archibold, Randal C. "Elite Mexican Police Corps Targets Persistent Violence, but Many Are Skeptical," *New York Times*, August 22,2014.

——. "Killings Jolt a Family in Mexico," *New York Times*, February 25,2011.

——. "Drug Gang Killed Students, Mexican Law Official Says," *New York Times*, November 7,2014.

——. "Mexican Leader, Facing Protests, Promises to Overhaul Policing," *New York Times*, November 27,2014.

——. "Mexican Soldiers Wage Bloody Battle with Gang," *New York Times*, June 30,2014.

Arias De Leon, Delia M. "Ayotzinapa: For Better or Worse, Mexico's Turning Point," *Huffingtonpost. com*, November 19,2014.

Ashby, Paul. (2013) *NAFTA-Land Security: The Mérida Initiative and U. S. Security Projection in Mexico*. Kent, UK.

Associated Press. "Mexican President Backs Off Drug Decriminalization Bill," *Foxnews. com*, May 4,2006.

——. "Obama, Calderon Pledge Cooperation on Drug Wars: Amid Heightened Tensions, U. S. And Mexico Look to Repair Relations," *Nbcnews. com*, March 4,2011.

——. "Lazcano's Autopsy: 2 Shots in Head the Killed Mexican Drug Lord," *Voxxi. com*, October 12,2012.

——. "New Mexican President Could Target Small Gangs," *Foxnews. com*, July 5,2012.

——. "Drug Empire Will Survive without 'El Chapo,'" *Usatoday. com*,

February 25,2014.

——. "'I've Had Enough,' Says Mexican Attorney General in Missing Students Gaffe," *Theguardian.com*, November 8,2014.

——. "Mexico Creates Special Federal Force of 5,000 Gendarmes to Combat Widespread Economic Crime," *Foxnews.com*, August 22,2014.

Astorga, Luís. "Drug Trafficking in Mexico: A First General Assessment: Discussion Paper No. 36," *UNESCO Management of Social Transformations*, 1999.

——. (2001) "Organized Crime and the Organization of Crime." In *Organized Crime and Democratic Governability: Mexico and the U. S. — Mexican Borderlands*, edited by Bailey, John and Roy Goodson. Pittsburgh, PA.

——. (2004) "Mexico: Drugs and Politics." In *The Political Economy of the Drug Industry: Latin America and the International System*, edited by Vellinga, Menno. Gainesville, FL.

AutoObserver Staff. "Navistar Says Mexico Violence Could Cause Pullout," *Edmunds.com*, September 9,2011.

Avalos, Stephanie. "Final Presentation, Group 7: Cell Phone Use in Mexico," *Prezi.com*, May 6,2013.

Bagley, Bruce and Woodrow Wilson International Center for Scholars: Latin American Program. (2012) *Drug Trafficking and Organized Crime in the Americas: Major Trends in the Twenty—First Century*. San Diego, CA.

Bailey, John J. and Roy Goodson. (2000) *Organized Crime & Democratic Governability: Mexico and the U. S. —Mexican Borderlands*. Pittsburgh, PA.

Balderrama, Francisco E. and Raymond Rodriguez. (2006) *Decade of Betrayal: Mexican Repatriation in the 1930s*. Albuquerque, NM.

BBC News. "Mayor of Mexico Port City Arrested over 'Cartel Links,'" *Bbc.com*, April 29,2014.

Beittel, June S. "Mexico's Drug Trafficking Organizations: Source and Scope of the Violence," *Congressional Research Service*, April 15,2013.

Bender, Steven. (2012) *Run for the Border: Vice and Virtue in U. S. —Mexico Border Crossings*. New York.

Bertram, Eva. (1996) *Drug War Politics: The Price of Denial*. Berkeley, CA.

Bewley— Taylor, David R. (2002) *United States and International Drug*

Control, *1909—1997*. New York.

Booth, William. "Mexico's Crime Wave Has Left About 25,000 Missing, Government Documents Show," *Washington Post*, November 29,2012.

——. "Senate Report Says Mexico Must Focus on Cops and Courts, Not Army," *Washington Post*, July 11,2012.

Booth, William and Nick Miroff. "Mexico's President - Elect Wants Close Security Ties with U. S. , with Limits," *Washington Post*, July 5,2012.

Borderland Beat Reporter "Buggs. " "Knights Templar—Caballeros Templarios," *Borderlandbeat. com*, June 13,2009.

——. "La Familia Michoacana," *Borderlandbeat. com*, May 11,2009.

Borderland Beat Reporter "Chivis. " "Mexico's Presidential Election: Drugwar Security Plan of Each Candidate," *Borderlandbeat. com*, February 8,2012.

——. "Narco Homicides: 'The Real' Number 100 - 200 + Thousand," *Borderlandbeat. com*, August 19,2012.

——. "The Juarez Cartel Sinks into Oblivion since the Death of Rodolfo Carrillo Fuentes," *Borderlandbeat. com*, September 18,2013.

——. "Analysis: Sinaloa Cartel Losing Power in Juárez," *Borderlandbeat. com*, April 18,2014.

——. "Coahuila: A Drug Summit of Z's, BLO, CJNG Juarez Cartels Seeking an Alliance," *Borderlandbeat. com*, August 29,2014.

——. "Dr. Mireles May Be Released on September 17th," *Borderlandbeat. com*, September 12,2014.

——. "Michoacán Hit with Record Breaking Crime, Circuit Court Allows Appeal, Mireles Sends Second Message," *Borderlandbeat. com*, August 9,2014.

——. "Tuta Message to Michoacán: 'We Have Suffered Painful Casualties, but We Are Still Standing,'" *Borderlandbeat. com*, September 10,2014.

——. "Video: Televisa and Esquema Journalists Give La Tuta 'PR Advice' against AD, Tuta Gives Them Money," *Borderlandbeat. com*, September 22,2014.

Borderland Beat Reporter "Itzli. " "The Pineda Villa Clan," *Borderlandbeat. com*, October 24,2014.

Borderland Beat Reporter "Tijuano. " "The War for Tijuana, a 20 + Year Conflict, Part 3," *Borderlandbeat. com*, August 15,2013.

Borderland Beat Reporter "Un Vato." "Pena Nieto Has Been Unable to Decrease Homicides," *Borderlandbeat. com*, August 25, 2014.

Borderland Beat Reporter "Un Vato" and El Diaro/Proceso. "Their Dreams Ended in the San Fernando Massacre," *Borderlandbeat. com*, August 24, 2012.

Borderland Beat Reporter "Un Vato" and Jose Gil Olmos. "Fausto Vallejo: A Governor of the Narco and for the Narco," *Borderlandbeat. com*, June 24, 2014.

Borderland Beat Reporter "ValorxTruth." "The Autodefensas of Tierra Caliente and the Example of Cherán," *Borderlandbeat. com*, January 30, 2014.

Bowden, Charles and Julián Cardona. (2010) *Murder City: Ciudad Juárez and the Global Economy's New Killing Fields*. New York.

Bright, Kimberly J. "Narcocorridos: The Outlawed Commercial Jingles of Violent Mexican Drug Lords," *Dangerousminds. net*, August 27, 2013.

Brooks, Emily. (2013) Marijuana in La Guardia's New York City: The Mayor's Committee on Marijuana and Federal Policy, 1938—1945. New York.

Brownfield, William R. "Trends in Global Drug Policy," *Fpc. state. gov*, October 9, 2014.

Calderón, Felipe. "Todos Somos Juarez: An Innovative Strategy to Tackle Violence and Crime," *Harvard Kennedy School: Latin America Policy Journal*, 2013.

Campbell, Howard. (2011) "No End in Sight: Violence in Ciudad Juarez." *NACLA Report on the Americas* 44: 19—38.

——. (2012) "Narco — Propaganda in the Mexican 'Drug War': An Anthropological Perspective." *Latin American Perspectives* 41: 60—77.

Campo—Flores, Arian and Zusha Elinson. "Heroin Use, and Deaths, Rise: The Death of Philip Seymour Hoffman from an Apparent Heroin Overdose Underscores the Drug's Resurgence," *Wall Street Journal*, February 3, 2014.

Campos, Isaac. (2012) *Home Grown: Marijuana and the Origins of Mexico's War on Drugs*. Chapel Hill, NC.

Carless, Will. "5 Key Takeaways from Uruguay's Push to Legalize Marijuana," *Globalpost. com*, August 1, 2013.

Carlsen, Laura. "Congress Sends Drug War South, Taxpayer Money to Defense Firms," *Huffingtonpost. com*, June 20, 2009.

——. "Mexico's Oil Privatization: Risky Business," *Fpif. org*, May 27, 2014.

Carroll, Rebecca. (2004) "Under the Influence: Harry Anslinger's Role in Shaping America's Drug Policy." In *Federal Drug Control: The Evolution of Policy and Practice*, edited by Erlen, Jonathon and Joseph F. Spillane. New York.

Carruth, Bruce, and Nicholas Rowe. (2011) Mexico's Oportunidades: Conditional Cash Transfers as the Solution to Global Poverty? Claremont, CA.

Cave, Damien. "How a Kingpin above the Law Fell, Incredibly, without a Shot," *New York Times*, February 23, 2014.

Cawley, Marguerite. "Groups Ask International Criminal Court to Investigate Mexico Military Atrocities," *Insightcrime. org*, September 15, 2014.

Centers for Disease Control and Prevention. "Adult Cigarette Smoking in the United States: Current Estimates," *Cdc. gov*, February 14, 2014.

——. "Fact Sheets: Alcohol Use and Your Health," *Cdc. gov*, August 19, 2014.

——. (2014) "Increases in Heroin Overdose Deaths—28 States, 2010 to 2012." *Morbidity and Mortality Weekly Report* 63: 849 - 54.

——. "Smoking & Tobacco Use: Fast Facts," *Cdc. gov*, April 24, 2014.

Chapa, Sergio. "Border Battleground Series—Day Two: Living on the Edge: Deaths Mounting on Mexico's Border Security Watch," *The Brownsville Herald*, August 14, 2005.

——. "San Fernando Body Count Climbs to 193," *Valleycentral. com*, June 7, 2011.

Chesnut, R. Andrew. (2012) *Devoted to Death: Santa Muerte, the Skeleton Saint*. New York.

Chicago Alliance Against Racist and Political Repression. "Summary of the Draft Legislation for an Elected Civilian Police Accountability Council Enabling Prosecution of Criminal Police Abuse of Human Rights," *Naarpr. org*, October 2, 2013.

Collins, Michael. "U. S. State Dept. Calls for Reforming International Treaties That Support the Global Drug War," *Drugpolicy. org*, October 16, 2014.

Committee to Protect Journalists. "Valentín Valdés Espinosa: Zócalo De Saltillo, January 8, 2010, in Saltillo, Mexico," *Cpj. org*, January 2010.

Corcoran, Katherine. "How a Ruthless Cartel Was Beaten," *Associated Press*,

November 9,2013.

——. "Top Mexico Cartel to Keep on Despite Capo Capture," *Bigstory. ap. org*, February 25,2014.

Corcoran, Patrick. "What Mexico's Elections Mean for Crime Policy: Part I," *Insightcrime. org*, July 19,2012.

——. "What Mexico's Elections Mean for Crime Policy: Part II," *Insightcrime. org*, July 19,2012.

Corkery, Michael and Elisabeth Malkin. "Citigroup Says Mexican Subsidiary Was Defrauded of as Much as $400 Million," *Dealbook. nytimes. com*, February 28,2014.

Council on Hemispheric Affairs. "A Perspective on President Calderón's Militarized 'Drug Conflict,'" *Truth—out. org*, February 22,2011.

Courtwright, David T. (2001) *Dark Paradise: A History of Opiate Addiction in America*. Cambridge, MA.

Craig, Richard B. (1978) "La Campana Permanente: Mexico's Antidrug Campaign." *Journal of Interamerican Studies and World Affairs* 20: 107—31.

——. (1980) "Operation Condor: Mexico's Antidrug Campaign Enters a New Era." *Journal of Interamerican Studies and World Affairs* 22: 345—363.

Daly, Michael. "Mexico's First Lady of Murder Is on the Lam," *Thedailybeast. com*, October 29,2014.

Davidson, Thomas S. II. "Operation Secure Mexico," *Foreign Military Studies Office*, June 2005.

Deibert, Michael. (2014) *In the Shadow of Saint Death: The Gulf Cartel and the Price of America's Drug War in Mexico*. Guilford, CT.

Dellios, Hugh. "Draft Faults Presidents in 'Dirty War': Conclusions of Mexico's Probe into 1960s and '70s Atrocities Are Leaked before Being Sent to President Fox Because of Concerns the Final Report Might Be Toned Down," *Chicago Tribune*, February 28,2006.

Dorocki, Sławomir and Paweł Brzegowy. (2014) "The Maquiladora Industry Impact on the Social and Economic Situation in Mexico in the Era of Globalization." In *Environmental and Socio—Economic Transformations in Developing Areas as the Effect of Globalization*, edited by Wójtowicz, Mirosław and Anna Winiarczyk—Raźniak. Kraków, Poland.

Doyle, Kate. (2006) Impunity's Triumph: The Failure of Mexico's Special Prosecutor. Washington, DC.

——. "Draft Report Documents 18 Years of 'Dirty War' in Mexico: Special Prosecutor: State Responsible for Hundreds of Killings, Disappearances," *National Security Archive Electronic Briefing Book*, February 26,2006.

Drukier, Wendy. (1996) "Understanding Mobilization: Urban Popular Movements and Mexico's Lost Decade." Thesis, Carleton University.

Dudley, Steven. "Zeta Testimony Solves Mystery of Mexico Bus Massacres," *Insightcrime.org*, June 27,2011.

——. "Why Mexico Police Reform Could Defeat Even Colombia's Ex-Top Cop," *Insightcrime.org*, July 19,2012.

——. "'Chapo' Guzman Capture Provides Glimpse of Mexico's Past, Future," *Insightcrime.org*, February 22,2014.

Dudley, Steven and Sandra Rodriguez. "Civil Society, the Government and the Development of Citizen Security," *Wilson Center: Mexico Institute*, August 2013.

Edmonds-Poli, Emily. "The Effects of Drug-War Related Violence on Mexico's Press and Democracy," *Wilson Center: Mexico Institute*, April 2013.

Eisenstadt, Todd A. and Alejandro Poiré. (2006) Explaining the Credibility Gap in Mexico's 2006 Presidential Election, Despite Strong (Albeit Perfectable) Electoral Institutions. Washington, DC.

Ellingwood, Ken. "Mexico's President Calderon Has Few Choices in Drug War," *Los Angeles Times*, October 1,2008.

Epatko, Larisa. "Legalizing Drugs: Why Some Latin American Leaders Are Ok with It," *Pbs.org*, April 16,2012.

Epstein, Edward Jay. (1990) *Agency of Fear: Opiates and Political Power in America*. London.

Erlen, Jonathon and Joseph F. Spillane. (2004) *Federal Drug Control: The Evolution of Policy and Practice*. New York.

Estévez, Ariadna. (2008) *Human Rights and Free Trade in Mexico: A Discursive and Sociopolitical Perspective*. New York.

Estévez, Dolia. (2010) "Protecting Press Freedom in an Environment of Violence and Impunity." In *Shared Responsibility: U. S.-Mexico Policy Options for*

Confronting Organized Crime, edited by Olson, Eric L., David A. Shirk, and Andrew Selee. San Diego, CA.

Estrella, Alfredo. "Mexico Dissolves Equivalent of FBI," *Za.news.yahoo.com*, July 27, 2012.

Farooq, Umar and Connor Guy. "The Movement for Peace and Justice in Mexico," *The Nation*, June 5, 2012.

Ferragut, Sergio. (2007) *A Silent Nightmare: The Bottom Line and the Challenge of Illicit Drugs*. Reston, VA.

Finnegan, William. "Silver or Lead: The Drug Cartel La Familia," *The New Yorker*, May 31, 2010.

——. "The Drug War and Mexico's Election," *The New Yorker*, July 2, 2012.

Flannery, Nathaniel Parish. "Mexico: Is the Aztec Tiger Starting to Whimper?," *Forbes.com*, August 27, 2013.

Fox, Edward. "Mexico Military Sees over 56,000 Desertions under Calderon," *Insightcrime.org*, April 19, 2012.

Friedman, Thomas L. "How Mexico Got Back in the Game," *New York Times*, February 23, 2013.

Frontera NorteSur News. "Rage and Fury Sweep Mexico, the World: Justice for Ayotzinapa," *Fnsnews.nmsu.edu*, October 10, 2014.

Frontline. "Interview: Guillermo González Calderoni," *Pbs.org*, January 2001.

Gagne, David. "Amnesty Tracks Rise of Torture in Mexico," *Insightcrime.org*, September 5, 2014.

Gardner, David. "Captured with $2million in Cash, the Drugs Baron Who Stewed Enemies in Boiling Oil and Beheaded Hundreds," *Daily Mail UK*, July 16, 2013.

Gaspar de Alba, Alicia and Georgina Guzmán. (2010) *Making a Killing: Femicide, Free Trade, and La Frontera*. Austin, TX.

Gibler, John. (2011) *To Die in Mexico: Dispatches from inside the Drug War*. San Francisco, CA.

——. "The Disappeared: The Story of September 26, 2014, the Day 43 Mexican Students Went Missing—and How It Might Be a Turning Point for the Country," *The California Sunday Magazine*, January 4, 2015.

Global Commission on Drug Policy. (2011) *Report of the Global Commission on Drug Policy*. Rio de Janeiro, Brazil.

——. (2014) Taking Control: Pathways to Drug Policies That Work. Rio de Janeiro, Brazil.

Global Direct Investment Solutions. "Ciudad Juarez, Chihuahua, Mexico: fDi City of the Future 2007/2008," *Gdi-solutions.com*, April 23, 2007.

Gobernanza Forense Ciudadana. "Gobernanza Forense Ciudadana: Video," *Gobernanzaforense.org*, June 5, 2014.

Gomez, Robert. (2012) A New Visual Regime: Narco Warfare through Social Media. San Francisco, CA.

González de Bustamante, Celeste. (2012) *"Muy Buenas Noches": Mexico, Television, and the Cold War*. Lincoln, NE.

Goodman, Adam. "Mexico Economic Reality Doesn't Fit 'Aztec Tiger' Narrative," *America.aljazeera.com*, November 14, 2013.

——. "A Long Series of Uncertainties," *The Nation*, September 22, 2014.

Goodman, J. David. "In Mexico, Social Media Become a Battleground in the Drug War," *Thelede.blogs.nytimes.com*, September 15, 2011.

Gould, Jens Erik. "Mexico Oil: Awakening the 'Aztec Tiger,'" *Thefinancialist.com*, June 23, 2014.

Graham, David. "Chinese Iron Trade Fuels Port Clash with Mexican Drug Cartel," *Reuters.com*, January 1, 2014.

Grant, Will. "Heriberto Lazcano: The Fall of a Mexican Drug Lord," *Bbc.com*, October 13, 2012.

Grayson, George W. "Los Zetas: The Ruthless Army Spawned by a Mexican Drug Cartel," *Foreign Policy Research Institute*, May 2008.

——. (2010) *La Familia Drug Cartel: Implications for U.S.-Mexican Security*. Carlisle, PA.

——. (2011) *Threat Posed by Mounting Vigilantism in Mexico*. Carlisle, PA.

——. (2013) *The Impact of President Felipe Calderón's War on Drugs on the Armed Forces: The Prospects for Mexico's "Militarization" and Bilateral Relations*. Carlisle, PA.

——. (2014) *The Cartels: The Story of Mexico's Most Dangerous Criminal Organizations and Their Impact on U.S. Security*. Santa Barbara, CA.

Grayson, George W. and Samuel Logan. (2012) *The Executioner's Men: Los Zetas, Rogue Soldiers, Criminal Entrepreneurs, and the Shadow State They Created*. New Brunswick, NJ.

Greenwald, Glenn. (2009) Drug Decriminalization in Portugal: Lessons for Creating Fair and Successful Drug Policies. Washington, DC.

Grillo, Ioan. "Drug Cartels to Mexican Businesses: Pay Up," *Globalpost. com*, December 14, 2009.

——. (2011) *El Narco: Inside Mexico's Criminal Insurgency*. New York.

——. "Mexico's Ex—President Vicente Fox: Legalize Drugs," *TIME*, January 19, 2011.

——. "Calderon's Legacy of Blood and Busts," *Globalpost. com*, November 30, 2012.

——. "Mexico's Zetas Rewrite Drug War in Blood," *Reuters. com*, May 23, 2012.

——. "Mexican Vigilantes Beat Back Ruthless Knights Templar Cartel," *TIME*, January 29, 2014.

——. "Mexico's Cartel — Fighting Vigilantes Get Closer to Texas Border," *Nbcnews. com*, July 9, 2014.

——. "Mexico's Craziest Drug Lord 'Died' Twice and Used to Dress as God," *TIME*, March 11, 2014.

——. "Mexico's Deadly Narco—Politics," *New York Times*, October 9, 2014.

——. "Mexico's Drug War Leads to Kidnappings, Vigilante Violence," *TIME*, January 17, 2014.

——. "Tourists Are Pouring Back to Mexican Beaches after a Security Image Facelift," *Globalpost. com*, August 31, 2014.

Grillo, Ioan and Dolly Mascareñas. "Mexico Goes after the Narcos—before They Join the Gangs: The Country's Latest Addition to Its Anticrime Strategy Is Stopping Kids from Joining Cartels," *TIME*, February 25, 2013.

Guillermoprieto, Alma. "A Hundred Women," *The New Yorker*, September 29, 2003.

——. "Mexico: 'We Are Not Sheep to Be Killed,'" *New York Review of Books*, November 5, 2014.

Gutierrez, Raul. "Leaking Secrets, Leaking Blood: Blog Del Narco, the Anonymous Tracker of Mexico's Ultraviolent Drug War," *Boingboing. net*, September 14, 2010.

Heinle, Kimberly, Octavio Rodríguez Ferreira, and David A. Shirk. (2014) *Drug Violence in Mexico: Data and Analysis through* 2013. San Diego,

CA.

Hennessey, Kathleen and Tracy Wilkinson. "Obama, Visiting Mexico, Shifts Focus from Drug War," *Los Angeles Times*, May 2,2013.

Henry, James S. "The Theft of Mexico: How the 1988 Mexican Presidential Election Was Rigged," *Bloodbankers. typepad. com*, March 10,2004.

Hernández, Anabel. (2013) *Narcoland: The Mexican Drug Lords and Their Godfathers*. London.

Hickey, Walter. "How the Gun Industry Funnels Tens of Million of Dollars to the NRA," *Business Insider*, January 16,2013.

Hodges, Donald Clark and Ross Gandy. (2002) *Mexico under Siege: Popular Resistance to Presidential Despotism*. New York.

Holden, Stephen. "Singing of the Cartels, and Investigating Them: 'Narco Cultura,' a Documentary About Music and Drug Cartels," *New York Times*, November 21,2013.

Hollersen, Wiebke. "'This Is Working': Portugal, 12 Years after Decriminalizing Drugs," *Der Spiegel Online International*, March 27,2013.

Hootsen, Jan — Albert. "'Blood Avocados': The Dark Side of Your Guacamole," *Vocativ. com*, November 18,2013.

Horwitz, Sari and Joshua Partlow. "U. S. And Mexican Authorities Detail Coordinated Effort to Capture Drug Lord," *Washington Post*, February 23,2014.

Imison, Paul. "The Ultimate Mexican Hype Machine: The Myth of the Aztec Tiger," *Counterpunch. org*, March 29 - 31,2013.

Inside Story Americas. "Is Mexico's War on Drugs Close to a Real End?," *Aljazeera. com*, February 15,2013.

International Center for Analysis of Transnational Criminal Networks. "Conferenza Roma: Video," *Scivortex. org*, March 26,2013.

Jacobs, James, Coleen Friel, and Robert Radick. (2001) *Gotham Unbound: How New York City Was Liberated from the Grip of Organized Crime*. New York.

Jacobs, Ron. "A War on People: Drug Wars and Neoliberalism," *Counterpunch. org*, December 19 - 21,2014.

Jacobson, Roberta S. "Merida Initiative: Remarks," *State. gov*, April 22,2010.

Jamasmie, Cecilia. "Mexican Police Seized 68,000 Tonnes of Iron Ore Mined by

Drug Lords," *Mining. com*, May 5,2014.

Jimenez, Guillermo. "Mass Graves, Murderous State—Cartel Alliance Revealed in Guerrero: Hundreds of Bodies Found near Iguala, Mexico, but Not the 43 Students," *Panampost. com*, October 30,2014.

Kane, Michael. "Peña Nieto Discusses Proposed Security Force," *Insightcrime. org*, July 19,2012.

Karlin, Mark. "Fueled by War on Drugs, Mexican Death Toll Could Exceed 120,000 as Calderon Ends Six—Year Reign," *Truth—out. org*, November 28, 2012.

Keefe, Patrick Radden. "Cocaine Incorporated," *New York Times Magazine*, June 15,2012.

Kenny, Paul, Mónica Serrano, and Arturo Sotomayor. (2012) *Mexico's Security Failure: Collapse into Criminal Violence*. New York.

King, Nicole B. (2007) "An Economic History of Modern Ciudad Juarez, 1960—2006." Thesis, University of Texas at El Paso.

Knowlton, Brian. "At White House, Fox Urges Accord on Workers," *New York Times*, September 6,2001.

Krauze, Enrique. (1997) *Mexico: Biography of Power: A History of Modern Mexico*, 1810—1996. New York.

——. "Mexico's Barbarous Tragedy," *New York Times*, November 10,2014.

Krauze, Enrique and Hank Heifetz. "Mexico at War," *New York Review of Books*, September 27,2012.

Kuzmarov, Jeremy. (2009) *The Myth of the Addicted Army: Vietnam and the Modern War on Drugs*. Amherst, MA.

Kyvig, David E. (2000) *Repealing National Prohibition*. Kent, OH.

La Botz, Dan. "Financial Crisis Hits Mexico: Social Crisis on the Horizon?," *Monthly Review*, October 8,2008.

Latin American Commission on Drugs and Democracy. (2009) *Drugs and Democracy: Toward a Paradigm Shift*. Rio de Janeiro, Brazil.

Lee, Martin A. "Let a Thousand Flowers Bloom: The Populist Politics of Cannabis Reform," *The Nation*, November 18,2013.

Leland, John and Mosi Secret. "For Pot Inc., the Rush to Cash in Is Underway: A Competition to Get a Medical Marijuana License in New York," *New York Times*, October 31,2014.

Lerner, Michael A. (2007) *Dry Manhattan: Prohibition in New York City*. Cambridge, MA.

Levine, Harry. "The Scandal of Racist Marijuana Arrests," *The Nation*, November 18, 2013.

Livingston, Jessica. (2004) "Murder in Juarez: Gender, Sexual Violence, and the Global Assembly Line." *Frontiers: A Journal of Women Studies* 25: 59—76.

Logan, Samuel. (2012) "The Future of Los Zetas after the Death of Heriberto Lazcano." *CTC Sentinel* 5: 6—9.

Lohmuller, Michael. "Is Tamaulipas Becoming Peña Nieto's Ciudad Juárez?," *Coha.org*, May 27, 2014.

Longmire, Sylvia. "Mexico's Drug War—TCO 101: The Juarez Cartel," *Borderviolenceanalysis.typepad.com*, June 2009.

——. (2013) *Cartel: The Coming Invasion of Mexico's Drug Wars*. New York.

——. (2014) *Border Insecurity: Why Big Money, Fences, and Drones Aren't Making Us Safer*. New York.

López, Enrique. "The Pineda Clan: A Criminal Dynasty in Mexico," *Dw.de*, October 24, 2014.

López, Oscar. "Mexican Drug War News: DEA Reveals Cartels Use Drones to Transport Drugs from Mexico into US," *Latintimes.com*, July 10, 2014.

Lupsha, Peter A. and Kip Schlegel. (1980) The Political Economy of Drug Trafficking: The Herrera Organization (Mexico & the United States). Albuquerque, NM.

Mabry, Donald J. "Father of a Mexican President: Luis Calderón Vega," *Historicaltextarchive.com*, July 18, 2006.

Marentes, Luis A. "Returning Migrants and the Michoacán Autodefensas: An Entangled Past, Present, and Future," *Huffingtonpost.com*, February 3, 2014.

Marks, Josh. "NRA's Top 5 Gun Industry Donors," *Nationalmemo.com*, January 11, 2013.

Martínez, Chivis. "You F * * * * * with me, so I will have the pleasure of killing you"... said mayor of Iguala before shooting activist," *Borderlandbeat.com*, October 5, 2014.

Marquis, Christopher. "A Spicy Welcome to the White House," *New York Times*, September 6, 2001.

Martínez, Oscar. (2011) "The Border: Funneling Migrants to Their Doom." *NACLA Report on the Americas* 44: 5—8.

——. (2013) *The Beast: Riding the Rails and Dodging Narcos on the Migrant Trail*. London.

Mazzetti, Mark and Ginger Thompson. "U. S. Widens Role in Mexican Fight," *New York Times*, August 25, 2011.

McCleskey, Claire O'Neill. (2012) "Fighting for the *Plaza* and the Pueblo: Assessing the Role of 'Hearts and Minds' in the Mexican Drug Conflict." Thesis, Georgetown University.

McCoy, Alfred W. (2003) *The Politics of Heroin: CIA Complicity in the Global Drug Trade: Afghanistan, Southeast Asia, Central America, Colombia*. Chicago, IL.

McDougal, Topher, David A. Shirk, Robert Muggah, et al. (2013) *The Way of the Gun: Estimating Firearms Traffic Across the U. S. —Mexico Border*. San Diego, CA.

McKinley, James C. Jr. "With Beheadings and Attacks, Drug Gangs Terrorize Mexico," *New York Times*, October 26, 2006.

McWilliams, John C. (1990) *The Protectors: Harry J. Anslinger and the Federal Bureau of Narcotics*, 1930—1962. Newark, DE.

Meyer, Maureen, Coletta Youngers, and Dave Bewley — Taylor. "At a Crossroads: Drug Trafficking, Violence and the Mexican State," *Beckley Foundation & Washington Office on Latin America*, November 2007.

Miroff, Nick. "Tracing the U. S. Heroin Surge Back South of the Border as Mexican Cannabis Output Falls," *Washington Post*, April 6, 2014.

Miroff, Nick and William Booth. "Mexico's Drug War Is at a Stalemate as Calderon's Presidency Ends," *Washington Post*, November 27, 2012.

Miron, Jeffrey A. "The Budgetary Implications of Marijuana Prohibition," *Prohibitioncosts. org*, June 2005.

Molzahn, Cory, Octavio Rodriguez Ferreira, and David A. Shirk. (2013) *Drug Violence in Mexico: Data and Analysis through* 2012. San Diego, CA.

Moore, Gary. "Ending the Zetas Killing Spree: An Invisible Success Story," *Insightcrime. org*, September 22, 2011.

——. "Unravelling Mysteries of Mexico's San Fernando Massacre," *Borderlandbeat.com*, September 19,2011.

——. "Gaze Not on the Face of Evil: Massacre by Assembly Line," *Garymoore22.wordpress.com*, May 26,2012.

Moreno, Alejandro. (2007) "The 2006 Mexican Presidential Election: The Economy, Oil Revenues, and Ideology." *PS: Political Science and Politics* 40: 15—19.

MSNBC News Services. "Fox Balks at Signing Drug Decriminalization Law: Mexican President Wants Changes in Measure He Previously Said He'd Sign," *Nbcnews.com*, May 3,2006.

MSNBC Staff. "Blogger on Mexico Cartel Beheading: 'Cannot Kill Us All,'" *Nbcnews.com*, November 10,2011.

Musto, David F. and Pamela Korsmeyer. (2002) *The Quest for Drug Control: Politics and Federal Policy in a Period of Increasing Substance Abuse, 1963—1981*. New Haven, CT.

National Institute on Alcohol Abuse and Alcoholism. "Alcohol Facts and Statistics," *Niaaa.nih.gov*, July 2014.

Nazario, Sonia. "The Children of the Drug Wars: A Refugee Crisis, Not an Immigration Crisis," *New York Times*, July 11,2014.

Niblo, Stephen R. (1999) *Mexico in the 1940s: Modernity, Politics, and Corruption*. Wilmington, DE.

Noriega, Roger F. and Felipe Trigos. "Why Isn't Mexico's Security Strategy Working?," *Aei.org*, June 12,2014.

North American Congress on Latin America. (2011) "Introduction Mexico's Drug Crisis: Alternative Perspectives." *NACLA Report on the Americas* 44: 12—13.

O'Neil, Shannon K. (2013) "Mexico Makes It: A Transformed Society, Economy, and Government." *Foreign Affairs* 92: 52—63.

O'Reilly, Andrew. "Mexico's Drug Death Toll Double What Reported, Expert Argues," *Latino.foxnews.com*, August 10,2012.

Obama, Barack. "Remarks by the President to the People of Mexico: Anthropology Museum, Mexico City, Mexico," *Whitehouse.gov*, May 3,2013.

Ochoa, Enrique C. and Gilda L. Ochoa. "The Ties That Bind: Ferguson and

Ayotzinapa," *Counterpunch.org*, December 12 - 14, 2014.

Olson, Eric L., David A. Shirk, and Andrew Selee. (2010) Shared Responsibility: U. S. — Mexico Policy Options for Confronting Organized Crime. San Diego, CA.

OpenNet Initiative. "Mexico (2013): Opennet Initiative Country Profile," *Opennet.net*, July 15, 2013.

Osorno, Diego Enrique. "How a Mexican Cartel Demolished a Town, Incinerated Hundreds of Victims, and Got Away with It," *News.vice.com*, December 31, 2014.

Pachico, Elyssa. "How the Beltran Leyva, Sinaloa Cartel Feud Bloodied Mexico," *Insightcrime.org*, February 1, 2011.

Padgett, Tim. "Mexico's New Boom: Why the World Should Tone Down the Hype," *TIME*, March 8, 2013.

Padgett, Tim and Ioan Grillo. "Mexico's Meth Warriors," *TIME*, June 28, 2010.

Paley, Dawn. (2014) *Drug War Capitalism*. Oakland, CA.

Pansters, W. G. (2012) *Violence, Coercion, and State—Making in Twentieth—Century Mexico: The Other Half of the Centaur*. Stanford, CA.

Pantaleo, Katherine. (2010) "Gendered Violence: An Analysis of the Maquiladora Murders." *International Criminal Justice Review* 20: 349—365.

Payan, Tony, Kathleen A. Staudt, and Z. Anthony Kruszewski. (2013) *A War That Can't Be Won: Binational Perspectives on the War on Drugs*. Tucson, AZ.

Philip, George and Susana Berruecos. (2012) *Mexico's Struggle for Public Security: Organized Crime and State Responses*. New York.

Pineda, Leticia. "Mexico Arrests Beltran Leyva Cartel Chief," *News.yahoo.com*, October 2, 2014.

Planning Division of the Development Services Department of the City of El Paso. "El Paso—Juarez Regional Historic Population Summary," *Elpasotexas.gov*, August 2007.

Poppa, Terrence E. (1990) *Drug Lord: The Life and Death of a Mexican Kingpin: A True Story*. New York.

Preston, Julia and Randal C. Archibold. "U. S. Moves to Stop Surge in Illegal Immigration," *New York Times*, June 20, 2014.

Preston, Julia and Sam Dillon. (2004) *Opening Mexico: The Making of a Democracy*. New York.

Priest, Dana. "U. S. Role at a Crossroads in Mexico's Intelligence War on the Cartels," *Washington Post*, April 27, 2013.

Pueblita, Jose Carlos R. (2013) Screening Seguro Popular: The Political Economy of Universal Health Coverage in Mexico. Cambridge, MA.

Ramsey, Geoffrey. "U. S. Legalization Takes a Toll on Mexico Drug Profits," *Thepanamericanpost. com*, December 3, 2014.

Recio, Gabriela. (2002) "Drugs and Alcohol: US Prohibition and the Origins of the Drug Trade in Mexico, 1910 - 1930." *Journal of Latin American Studies* 34: 21—42.

Reding, Andrew. "Favorite Son," *Mother Jones*, November 1988.

——. "How to Steal an Election: Mexico, 1988," *Mother Jones*, November 1988.

Redmond, Helen. "The Political Economy of Mexico's Drug War," *International Socialist Review*, July 2013.

Reporters Without Borders. (2013) 2013 World Press Freedom Index: Dashed Hopes after Spring. Paris.

Reuters. "2 Mexican Policemen Beheaded in Acapulco: Drug Gangs Eyed as Likely Suspects," *Boston Globe*, April 21, 2006.

——. "Severed Head Found in Acapulco Marks Grisly Trend," *The New Zealand Herald*, June 30, 2006.

——. "Mexico: Emotions Run High as Embattled President Felipe Calderon Meets Crusading Poet and Activist Javier Sicilia to Discuss the Nation's Descent into Violence and an Increasingly Unpopular Drugs War," *Itnsource. com*, October 15, 2011.

Riggs, Mike. "Obama's War on Pot," *The Nation*, October 30, 2013.

Rincón Parra, Juliana. "Mexico: Citizen Video and Drug Trafficking," *Globalvoicesonline. org*, August 10, 2010.

Robles, Frances. "Fleeing Gangs, Children Head to U. S. Border," *New York Times*, July 9, 2014.

Rodriguez, Olga R. "Hugo Hernandez: Mexico Cartel Stitches Rival's Face on Soccer Ball," *Huffingtonpost. com*, March 18, 2010.

Roig — Franzia, Manuel. "U. S. Officials Laud Transfer of Mexican Drug

Suspects," *Washington Post*, January 21,2007.

Rolles, Steve, George Murkin, Martin Powell, et al. (2012) *The Alternative World Drug Report: Counting the Costs of the War on Drugs*. Bristol, UK.

Romero, Simon. "Brazil Releases Report on Past Rights Abuses," *New York Times*, December 10,2014.

Ross, John. (2009) *El Monstruo: Dread and Redemption in Mexico City*. New York.

Rowe, Thomas C. (2006) *Federal Narcotics Laws and the War on Drugs: Money Down a Rat Hole*. Binghamton, NY.

Sadler, Louis R. (2000) The Historical Dynamics of Smuggling in the U. S. — Mexican Border Region, 1550—1998. Pittsburgh, PA.

Saliba, Frédéric. "Les Troubadours Du Narcotrafic," *Lemonde. fr*, November 30,2012.

Scenario Team of the Organization of American States. (2013) *Scenarios for the Drug Problem in the Americas*, 2013—2025. Washington, DC.

Schaffer Library of Drug Policy. "How Many People Are Actually Killed by Drugs?," *Druglibrary. org*, September 2006.

Schiller, Dane. "Mexican Crook: Gangsters Arrange Fights to Death for Entertainment," *Houston Chronicle*, June 11,2011.

Schneider, Eric C. (2008) *Smack: Heroin and the American City*. Philadelphia, PA.

Scott, Peter Dale and Jonathan Marshall. (1998) *Cocaine Politics: Drugs, Armies, and the CIA in Central America*. Berkeley, CA.

Shannon, Elaine. (1989) *Desperados: Latin Drug Lords, U. S. Lawmen, and the War America Can't Win*. New York.

Shipley, Joe C. (2011) "What Have We Learned from the War on Drugs? An Assessment of Mexico's Counternarcotics Strategy." Thesis, Naval Postgraduate School.

Shirk, David A. and Center for Preventive Action. (2011) *The Drug War in Mexico: Confronting a Shared Threat*. New York.

Shirk, David, Duncan Wood, Eric L. Olson, et al., "Building Resilient Communities in Mexico: Civic Responses to Crime and Violence," *Wilson Center: Mexico Institute*, March 2014.

Sicilia, Javier. "Javier Sicilia's Open Letter to Mexico's Politicians and

Criminals," *Narconews. com*, April 4,2011.

Sidaoui, José, Manuel Ramos — Francia, and Gabriel Cuadra. "The Global Financial Crisis and Policy Response in Mexico," *Bank for International Settlements*, December 2010.

Simmons, William Paul. (2006) "Remedies for Women of Ciudad Juárez through the Inter — American Court of Human Rights." *Northwestern Journal of International Human Rights* 4: 492—517.

Simons, Marlise. "Mexican Rights Groups File Suit for 'Systematic and Widespread' Abuse by Army and Police," *New York Times*, September 12,2014.

Sklair, Leslie. (1989) *Assembling for Development: The Maquila Industry in Mexico and the United States*. Boston, MA.

Smith, Benjamin T. "The End of the Drug War—or a New Cartel of Cartels?," *Dissent*, November 3,2014.

Southwick, Natalie. "Can Mexico Break Knights Templar's Hold on Michoacan Port?," *Insightcrime. org*, November 5,2013.

Staudt, Kathleen A., Tony Payan, and Z. Anthony Kruszewski. (2009) *Human Rights Along the U. S. — Mexico Border: Gendered Violence and Insecurity*. Tucson, AZ.

Steinberg, Nik. "Vanished: The Disappeared of Mexico's Drug War," *Human Rights Watch*, January 8,2014.

Stevenson, Mark. "Mexican Candidates Tough on Drug Issue," *Washington Post*, June 18,2006.

——. "At 20 Years, NAFTA Didn't Close Mexico Wage Gap," *Bigstory. ap. org*, December 31,2013.

——. "Mexico Opens Debate over Low Minimum Wage," *Bigstory. ap. org*, August 8,2014.

——. "Mexico to Draw Line on Vigilantes," *Bigstory. ap. org*, March 14,2014.

Storrs, K. Larry. "Mexican Drug Certification Issues: U. S. Congressional Action, 1986 - 1998," *Congressional Research Service*, April 9,1998.

Sugarmann, Josh, Ilana Goldman, Violence Policy Center, et al. (2013) *Blood Money II: How Gun Industry Dollars Fund the NRA*. Washington, DC.

Sugarmann, Josh, Marty Langley, and Violence Policy Center. (2011) *Blood Money: How the Gun Industry Bankrolls the NRA*. Washington, DC.

Sweig, Julia E. (2013) A Strategy to Reduce Gun Trafficking and Violence in the Americas: Council on Foreign Relations Policy Innovation Memorandum No. 36. New York.

Syal, Rajeev. "Drug Money Saved Banks in Global Crisis, Claims UN Advisor: Drugs and Crime Chief Says $352bn in Criminal Proceeds Was Effectively Laundered by Financial Institutions," *The Observer/The Guardian*, December 12, 2009.

Székely, Miguel. (1995) "Poverty in Mexico During Adjustment." *Review of Income and Wealth* 41: 331—348.

T. W. "Crime in Mexico: The Governor's Miraculous Achievement," *Economist.com*, September 22, 2011.

Tate, Katherine, James Lance Taylor, and Mark Q. Sawyer. (2013) *Something's in the Air: Race, Crime, and the Legalization of Marijuana.* New York.

Tegel, Simeon. "Can Bolivia Teach the US How to Fight Drugs?," *Globalpost.com*, March 24, 2013.

Thomasson, James, William Foster, and Laurence Press. (2002) *The Diffusion of the Internet in Mexico.* Austin, TX.

Thompson, Ginger. "Mexico President Urges U. S. To Act Soon on Migrants," *New York Times*, September 6, 2001.

——. "Rival Drug Gangs Turn the Streets of Nuevo Laredo into a War Zone," *New York Times*, December 4, 2005.

——. "Mexican Vote Hinges on Conflicted Middle Class," *New York Times*, July 2, 2006.

Thompson, Ginger, Randal C. Archibold, and Eric Schmitt. "Hand of U. S. Is Seen in Halting General's Rise in Mexico," *New York Times*, February 4, 2013.

Thomson, Adam. "Mexico: Aztec Tiger," *Ft.com*, January 30, 2013.

Timoshenkov, Miguel. "Criminals Winning, Guv Says 'México Seguro Is Ineffective,'" *Laredo Morning Times*, February 12, 2006.

Toro, María Celia. (1995) *Mexico's 'War' on Drugs: Causes and Consequences.* Boulder, CO.

Travis, Jeremy, Bruce Western, and Steve Redburn, eds. (2014) The Growth of Incarceration in the United States: Exploring Causes and Consequences.

Washington, DC.

Tuckman, Jo. "Mexico Changes Stance in Drug War—but Little Difference Seen from Calderón: Mexico's President Enrique Peña Nieto Talks of End to Military Crackdown against Drug Cartels That Has Left up to 100,000 Dead," *Theguardian. com*, December 18,2012.

——. "Mexican Drug Lord Nazario Moreno's Killing May End Knights Templar Cartel: It Seems 'the Craziest One,' Whose Death Had Been Announced before in 2010, Really Is Dead—Pleasing Anti – Cartel Vigilantes," *Theguardian. com*, March 10,2014.

——. "Mexican Gang Suspected of Killing 43 Students Admits to Mass Murder," *Theguardian. com*, November 7,2014.

——. "Mexican Police Injured in Acapulco During Protests over Student Massacre," *Theguardian. com*, November 10,2014.

——. "Mexico: Protests at Admission That 43 Missing Students Were Massacred," *Theguardian. com*, November 9,2014.

Turati, Marcela. "Death Threats, Then Red Tape: Exiled Mexican Journalists Face Red Tape and Doubt in U. S. ," *New York Times*, June 21,2014.

U. S. Department of State. "Mexico Travel Warning," *Travel. state. gov*, August 15,2014.

U. S. Department of State and Bureau for International Narcotics and Law Enforcement Affairs. "2014 International Narcotics Control Strategy Report, Volume I: Country Report: Mexico," *State. gov*, March 2014.

Ulrichs, Martina and Keetie Roelen. (2012) Equal Opportunities for All? —a Critical Analysis of Mexico's Oportunidades. London.

UN News Centre. "UN Human Rights Office Concerned About Killing of Journalists in Mexico," *Un. org*, September 30,2011.

Valentine, Douglas. (2006) *The Strength of the Wolf: The Secret History of America's War on Drugs*. London.

Veeravagu, Anand and Robert M. Lober. "Heroin: America's Silent Assassin," *Thedailybeast. com*, February 3,2014.

Villarreal, M. Angeles. "The Mexican Economy after the Global Financial Crisis," *Congressional Research Service*, September 16,2010.

——. "NAFTA and the Mexican Economy," *Congressional Research Service*, June 3,2010.

Villegas, Paulina. "Mexican Drug Lord Taunts the Authorities with Videos," *New York Times*, July 31, 2014.

Villegas, Paulina and Randal C. Archibold. "Keeping Mexico's Revolutionary Fires Alive," *New York Times*, November 2, 2014.

Violence Policy Center. "National Rifle Association Receives Millions of Dollars from Gun Industry 'Corporate Partners' New VPC Report Reveals," *Vpc. org*, April 13, 2011.

Wald, Elijah. (2001) *Narcocorrido: A Journey into the Music of Drugs, Guns, and Guerrillas*. New York.

Walker, William O. (1989) *Drug Control in the Americas*. Albuquerque, NM.

——. (1996) *Drugs in the Western Hemisphere: An Odyssey of Cultures in Conflict*. Wilmington, DE.

——. "Narcotics Policy," *Encyclopedia of American Foreign Policy*, 2002.

Warner, Margaret. "Mexico's President—Elect: Legalization Should Be Part of Drug Strategy Debate," *Pbs. org*, July 3, 2012.

Watt, Peter and Roberto Zepeda Martínez. (2012) *Drug War Mexico: Politics, Neoliberalism and Violence in the New Narcoeconomy*. London.

Wedge, Captain Gary R. "Drug Decriminalization in Mexico," *California Commission on Peace Officer Standards and Training*, August 2007.

Wegman, Jesse. "The Injustice of Marijuana Arrests," *New York Times*, July 28, 2014.

Weinberg, Bill. (2008) "Guns: The U. S. Threat to Mexican National Security." *NACLA Report on the Americas* 41: 21—26, 38—39.

Weiner, Tim. "Mexico's Image Is Buffed and Tarnished with Military Drug Arrests," *New York Times*, April 7, 2001.

——. "Slump in U. S. Drags Mexico, and Fox's Agenda, Down," *New York Times*, August 21, 2001.

Weissenstein, Michael. "Mexico Pres Front — Runner Promises to Cut Violence," *Bigstory. ap. org*, May 25, 2012.

Weissmann, Jordan. "Whom Does the NRA Really Speak For?," *The Atlantic*, December 18, 2012.

White House Office of the Press Secretary. "Fact Sheet: U. S. — Mexico Partnership," *Whitehouse. gov*, May 2, 2013.

Whitehouse. gov. "President Obama's Trip to Mexico & Costa Rica: May 2 - 4,

2013," *Whitehouse. gov*, May 2013.

——. "A Drug Policy for the 21st Century," *Whitehouse. gov*, July 9,2014.

Wilkinson, Tracy. "Governor in Mexico's Troubled Michoacan State Steps Down," *Los Angeles Times*, June 18,2014.

Wilkinson, Tracy and Ken Ellingwood. "Mexico President—Elect Peña Nieto's Win Is Weaker Than Expected," *Los Angeles Times*, July 2,2012.

Williams, Dennis A. and Sylvester Monroe. "Busting the Heroin Pipeline," *Newsweek*, May 22,1978.

Wilson, Christopher and Gerardo Silva. "Mexico's Latest Poverty Stats," *Wilson Center: Mexico Institute*, August 12,2013.

Worthman, Shaye. "The Rise of the La Familia Michoacana," *E—ir. info*, December 16,2011.

Zabludovsky, Karla. "Reclaiming the Forests and the Right to Feel Safe," *New York Times*, August 2,2012.

Spanish

"Bases de datos sobre personas desaparecidas en México 2006—2012," *Desaparecidosenmexico. wordpress. com*, December 20,2012.

"Tú y yo coincidimos en la noche terrible," *Nuestraaparenterendicion. com*, 2013.

"Tamaulipas, propiedad criminal," *El Diario de Coahuila*, January 26,2014.

Adnpolitico. com. "5 Claves de cooperación Federal por violencia en Michoacán," *Adnpolitico. com*, January 13,2014.

Aguilar Camín, Héctor. "La captura criminal del Estado," *Nexos. com. mx*, January 1,2015.

Aguilar Camín, Héctor, Eduardo Guerrero, Alejandro Madrazo, et al. (2012) *El informe Jalisco: Más allá de la Guerra de las Drogas*. México DF.

Aguilar, Rubén and Jorge G. Castañeda. (2009) *El Narco: La guerra fallida*. México DF.

Aguirre Botello, Manuel. "Evaluacion de la pobreza de acuerdo a los ingresos, México, 1992 a 2012," *Mexicomaxico. org*, June 2014.

Astorga Almanza, Luis Alejandro. (2005) *El siglo de las drogas: El narcotráfico, del porfiriato al nuevo milenio*. México DF.

Baltazar, Elia, Lydiette Carrión, Thelma Gómez Durán, et al. (2012) *Entre las cenizas: Historias de vida en tiempos de muerte*. Oaxaca de Juárez, México.

Beith, Malcolm. (2011) *El último narco*. México DF.

Blancornelas, Jesús. (2010) *El Cártel: Los Arellano Felix, la mafia más poderosa en la historia de América Latina*. México DF.

Bosch, Lolita and Alejandro Vélez. (2012) *Tú y yo coincidimos en esta noche terrible*. México DF.

Buscaglia, Eduardo. (2010) "México pierde la guerra." *Esquire Latinoamérica*. March 2010: 95 - 101.

Caballero, José Luis. "Deterioro social: la herencia que recibe Pena Nieto," *El Economista*. November 30, 2012.

Calderón Hinojosa, Felipe. (2014) *Los retos que enfrentamos: Los problemas de México y las políticas públicas para resolverlos*. México.

Comisión Mexicana de Defensa y Promoción de los Derechos Humanos. "147° Período de sesiones de la Comisión Interamericana de Derechos Humanos (CIDH): Situación general de Derechos Humanos en México," *Comisión Mexicana de Defensa y Promoción de los Derechos Humanos*, March 2013.

Comisión Nacional Contra las Adicciones and Secretaría de Salud. (2002) *Encuesta Nacional De Adicciones*, 2002. México DF.

——. (2008) *Encuesta Nacional De Adicciones*, 2008. México DF.

——. (2011) *Encuesta Nacional De Adicciones*, 2011: *Drogas ilícitas*. México DF.

Comisión Nacional de los Derechos Humanos. (2011) *Informe especial sobre secuestro de migrantes en México*. México DF.

Contreras, Sergio Octavio. "La semántica del Blog del Narco," *Etcetera. com. mx*, November 11, 2010.

Corchado, Alfedo and Juan Elías Tovar Cross. (2013) *Medianoche en México: El descenso de un periodista a las tinieblas de un país*. México DF.

Cordero, Laura. "El regreso de Calderón para dar recetas es 'cinismo,' dicen líderes sociales y víctimas de la violencia en su sexenio," *Sinembargo. mx*, August 13, 2014.

Dávila, Darío. "Las vacantes del 'Señorío,'" *Periodismoindeleble. com*, November 16, 2012.

Díaz, Gloria Leticia. "Primer año de Peña, el más violento para la prensa desde 2007: Artículo 19," Proceso. *com. mx*, March 18, 2014.

Enciso, Froylán. (2010) "Los fracasos del chantaje: Régimen de prohibición de drogas y narcotráfico." In *Seguridad Nacional y seguridad interior: Los grandes problemas de México*, *V.* 15, edited by Arturo Alvarado and Mónica Serra. México DF.

Escalante Gonzalbo, Fernando. "Homicidios 2008—2009: La Muerte tiene permiso," *Nexos.com.mx*, January 1,2011.

——. "Crimen Organizado: La dimensión imaginaria," *Nexos. com. mx*, October 1,2012.

Esmas. "'México Seguro' para Michoacán," *Esmas.com*, September 18,2005.

Fernández, Leticia. "ONC: En enero, un secuestro cada seis horas," *Milenio. com*, March 19,2014.

Fernández Menéndez, Jorge. (2001) *El otro poder: Las redes del narcotráfico, la política y la violencia en México*. México DF.

——. (2012) *La batalla por México: de Enrique Camarena al Chapo Guzmán*. México DF.

Ferri Tórtola, Pablo. "Testigo revela ejecuciones en el estado de México," *Esquirelat.com*, September 19,2014.

Flores Pérez, Carlos Antonio. "El tráfico de drogas en México: Condiciones generales de evolución y estrategias de respuesta del Estado," *Norlarnet. uio. no*, May 6,2009.

Garay, Luis Jorge, Eduardo Salcedo—Albarrán, Luis Astorga, et al. (2012) *Narcotráfico, corrupción y estados: Cómo las redes ilícitas han reconfigurado las instituciones en Colombia, Guatemala y México*. México DF.

García Cruz, Fernanda. "Los multimillonarios en México crecen, dice estudio; y también los pobres: Coneval," *Sinembargo.mx*, October 2,2014.

Gobierno del Estado de Coahuila de Zaragoza. (2012) *Programa especial de prevención social de la violencia y la delincuencia 2011—2017*. Saltillo, México.

Gómez, María Idalia and Dario Fritz. (2006) *Con la muerte en el bolsillo: seis desaforadas historias del narcotrafico en Mexico*. México DF.

González Rodríguez, Sergio. (2014) *Campo de guerra*. Madrid.

——. (2009) *El hombre sin cabeza*. Madrid.

Grillo, Ioan. "Michoacán: Deportados en las filas de las autodefensas," *Letraslibres.com*, January 28,2014.

Guerrero, Héctor and Rolando Herrera. "Matan a 21 cada día," *Reforma*, November 30, 2012.

Hernández, Anabel. (2010) *Los señores del Narco*. México DF.

Hernández, Anabel and Steve Fisher. (2014) "Iguala: La historia no oficial." *Proceso* 1989: 6—11.

Hope, Alejandro. "Iguala o la impunidad," *Eluniversalmas. com. mx*, October 9, 2014.

Illades, Esteban. "Iguala: El polvorín que nadie olió," *Nexos. com. mx*, October 20, 2014.

——. "La noche más triste," *Nexos. com. mx*, January 1, 2015.

Indigo Staff. "Hallan cultivo de coca en Chiapas," *Reporteindigo. com*, September 11, 2014.

Instituto Nacional de Estadística y Geografía. "Encuesta nacional de victimización y percepción sobre seguridad pública 2013 (ENVIPE)," *Inegi. org. mx*, September 30, 2013.

Instituto Nacional de Salud Pública, Carlos Oropeza Abúndez, Gabriel Nagore Cázares, et al. (2008) *Encuesta nacional de adicciones* 2008. Cuernavaca, México.

InsurgentePress. "Rompen códigos cárteles en Michoacán," *Insurgentepress. com. mx*, November 20, 2013.

Jiménez, Carlos. "Osiel supo de la extradición desde noviembre; reacomodó su cártel en el norte del país," *Cronica. com. mx*, January 23, 2007.

Luna, Camila. "Alfredo Castillo condiciona justicia a Cherán a cambio del mando unificado," *Michoacantrespuntocero. com*, June 3, 2014.

Martínez, Paris. "4 Presidenciables y sus números contra la delincuencia," *Animalpolitico. com*, August 25, 2011.

——. "Esclavos Del Narco: Profesionistas forzados," *Animalpolitico. com*, October 30, 2012.

Mauleón, Héctor de. (2010) *Marca de sangre: Los años de la delincuencia organizada*. México DF.

Merino, José, Jessica Zarkin, and Eduardo Fierro. "Desaparecidos," *Nexos. com. mx*, January 1, 2015.

Murillo Karam, Jesús. "Conferencia de prensa del Procurador General de la República, Jesús Murillo Karam," *Pgr. gob. mx*, November 7, 2014.

Ortiz León, Ramón Eduardo. "Muerte de un activista," *Noticias de Caborca*, September 2, 2013.

Ortiz Pinchetti, Francisco. "Sinaloa: un trasplante de Sudamérica: La Operación Cóndor, letanía de horrores," *Proceso*, October 7, 1978.

Osorno, Diego Enrique. (2010) *El Cartel de Sinaloa*. México DF.

Periódico ABC de Sevilla. "Eisenhower recibió a Johnson y a López Mateos," *Hemeroteca Periódico ABC de Sevilla*, February 23, 1964.

Periódico La Jornada. "A la luz, video de La Tuta con dos periodistas michoacanos," *La Jornada*, September 23, 2014.

Proal, Juan Pablo. "Los jovenes mexicanos abrazan el suicidio," *Proceso. com. mx*, January 11, 2013.

Proceso. "Medio país bajo el poder Narco," *Proceso*, *Edición especial*, October 24, 2010.

——. "Herencia ineludible de Peña Nieto: Los desaparecidos, los muertos," *Proceso (Edición especial)*, December 30, 2012.

——. "Los amos de Michoacán," *Proceso (Edición especial)*, November 3, 2013.

Proceso. com. mx. "Historia: se acercaba el final de sexenio," *Proceso. com. mx*, September 27, 2014.

Quintana S., Víctor M. "Juárez: Lo que Calderón no enseña en Harvard," *La Jornada*, March 1, 2013.

Ravelo, Ricardo. (2012) *Narcomex: Historia e historias de una guerra*. Madrid.

Rea Gómez, Daniela, Marcela Turati, Elia Baltazar, et al. (2012) *Entre las cenizas: Historias de vida en tiempos de muerte*. Oaxaca de Juárez, México.

Red Nacional de Organismos Civiles de Derechos Humanos. "El derecho a defender los Derechos Humanos en México: Informe sobre la situación de las Personas Defensoras 2011—2013," *Red Nacional de Organismos Civiles de Derechos Humanos*, January 9, 2014.

Resa Nestares, Carlos. (1999) *Sistema político y delincuencia organizada en México: Caso de los traficantes de drogas*. Madrid.

Reveles, José. (2010) *El Cártel Incómodo: El fin de los Beltrán Leyva y la hegemonía del Chapo Guzmán*. México DF.

——. (2011) *Narcoméxico*. Madrid.

——. (2014) *El Chapo: Entrega y traición*. México DF.

Rincón Gallardo, Gilberto, Adolfo Aguilar Zinser, et al. (2014)¡*Ya Basta! El despertar de un país: a diez anos de la marcha contra la inseguridad*. México DF.

Sánchez Treviño, Martín. "Confirma Egidio Torre Cantú que ya opera otro cuartel militar en el Estado," *La Jornada*, February 28,2012.

Sarmiento, Sergio. "El Tata y las drogas," *El Reforma*, February 19,2014.

Sinembargo. mx. "Lo que empezó como hechos aislados, se extiende como epidemia por el país: Los grupos de autodefensa se disparan," *Sinembargo. mx*, February 2,2013.

——. "La cifra de homicidios rebasa los 30 mil en el sexenio, con Edomex como el más violento," *Sinembargo. mx*, September 24,2014.

——. "La Violencia hace de México el país más peligroso para los Clérigos: Estudio Del Vaticano," *Sinembargo. mx*, January 2,2015.

Soto Espinosa, Angélica Jocelyn. "Anuncian madres de Ayotzinapa despliegue de movilizaciones," *Cimacnoticias. com. mx*, January 2,2015.

Székely, Miguel. "20 años de pobreza," *Mexicosocial. org*, October 1,2013.

Turati, Marcela. (2011) *Fuego cruzado: Las víctimas atrapadas en la Guerra del Narco*. México DF.

——. "... Y todos somos Juárez, gran negocio," *Proceso. com. mx*, November 8,2012.

——. "San Fernando — Ayotzinapa: Las similitudes," *Proceso. com. mx*, December 22,2014.

Valdés Castellanos, Guillermo. (2013) *Historia del narcotráfico en México*. México.

Velázquez, Carlos. "Todo Narco, todo Narco," *Gatopardo. com*, March 2,2012.

Villalobos, Joaquín. "El infierno al sur de México," *Nexos. com. mx*, September 1,2014.

Zepeda Patterson, Jorge. "Narcovideos y el peligro de informar," *Jorgezepeda. net*, April 22,2007.

——. "Dos toneladas sin respuesta," *El País*, January 7,2015.

图书在版编目（CIP）数据

毒品史：美国和墨西哥的百年恩怨／（墨）卡门·博洛萨（Carmen Boullosa），（美）迈克·华莱士（Mike Wallace）著；张艳蕊，温华译．—上海：上海译文出版社，2019.12
（历史学堂）
书名原文：A Narco History：How the United States and Mexico Jointly Created the "Mexican Drug War"
ISBN 978-7-5327-8114-0

Ⅰ．①毒…　Ⅱ．①卡…②迈…③张…④温…　Ⅲ．①禁毒—历史—美国、墨西哥—现代　Ⅳ．①D771.288 ②D773.188

中国版本图书馆 CIP 数据核字（2019）第 245412 号

Carmen Boullosa，Mike Wallace
A Narco History：How the United States and Mexico Jointly Created the "Mexican Drug War"
Copyright © 2015 Carmen Boullosa and Mike Wallace

图字：09-2018-1140 号

毒品史：美国和墨西哥的百年恩怨
［墨］卡门·博洛萨　［美］迈克·华莱士　著　张艳蕊　温　华　译
责任编辑/钟　瑾　装帧设计/柴昊洲

上海译文出版社有限公司出版、发行
网址：www.yiwen.com.cn
200001　上海福建中路 193 号
上海市崇明县裕安印刷厂印刷

开本 890×1240　1/32　印张 9　插页 2　字数 170,000
2019 年 12 月第 1 版　2019 年 12 月第 1 次印刷
印数：00,001—10,000 册

ISBN 978-7-5327-8114-0/K·268
定价：58.00 元

本书中文简体字专有出版权归本社独家所有，非经本社同意不得转载、摘编或复制
如有质量问题，请与承印厂质量科联系。T：021-59404766